OS EXCLUÍDOS DA HISTÓRIA

Michelle Perrot

OS EXCLUÍDOS DA HISTÓRIA
Operários, mulheres e prisioneiros

Seleção de textos e introdução
Maria Stella Martins Bresciani

Tradução
Denise Bottmann

12ª edição

Paz & Terra
Rio de Janeiro
2022

Copyright © Michelle Perrot
Copyright da tradução © Paz e Terra, 1988

Design de capa: Sérgio Campante
Imagem de capa: Mulher soldando (em uma fábrica de armas) – 1943 – Publicado por: "Signal" 5/1943 – propriedade *vintage* de Ullstein Bild (Foto de ullstein bild/ullstein bild via Getty Images

Direitos de edição da obra em língua portuguesa no Brasil adquiridos pela EDITORA PAZ E TERRA. Todos os direitos reservados. Nenhuma parte desta obra pode ser apropriada e estocada em sistema de bancos de dados ou processo similar, em qualquer forma ou meio, seja eletrônico, de fotocópia, gravação etc., sem a permissão do detentor do copyright.

Editora Paz e Terra Ltda.
Rua Argentina, 171, 3º andar – São Cristóvão
Rio de Janeiro, RJ – 20921-380
http://www.record.com.br

Seja um leitor preferencial Record.
Cadastre-se em www.record.com.br
e receba informações sobre nossos
lançamentos e nossas promoções.

Atendimento e venda direta ao leitor:
sac@record.com.br

Texto revisado segundo o novo Acordo Ortográfico da Língua Portuguesa.

CIP-BRASIL. CATALOGAÇÃO NA FONTE
SINDICATO NACIONAL DOS EDITORES DE LIVROS, RJ

P544e
12ª ed.

Perrot, Michelle, 1928-
Os excluídos da história: operários, mulheres e prisioneiros/Michelle Perrot; seleção de textos e introdução Maria Stella Martins Bresciani; tradução de Denise Bottmann. – 12ª ed. – Rio de Janeiro: Paz e Terra, 2022.
il. ; 23 cm.

ISBN 978-85-7753-355-8

1. Trabalhadores – França – História.
2. Prisioneiros – França – História. 3. França – Condições sociais – Séc. XIX. I. Título.

CDD: 944
CDU: 94(100)

16-37592

Impresso no Brasil
2022

SUMÁRIO

INTRODUÇÃO – Maria Stella Martins Bresciani   7

NOTA DA EDIÇÃO   11

PARTE I – OPERÁRIOS

1 Os operários e as máquinas na França durante
a primeira metade do século XIX   15

2 As três eras da disciplina industrial
na França do século XIX   53

3 O olhar do Outro: Os patrões franceses
vistos pelos operários (1880-1914)   85

4 Os operários, a moradia e a cidade no século XIX   107

5 O primeiro Primeiro de Maio na França (1890):
nascimento de um rito operário   133

PARTE II – MULHERES

6 As mulheres, o poder, a história   177

7 A mulher popular rebelde   197

8 A dona de casa no espaço parisiense no século XIX   229

PARTE III – PRISIONEIROS

9 Delinquência e sistema penitenciário na França
no século XIX — 253

10 1848 – Revolução e prisões — 299

11 Na França da *Belle Époque*, os "apaches",
primeiros bandos de jovens — 343

Introdução*

A Segunda Guerra Mundial terminara e, com ela, o tempo posto entre parênteses na vida da jovem Michelle Perrot. Protegida em seu castelo na colina, ela assistira a guerra acontecer, e naquele verão de 1946 deveria tomar uma decisão sobre o rumo a dar à sua vida. Tempos de mudança num país dilacerado, dividido pela guerra e sacudido em suas certezas e padrões tradicionais.

No convívio com as colegas do colégio de freiras, que em sua maioria se sentiam destinadas ao casamento e à maternidade, Michelle se fascina pela colega loira, bonita e determinada, sua inspiração para idealizar os estudos médicos. Surgem também nesse momento suas primeiras indagações sobre a condição feminina nessa sociedade francesa bastante conservadora. O horror ao sangue fez a colegial desistir do bisturi e do avental branco, e, mesmo à custa da surpresa e do desapontamento de seus pais, a opção pela história apontava para o recolhimento nas bibliotecas e nos arquivos, a limpeza dos livros e do papel em branco, as palavras como instrumento de trabalho e a pesquisa como campo de interesse profissional.

Essa contraditória relação do fascínio pelo novo com o apego atávico aos valores culturais adquiridos desde a infância marca sua trajetória como historiadora. Inquieta, de uma curiosidade intelectual intensa e ampla, Michelle parece dispersar sua atenção em assuntos diversos que lhe exigem uma dedicação redobrada. O desafio teórico

---

* Texto originalmente escrito para a primeira edição deste livro. (*N. da E.*)

e a preocupação com as questões da atualidade marcam contudo esse campo de preocupações intelectuais, aparentemente disperso.

Seus personagens mais marcantes – operários, mulheres e transgressores da lei burguesa – configuram um conjunto polissêmico e são modelados de forma a ganharem a dimensão de sujeitos da história. E mais, sua paixão pelo belo lhe impõe uma linguagem direta, clara e elegante ao extremo, sem prejuízo do rigor conceitual, outra marca constante de sua obra. Verdadeiras lições de como se faz pesquisa, seus textos expõem o arcabouço teórico e os procedimentos da análise, oferecendo ao leitor a oportunidade de conhecê-los e de avaliá-los. A antiga aluna de Ernest Labrousse, com uma sólida formação do ofício de historiador aprendido na tradição da escola dos Annales, soube ser sensível à temática marxista e ao polêmico campo da reflexão aberto pelo filósofo Michel Foucault.

Com certeza, Michelle não inaugurou na França os estudos sobre a classe operária. É provável também que esse interesse tenha surgido da camaradagem dos colegas professores do colégio de Caen, para onde foi recém-formada, e da militância no Partido Comunista Francês num momento fortemente marcado pela Guerra Fria, pela luta de emancipação de diversas colônias europeias e pelos problemas desconcertantes das democracias socialistas. Porém não se pode negar em seus temas de pesquisa a força das reminiscências da infância vivida no bairro popular dos Halles, o antigo centro comercial da velha Paris. Em seus artigos, essa população variada do bairro está sempre presente, espalhando-se pelas ruas e pelas praças da cidade, para o lazer e para as manifestações políticas. Ao ar de festa das reuniões das donas de casa nos mercados e nas lavanderias coletivas somam-se a cultura masculina do bar e do cabaré, as greves e as demais formas de manifestação do operariado francês.

Toda a Paris popular do século XIX se apresenta em sua obra evocando as lembranças infantis da agitada rua Saint-Denis, onde ficavam a casa de comércio e a moradia dos pais de Michelle. Também sua formação católica empurrou-a para a preocupação para com o pobre, transmutado em proletário pela corrente do socialismo cristão do século passado. Consciência culpada e projeto político de construção de uma nova sociedade, esses dois elementos tão poderosos que fundiram a intelectualidade crítica com as posições de esquerda, politizam os meios estudantis do pós-guerra e as inquietações da jovem. Fios imperceptíveis da memória ligam essas inquietações à imagem do pai de uma amiga de seus tempos de infância – ela no castelo, a amiga na casa da vila – orgulhoso de sua condição operária e comunista convicto. Ele, a figura modelar da consciência de classe, e Labrousse, o professor da Sorbonne que proporcionava aos alunos a possibilidade de pesquisas no campo da historiografia amparadas por métodos rigorosos, mesclam-se com o aspecto físico de Caen no início dos anos 1950, uma cidade em plena reconstrução, e com o ambiente intelectual e político ali encontrado por Michelle junto aos colegas e aos camaradas do Partido Comunista.

É no domínio da política e da cultura operária, esse *Outro* lado da *sociedade civilizada* com o qual se identificou tanto, que Michelle finca as fundações de um projeto intelectual que não mais abandonou. Mesmo a ruptura com o PCF em 1957 não desfaz para ela a importância que atribui a esse campo temático, e os acontecimentos de 1968 impregnam sua tese de doutorado *Les ouvriers en grève – France, 1871-1890* (Éditions Mouton, 1974), abrindo-lhe simultaneamente a possibilidade da crítica sem o abandono da posição de esquerda.

Essa opção racional e obstinada reforça o vínculo de solidariedade com a classe operária, introduzida através de sua pesquisa num meio universitário conservador e reticente. Deixando de lado mitos, representações ideológicas e posições partidárias, Michelle se mistura em suas pesquisas com as "bases", a massa dos obscuros desde sempre excluídos da história. Operários, mulheres do povo e prisioneiros, em sua vida quotidiana, em seus comportamentos, suas aspirações e seus sonhos são perseguidos por seu interesse pessoal e por sua inquietação intelectual ("L'air du temps" in *Essais d'ego-histoire*, org.

P. Nora, Gallimard, 1987). O método rigoroso que fez da história uma disciplina com aspirações a ciência nos anos 1960, conferiu aos personagens a dimensão de representantes de uma classe social. O procedimento quantitativo foi usado sempre que se fez necessária a confirmação insofismável de uma ou várias evidências. O rigor no tratamento dos dados documentais ajudou a tornar legítimo um tema de pesquisa e um campo de reflexões muito novo no mundo acadêmico; levou-a também, numa opção pela liberdade profissional, a aderir a Paris VII, quando após 1968 se rompe o antigo consenso que selava a velha Universidade. O encontro com os trabalhos de Foucault e com o movimento de mulheres completam a trajetória dessa pesquisadora, que mesmo não desejando conscientemente assumir uma postura individual de confronto, abriu a primeira brecha no exclusivismo masculino ao ser aceita (com alguma reserva) como assistente na universidade e inaugurou um campo de trabalho historiográfico tendo por objeto personagens até então desprezados.

Responsável por uma extensa produção, Michelle Perrot tem seus textos dispersos em revistas acadêmicas e coletâneas, o que demonstra seu interesse e sua preferência pelo trabalho coletivo. Entre nós, isto representa uma dificuldade quase insuperável, já que nossas bibliotecas, mesmo as mais especializadas, sofrem do mal crônico da carência de periódicos. Assim, publicar pela primeira vez no Brasil uma coletânea de textos de Perrot significa uma feliz oportunidade de apresentar parte da obra da historiadora, que, na minha opinião, é a mais importante no cenário acadêmico francês atual. Ao tomar essa iniciativa, a editora oferece ao leitor de língua portuguesa o raro prazer de uma primeira incursão aos textos de Michelle Perrot e ao mundo da Paris popular do século XIX. Aos estudiosos da história, lições de pesquisa rigorosa e elegantemente apresentadas. Que sejam proveitosas!

Maria Stella Martins Bresciani
25 de julho de 1988

Nota da Edição

Os seguintes artigos compõem esta coletânea:

1. "Os operários e as máquinas na França durante a primeira metade do século XIX", traduzido do francês "Les ouvriers et les machines en France dans la première moitié du XIXe siècle" in *Recherches* ns. 32/33: Le soldat du travail. Guerre, fascisme et taylorisme (textos reunidos por Lion Murard e Patrick Zylberman), setembro de 1978. Foi originalmente apresentado como comunicação ao encontro anual da Western Society for French History (México, novembro 1977).
2. "As três eras da disciplina industrial na França do século XIX", publicada em coletânea organizada por J. Merriman: *Consciousness and Class Experience in nineteenth Century Europe*, Nova York, Holmes and Meier Publishers, 1979; também publicado em *Movimento Operário Socialista* n. 1, ano III, 1980. Traduzido do original francês: "Les trois âges de la discipline industrielle dans la France du dix-neuvième siècle".
3. "O olhar do Outro: os patrões franceses vistos pelos operários (1880-1914)", traduzido do francês "Le regard de l'Autre: les patrons français vus par les ouvriers (1880-1914)", publicado em Le Patronat de la Seconde Industrialisation, *Cahier du Mouvement Social* n. 4, Les Éditions Ouvrières, 1980.
4. "Os operários, a moradia e a cidade no século XIX", traduzido do francês "Les ouvriers, l'habitat et la ville au XIXe siècle", publicado em Jean-Paul Flamand ed.: *La question du logement et le Mouvement ouvrier français*, Ed. de la Villette, 1981.
5. "O primeiro Primeiro de Maio na França (1890): nascimento de um rito operário", traduzido do original francês: "Le premier PREMIER

MAI en France (1890): naissance d'un rite ouvrier", publicado em inglês em *The Power of the Past. Essays for Eric Hobsbawm,* Cambridge University Press, 1984.

6. "As mulheres, o poder, a história", traduzido do francês "Les femmes, le pouvoir, l'histoire", publicado na coletânea organizada pela autora *Une histoire des femmes est-elle possible?,* Rivages, 1984.

7. "A mulher popular rebelde", traduzido do francês "La femme populaire rebelle", publicado em *L'Histoire sans qualités. Essais* (coletânea), Galilée, 1979.

8. "A dona de casa no espaço parisiense no século XIX", traduzido do francês "La ménagère dans l'espace parisien au XIXe siècle", publicado em *Les annalles de la Recherche Urbaine. Recherches et Debats* n. 9, outono 1980.

9. "Delinquência e sistema penitenciário na França no século XIX", traduzido do francês "Délinquence et Système Pénitentiaire en France au XIXe siècle", publicado em *Annales. Économie, Société, Civilisations,* n. 1, 1975.

10. "1848: Revolução e prisões", traduzido do francês: "1848. Révolution et prisons", publicado na coletânea organizada pela autora *L'Impossible prison,* Seuil, 1980.

11. "Na França da *Belle Époque,* os 'apaches', primeiros bandos de jovens", traduzido do francês "Dans la France de la Belle Époque, les 'apaches'. Premières Bandes de Jeunes", publicado na coletânea *Les marginaux et les exclus dans l'Histoire,* Cahiers Jussieu n. 5, Université Paris 7, col. 10/18, Union Générale d'Éditions, 1979.

Maria Stella Martins Bresciani

Parte I

Operários

1
OS OPERÁRIOS E AS MÁQUINAS NA FRANÇA DURANTE A PRIMEIRA METADE DO SÉCULO XIX

Poucos são os estudos feitos desde o início do século XX sobre a história social da maquinaria na França. C. Ballot e sobretudo C. Schmidt, o qual desde 1913 convidava a "uma investigação sistemática para se estudar a resistência à maquinaria e montar um quadro completo dos conflitos por ela provocados", praticamente não tiveram sucessores.[1] Quase tudo do que dispomos se reduz a dois importantes artigos, muitas vezes perspicazes, do americano F. E. Manuel,[2] e algumas notas de P. Leuillot.[3] As monografias sobre os setores industriais, como as de J. Vial para a metalurgia[4] ou de C. Fohlen para a indústria têxtil, e os estudos regionais certamente fornecem informações preciosas, mas de certa forma acessórias em relação ao seu objeto. A investigação continua a ser pontual, e a problemática frequentemente marcada por um viés funcionalista muito parsoniano. A resistência à maquinaria é descrita como uma conduta arcaica, rebelião espontânea de "primitivos" da revolta, ato de fúria cega de gente inadaptada, guiada pelo instinto de conservação.

As razões dessa insuficiência são as mesmas que explicam o pequeno número de estudos sobre a formação da classe operária francesa. De um lado, a realidade um tanto idealizada da França rural, de outro, a superioridade atribuída às formas organizadas do movimento operário fazem com que o proletariado em formação, seus modos de luta, muitas vezes individuais e cotidianos, sua própria cultura sejam em larga medida desconhecidos, considerados na melhor das hipóteses como uma pré-história, era de "balbucios" infantis preparatórios de futuras realizações. A visão das "etapas da vida", aplicada à história das sociedades, a ótica do "progresso" contribuem para essa perspectiva redutora.

A renovação da questão provém de vários lados simultaneamente. Em primeiro lugar, da historiografia anglo-saxônica. Já há muito tempo, Eric Hobsbawm[5] e notadamente E. P. Thompson[6] mostraram que o luddismo inglês, longe de ser espontâneo ou selvagem, tem um conteúdo muito denso. Baseando-se nos artesãos, os tecelões do *domestic system* com a clara consciência de estarem a defender a autonomia de sua existência, o luddismo alimenta o radicalismo inglês do início do século XIX.

Mais recentemente, os trabalhos de Stephen Marglin, economista de Harvard, chamaram a atenção para a função política da divisão do trabalho e da maquinaria nos processos de acumulação do capital: instrumentos de uma estratégia patronal para o controle da produção e a imposição da obediência a trabalhadores cuja competência profissional garantia uma incômoda autonomia.[7] A mecanização não responde a necessidades técnicas, mas basicamente disciplinares. Retomando essa tese controversa e fundamentando-a com pesquisas concretas, o economista francês Jean-Paul de Gaudemar esboça uma "Genealogia das formas de disciplina no processo de trabalho capitalista"[8] e distingue "três ciclos longos de tecnologia de dominação capitalista que, ao contrário dos ciclos da atividade econômica, sobrepõem-se parcialmente. Um ciclo panóptico, um ciclo de disciplinarização extensiva (fábrica *e* fora da fábrica), um ciclo fundado num duplo processo de objetivação/ interiorização da disciplina num processo de trabalho remodelado pela maquinaria... (ou) *ciclo de disciplina maquínica*" (p. 24).

Tudo isso incita a uma reavaliação da maquinaria na industrialização e nas relações sociais de trabalho. E, ao mesmo tempo, da resistência às máquinas que, em virtude do que aí está em jogo, adquire um significado totalmente diverso de uma mera reação infantil de mau humor contra uma inovação essencialmente traumática.

Estas páginas se inscrevem nessa perspectiva. Forçosamente superficiais devido às lacunas das informações e pesquisas, elas gostariam pelo menos de convidar à retomada de um material que foi deixado de lado com excessiva precipitação.

Patronato, máquina e disciplina

Sabe-se que a industrialização na França foi relativamente morosa e em larga medida manual. A existência de uma mão de obra abundante e barata limitava o recurso às máquinas, investimento caro que praticamente não constituía uma tentação para um patronato de pequena escala e administração diária. À exceção de alguns pioneiros, muitas vezes de origem estrangeira, e apesar das exortações de uma tecnocracia muito favorável à mecanização (Chaptal, Dupin, Costaz, Christian, Bergery etc.),[9] esse patronato não tem um projeto mecanizador. Qualquer inovação desse tipo gera uma divisão interna no patronato, pelo menos equivalente à oposição que suscita entre os patrões e os trabalhadores. O discurso dominante continua a ser o do emprego, não o da produção: cada vez que um fabricante solicita autorização para fundar uma empresa, é a esse argumento – dar trabalho aos pobres, utilizar os braços ociosos – que ele recorre.

A diminuição da mão de obra sob a Revolução e o Império contribuiu inquestionavelmente para modificar as atitudes: como lembram os operários da manufatura têxtil de Châteauroux numa petição de 1816 ao prefeito, para a retirada das máquinas, "os braços tinham se tornado escassos em todas as oficinas. Para substituí-los, os chefes das manufaturas e os fabricantes mais ricos (...) pensaram em conseguir máquinas com as quais batem, cardam e fiam a lã, tecem, aparam e fazem a cardadura final dos tecidos".[10] Mas certos fatores sociais também levaram a isso. A alta dos salários e as reivindicações dos operários urbanos, "turbulentos e preguiçosos", fazem com que se saia das cidades caras demais e implantem-se manufaturas das produções mais correntes no campo. Principalmente Paris, depois de 1815-1820, passa por um êxodo geral das grandes fábricas para a periferia e o interior, e por uma relativa desindustrialização.[11] Em menor escala, é o caso de Lyon, sobretudo depois das insurreições de 1832 e 1834. As grandes cidades mantêm as indústrias altamente qualificadas cuja mecanização ainda não se tornou possível, em particular a produção de máquinas que se concentra largamente em Paris. Assim se instaura uma verdadeira divisão do trabalho entre a cidade e o campo, as grandes cidades e os centros secundários. Essa geopolítica industrial, cujo processo, que conhecemos bem atualmente e que se reproduz sob nossas vistas, vem acompanhada de um maior recurso a uma mão de obra pouco qualificada, principalmente infantil (é a grande época do alistamento das crianças da Assistência Pública), e de uma mecanização que permite empregar crianças. A maioria dos folhetos de propaganda das novas máquinas insiste na facilidade de sua utilização *pelas crianças.* A máquina, portanto, permite romper o nó de estrangulamento das pretensões operárias.

Isso se vê concretamente no caso – exemplar – dos aparadores de lã de Sedan. Esses *shearmen,* tão combativos também na Inglaterra, devem o poder que têm às suas capacidades: "sua arte é difícil". Sabendo-se insubstituíveis, eles controlam os salários, o aprendizado que reservam para seus filhos, os ritmos da produção que mantêm a um grau moderado, tornando possível o lazer. Notavelmente organizados, eles indicam um encarregado por oficina, ou "orador", remunerado com as parcelas mensais retidas sobre os salários, e praticam a *cloque,* isto é, a interdição das oficinas recalcitrantes. Também fazem a lei, ousando mesmo opor-se ao primeiro cônsul na sua visita a Sedan (ele propôs a necessidade da carteira de trabalho para controlar os operários). A situação é tal que Chaptal, ministro do Interior, envia a Sedan um dos seus subordinados mais informados, o industrial Sébastien Mourgue. Este registra "o voto expresso pelos fabricantes de Sedan de se introduzir entre eles o uso dessas engenhosas máquinas com as quais os ingleses chegaram a uma confecção tão econômica" (trata-se das tosadeiras Douglas). Mas eles não se atrevem a dar esse passo, por temor a insurreições, pelo "terror que inspiram os operários". No entanto, "a introdução dessa (...) máquina poria (...) fim ao espírito sedicioso dos aparadores de tecidos".[12] O Estado também tem a obrigação de intervir.

De forma similar, em Vienne, em 1819, a introdução da Grande Tosadeira se segue a um período de organização operária: bem--remunerados, os operários são indisciplinados, brigões e beberrões.[13] Em Paris, "no final dos anos 1820, certos teares são mecanizados, pois o patrão está cansado de empregar a 8 francos por dia operários que se recusam a trabalhar mais de três dias por semana".[14] O dono dessa fiação, Eugène Griollet, introduz os teares *self-acting,* cuja compra ele viera adiando, depois de uma coalizão operária. E a introdução das impressoras mecânicas em Paris, sob a Restauração, dá-se por razões análogas. Assim dispensados, os operários gráficos animarão as coortes revolucionárias de 1830 e tentarão obter sua recompensa: a retirada das máquinas. Mas em vão.

O cenário é o mesmo entre os operários papeleiros, muito agitados sob a Restauração, os alfaiates cujas exigências são respondidas com a instalação de oficinas de confecção mais equipadas. Em 1845, em Lodève, é para quebrar a resistência dos tecelões que reivindicam um salário excessivo, julgando-se indispensáveis, que os patrões, depois de um longo *lock out,* decidem introduzir máquinas "compradas em comum e exploradas sob a direção de um engenheiro". Os fabricantes expõem claramente seu ponto de vista ao ministro da Guerra: "A perfeição do trabalho que se obtém com a nova máquina será um estímulo a se fazer melhor, e o operário finalmente entenderá que, quando as máquinas substituem em todos os sentidos o trabalho do homem, produzem melhor e mais barato do que ele, *a razão ordena-lhe obedecer às prescrições do senhor,* a fim de que faça o melhor possível, e ordena-lhe também (...) renunciar a salários exagerados."[15]

Ao longo de todo o século, multiplicam-se os exemplos das resoluções em se empregar máquinas, cujo uso fora adiado, tomadas por ocasião ou em resultado de greves. A máquina aparecia claramente como o meio de domar os operários louvado por Andrew Ure e pelo industrial de Manchester, interrogado pelo economista francês Buret: "Eles [os operários] tinham-nos colocado, a nós e a nossos capitais, à mercê de suas coalizões e suas greves;* suas pretensões, cada dia maiores, impediam-nos de vencer a concorrência estrangeira; para obter vitórias, é preciso um exército disciplinado. A insubordinação dos nossos operários nos fez pensar em prescindir deles (...). A máquina libertou o capital da opressão do trabalho."[16] A maioria dos economistas franceses concorda: "A descoberta das máquinas", escreve C. A. Costaz, "hoje torna impotente a má vontade dos operários, já que eles não são mais, como antes, instrumentos indispensáveis à atividade das manufaturas e podem-se substituí-los sem inconvenientes por homens novos e sem experiência."[17]

A máquina é uma arma de guerra dirigida contra essas barreiras de resistência que são os operários de ofício. Ela permite eliminá-los, substituí-los por uma equipe de engenheiros ou técnicos, racionalizadores por natureza, mais ligados à direção das empresas. Ela permite que o patronato se assenhoreie da totalidade do processo de produção. A tese de Stephen Marglin parece amplamente corroborada pelo exemplo francês.

O que está em jogo não é apenas o emprego, mesmo que seja este o principal argumento, e sim o controle: controle das matérias-primas

---

* "à la merci de leurs coalitions et de leurs *coups* (strikes)": a autora nessa passagem faz a tradução de *strike* (em inglês, greve mas também golpe, pancada), por *coup*, jogando com o sentido de que as greves significam um "golpe" no patronato. (*N. da T.*)

(o roubo dos materiais, a "subtração fraudulenta de seda" feita pelos operários de Lyon ou Saint-Étienne provocam conflitos recorrentes), controle dos produtos em qualidade e quantidade, controle dos ritmos e dos homens. A máquina é um instrumento de disciplina cujos efeitos precisam ser vistos concretamente: materialmente no espaço remodelado da fábrica e no emprego do tempo, fisicamente ao nível do corpo do trabalhador, de que a história tradicional das técnicas nos fala tão pouco.[18] O como e onde a máquina induz um novo tipo de disciplina do trabalho, esse "ciclo de disciplina maquínica" de que fala J.-P. de Gaudemar, constituem um vasto problema que não abordaremos aqui. Mas é preciso tê-lo em mente para compreender o fundamento da resistência operária, a energia da luta verdadeiramente existencial.

OS OPERÁRIOS CONTRA AS MÁQUINAS: A LUTA ABERTA

A resistência francesa à maquinaria, embora menos espetacular do que na Grã-Bretanha, foi mais importante do que se costuma crer, desde que não se considerem exclusivamente suas formas mais violentas (o luddismo), mas examinem-se também as vias mais difusas pelas quais se afirma, principalmente por parte dos trabalhadores em domicílio, uma oposição mais global à industrialização. Essa resistência não é espontânea nem cega: muitas vezes organizada, ela é modulada, seletiva; distingue entre os diversos tipos de máquinas. Não caberia identificá-la com uma recusa sistemática do progresso técnico. E existe ainda uma diferença de posições e atitudes entre os operários que trabalham nas máquinas e os operários que as produzem. Os operários mecânicos certamente contribuíram para a difusão de novos valores.

Entre o final do século XVIII e meados do século XIX, inúmeros incidentes marcaram a oposição dos trabalhadores franceses às máquinas. Segue, anexo, um levantamento, muito incompleto para os anos 1780-1815, período que mereceria novas pesquisas, e mais exaustivo para 1815-1848, graças ao excelente trabalho (inédito) de Francine Gaillot.[19] No total, é uma centena de ações coletivas que têm por fim a supressão ou a retirada das máquinas, manifestações incontestáveis de uma luta cotidiana mais dissimulada que lhes confere sentido. Tentemos destacar os traços principais.

Em primeiro lugar a *cronologia*: seu caráter é sincopado, os picos de intensidade são 1787-1789, 1816-1819, 1829-1833, 1840, 1847-1848. Esses impulsos coincidem com as crises econômicas e, mais ainda, políticas. As máquinas penetram com mais facilidade em períodos de prosperidade, de falta de braços, como ocorre sob o Império. Vem o desemprego, e elas são postas em causa, com maior ou menor violência. Conforme se sabe, as crises dessa primeira metade do século XIX são de origem agrícola, não surpreende que se veja esboçar uma certa coincidência entre o alto preço do pão e o impulso luddista.[20] Aliás, às vezes o saque de cereais e a destruição de máquinas se combinam, como em Rouen, em julho de 1789. A máquina, à sua maneira, é uma açambarcadora de empregos.[21]

O papel da conjuntura política é igualmente notável. Os operários tentam aproveitar uma mudança de governo para voltar atrás: em 1816-1817, em Châteauroux, Lille, Paris, eles apelam ao paternalismo dos prefeitos para conseguir a retirada das máquinas, agora inúteis com a paz e a volta dos soldados: "A cada dia há mais jovens em condições de trabalhar."[22] As grandes crises revolucionárias[23] vêm marcadas por ondas de luddismo, entre as quais a de 1848 é a última e mais importante. Em Rouen, Reims, Romilly, Lyon, Saint-Étienne..., os operários quebram as máquinas que começam a ameaçar o último bastião manual do têxtil: a tecelagem. A agitação contra as máquinas se dá tanto no momento de sua introdução como em circunstâncias consideradas propícias para a sua retirada. Mais que respostas imediatas, são contraofensivas mais ou menos calculadas.

A *cartografia* dos incidentes está ligada à sua sociologia industrial. No final do século XVIII, o Norte algodoeiro (Flandres, Normandia, Champagne) protesta contra a *mule-jenny* inglesa, e é à mecanização da fiação que mais se referem as queixas dos *Cahiers de doléances*.[24] Sob o Império e a Restauração, por sua vez mecaniza-se a lã;[25] os aparadores de Sedan e Limoux se opõem às máquinas Douglas; Vienne (1819) e todo o Sul lanífero se levantam contra a Grande Tosadeira (máquina Collier produzida por Poupart de Neuflize). A explosão do Sul resulta de um reordenamento brutal, da importância quase que exclusiva da indústria lanífera na região, da força enfim das comunidades locais e das ligações regionais que dão tanta originalidade a essa recusa. Ao se insurgir contra a Grande Tosadeira, o Sul recusa o modo de industrialização e de existência do Norte, opta de certa maneira por um estilo de vida com mais convívio e folga, o qual Dupin já denigre como uma opção pelo subdesenvolvimento.[26] Em torno de 1830, os operários dos ofícios parisienses são os que mais se destacam. Mas em 1848 o Sudeste e Champagne aparecem como o principal palco de agitação dos tecelões de lã e seda agora lesados. Paris, as cidades industriais médias são os principais centros de ação. O luddismo declarado é um fenômeno urbano.

Sob o ângulo *industrial*, pode-se notar o predomínio esmagador do setor *têxtil*, chave dessa primeira revolução industrial, e depois do final do século XVIII a preponderância da lã e da seda, ramos antigos da tradição manual, para os quais se trata de uma autêntica mutação. Audiganne pintou o desespero dos antigos fiandeiros de Reims, dedicados à cardadura e tecelagem manual, obrigados pelos *power-looms* a uma nova impossível reconversão, "surpreendidos (...) como os selvagens que a civilização fez recuar gradativamente para as solidões do Novo Mundo".[27] Daí a violência incendiária da fúria contra a fábrica Croutelle, tecelagem mecânica de teares com urdideiras montada em 1844 às margens do Vesle e incendiada em 26 de fevereiro de 1848. A indústria algodoeira, mais recente, ao se voltar de súbito a uma outra mão de obra, é de fato mais passiva ou pratica um luddismo mais funcional. Os setores de preparação de matérias-primas e acabamento dos tecidos, os mais afetados pelas novas técnicas que visam justamente eliminar os "privilégios" dos operários, estão na frente do combate. Mas o ramo gráfico, as indústrias de confecções (alfaiates, chapeleiros, fabricantes de xales), as indústrias de madeira e papel pintado passam por inúmeras contestações. As indústrias leves de bens de consumo – as primeiras a serem mecanizadas – ocupam quase que totalmente o cenário. Destacam-se dois incidentes somente no setor de produções mecânicas (1822, os funileiros de Paris; 1830, os armeiros de Saint-Étienne), onde a relação do operário com a máquina é de outra natureza. Quanto à *metalurgia* pesada, nessa época ela continua a ser o reino dos profissionais – os operários em ferro forjado, ferro batido e ferro maleável – e seus segredos, tantas vezes denunciados pelos industrialistas com um freio ao crescimento.[28] As inovações técnicas da segunda metade do século XIX – produção maciça de fundição por coque, processos Bessemer (1855), Martin (1867), Thomas (1878) – põem fim a isso, transferindo ao engenheiro a maioria das iniciativas que pertenciam ao operário. Além disso, na siderurgia, as máquinas que substituem o esforço humano parecem mais necessárias; elas não chegam a tomar propriamente o "lugar" do operário, que se mantém como operador. "O martelo-pilão é um malho a vapor com mais energia e potência", escreve Reybaud. "Mas essa potência é controlada e obedece docilmente ao operador da máquina. O golpe que ela aplica não ultrapassa nem fica aquém das exigências de um bom serviço."[29] Apesar da importância do equipamento técnico em Creusot, por exemplo, o que impressiona Reybaud é o papel das "mãos do homem", do seu "golpe de vista". O purificador do ferro de fundição "faz o ferro". De outro lado, essa relativa liberdade é prisioneira de necessidades técnicas absolutas. Para moldar a fundição, "se os cadinhos não são esvaziados em menos de dez minutos, o aço endurece, a operação falha. Por isso empregam-se 200 homens e nenhum deles pode ter um momento de distração".[30] A disciplina mecânica é sutil, favorável à interiorização.

Quais são as máquinas visadas pelos operários? As grandes máquinas, aquelas cujo tamanho e volume frequentemente exige construções novas e implica essa concentração, esse reordenamento do espaço produtivo que pressupõe a fábrica. No centro de todos os conflitos do século XVIII, eles recusam a *mule-jenny*, impossível de ser instalada na oficina, à qual se oporão em 1848 os últimos fiandeiros manuais de Mazamet, que se recusam a virar "mulejennistas".[31] Eles destroem a Grande Tosadeira helicoidal, destinada a substituir as antigas mesas de aparamento dispersas em pequenas oficinas rudimentares agora fundidas numa só fábrica.[32] Em 1848, os operários lioneses "não quebram os pequenos teares", pelo menos nas oficinas de particulares (nos estabelecimentos religiosos, pelo contrário, todos os instrumentos são sistematicamente destruídos), mas concentram-se nas máquinas pesadas e nas máquinas a vapor.[33] Em Romilly, declaram: "Só estamos interessados nos teares circulares."[34] O fato de muitas vezes serem "máquinas inglesas" dá às agitações um laivo xenófobo. Nessa primeira metade do século XIX, a Inglaterra não goza praticamente de nenhuma popularidade, e em 1848 as equipes e instrumentos ingleses são objeto de manifestações hostis, principalmente na região de Rouen.[35] Os patrões mais modernistas, evidentemente, prestam atenção à Grã-Bretanha; fazem-se de "capitalistas" que, capazes de investir nos equipamentos, suscitam a antipatia dos pequenos fabricantes: em Reims, em Romilly forma-se uma frente comum a favor do material francês. Mas não é este o ponto essencial. Seja uma Douglas ou uma Poupart de Neuflize, a Grande Tosadeira provoca igual furor.

Em contraposição, os operários aceitam e, na verdade, até procuram as máquinas pequenas, capazes de se tornarem domésticas como a pequena *fenny*, que se converteu na "jeannette" familiar aos fiandeiros que se empenham em conservá-la. Da mesma forma, eles são muito receptivos aos instrumentos que os trabalhadores em domicílio ou em oficinas esforçam-se em melhorar, para reduzir a labuta ou valorizar seu trabalho. A leitura de jornais como *L'Echo de la Fabrique* mostra o interesse dedicado às invenções desse gênero. A aceitação posterior da máquina de costura, sua rápida penetração nos lares populares sugerem uma atitude flexível e pragmática. De resto, é necessária uma distinção entre os instrumentos, auxiliares desejáveis do trabalho manual, e as máquinas, concorrentes e dominadoras. A atitude operária não é absolutamente hostil ao progresso técnico, desde que ela o governe. Mas o profundo ceticismo, de que se ocupa a maioria das investigações contemporâneas,[36] alimenta-se da experiência histórica dos despossuídos.

Quem resiste? Os operários de ofício, os mais qualificados, estão na frente da resistência às máquinas que vão substituí-los. Organizados e instruídos, eles trazem consigo seu senso de grupo, seu gosto pela escrita visível no uso de petições, cartazes, correspondências. Seus porta-vozes muitas vezes são trabalhadores de certa idade. Mas seria um equívoco fazer do luddismo um gesto puramente viril. A máquina, diz-se, teria se beneficiado da passividade e até da cumplicidade das mulheres, às quais ofereceria uma oportunidade de promoção. *There is virtually no female Luddism* (praticamente não existe luddismo feminino), escreve Patricia Branca, que por outro lado chama a atenção para a falta de informações sobre o assunto.[37]

As mulheres e as máquinas

É possível que os pioneiros da maquinaria tenham tentado se apoiar nas mulheres. John Holker faz vir à França mulheres contramestres inglesas, e esforça-se em formar um pessoal de supervisão feminino. Não é raro encontrar, tanto na Normandia como no Sul provençal,[38] mulheres que fiscalizam os homens no final do século XVIII. Mas no século XIX raramente encontra-se tal situação. À exceção dos estabelecimentos de tipo religioso (oficinas de caridade, internatos têxteis), o pessoal de supervisão técnica e fiscalização é sempre masculino. Na fábrica, a máquina reproduz e até aprofunda a divisão tradicional dos sexos e a subordinação feminina.[39] Mas isso exigiria uma exposição mais longa.

Em todo caso, na luta contra as máquinas, as mulheres estão presentes, e duplamente presentes. Como mulheres de operários, elas desempenham nas agitações seu papel tutelar de *donas de casa* que defendem o nível de vida da família, a qual necessita de "trabalho e pão". E isso tanto mais que motins por alimentos às vezes misturam-se ao luddismo. Citemos Francine Gaillott que as vê em ação. "Em Vienne (1819), elas deram o sinal para a destruição com os gritos: 'Abaixo a tosadeira!' A filha de Claude Tonnegnieux, açougueiro, jogava pedras nos dragões e instigava os operários com os gritos: 'Quebremos, despedacemos, ânimo.' Marguerite Dupont, fiandeira de Saint-Freny, chamou o tenente-coronel de 'bandido'. A mulher de Garanda gritava: 'Tem que se quebrar a tosadeira.' Um dragão dizia ao povo da rua: 'Vamos, meus amigos, somos todos franceses, retirem-se', e às mulheres: 'Vamos, senhoras, retirem-se, aqui não é seu lugar. As senhoras deviam estar perto dos seus filhos.' Elas responderam: 'Não, não, nosso lugar é aqui', e se retiraram resmungando. Duas delas foram presas."[40] Reencontramo-las em Limoux (julho de 1819) e em Carcassonne (maio de 1821), onde uma centena delas vêm com os filhos juntar-se aos 400 homens reunidos fora da cidade. Em Saint-Étienne, o procurador do rei deplora: "E o que é penoso de se dizer é que, entre os mais encarniçados contra a guarda nacional, faziam-se notar sobretudo as mulheres que, com os aventais cheios de pedras, ora atiravam-nas pessoalmente, ora distribuíam-nas para atirar." Em Salvages (Tarn, 1841), elas impelem os homens a quebrar o fuso de torcedor sem fim de Guibal-Anne-Veaute, chamando-os de preguiçosos.[41] São descrições do clássico papel que as mulheres desempenham em todas as formas de congregação popular, do Carnaval e do Charivari[42] às manifestações grevistas, nas quais nem sempre é fácil separar a realidade do estereótipo. De qualquer forma, entre os inculpados frequentemente encontram-se mulheres.

Mas as mulheres não intervêm apenas como auxiliares. Elas se insurgem por si mesmas contra a máquina destruidora de um modo de produção doméstico a que são particularmente apegadas. Muito antes das máquinas, no tempo de Colbert, as mulheres de Alençon, Bourges, Issoudun tinham-se levantado contra o monopólio das Manufaturas Reais e a ameaça de uma impossível reclusão na fábrica.[43] Em Rouen, em novembro de 1788, elas boicotam a máquina de Barneville instalada no convento Saint-Maclou, sob a direção do padre e das freiras, que acarreta uma jornada de trabalho incompatível com as exigências das tarefas domésticas.[44] Em 1791, quando tentou-se introduzir *jennies* em Troyes, "as fiandeiras se amotinaram contra elas: foram, portanto, instaladas no campo, e depois, mais tarde, estabeleceram-se na cidade".[45] Em Paris, durante a Revolução, as mulheres se levantam para conseguir trabalho em domicílio, e tão turbulentas que por vezes cede-se a elas: "Mais vale deixar as mulheres isoladas e mantê-las ocupadas em casa do que reuni-las aos montes, pois as pessoas dessa categoria são como as plantas que fermentam quando se amontoam".[46] Os sérios motins de maio de 1846 em Elbeuf (a fábrica e a casa do fabricante foram incendiadas) devem-se à introdução de uma "trinadeira" *(sic)* de lã de fabricação inglesa, por iniciativa do industrial Jules Aroux, destinada a substituir as mulheres que, até então, faziam esse trabalho em casa e tinham a intenção de continuar.[47] Em 1848, em Lyon,[48] mas ainda mais em Saint-Étienne, onde elas desencadeiam as manifestações de abril em represália a promessas não cumpridas ("Enganaram-nos prometendo que os conventos não trabalhariam mais"), as mulheres animam os grupos que atacam os conventos e as oficinas de caridade; respeitando os objetos de culto, elas ateiam fogo às urdideiras e teares mecânicos; duas aí morrem.[49]

No caso, as mulheres defendem, assim como os homens, seu direito ao emprego. E isso é ainda sensível no motim da rua du Cadran que, em setembro de 1831, agitou durante cinco dias todo o bairro de Sentier em Paris. As recortadoras de xales ficam indignadas "que se quisesse fazer com a ajuda de uma máquina aquilo que, há tempos imemoriais, era serviço das mulheres". Trazidas de Lyon, essas máquinas fazem num dia o serviço de cinco ou seis operárias. Ainda não há dispensas, mas uma tal baixa nos preços que as operárias se unem contra isso. Em vez de receber suas representantes, os patrões mandam-nas prender. Daí as aglomerações tumultuadas a que afluem os desempregados e exprime-se o ódio às máquinas, o espectro do pão caro: a grande desilusão do povo parisiense. "Motim de saia, república de touca", comenta *La Gazette des Tribunaux,* que se admira que as envolvidas correspondam tão pouco ao estereótipo da virago: "Na maioria jovens e bonitas, elas mantinham os olhos timidamente baixos, justificavam-se balbuciando e nenhuma delas nos apresentava aqueles traços másculos e marcados, aquela voz forte e rouca, enfim, aquele conjunto de gestos, vozes, aparências e movimentos que nos parecia dever ser o tipo constitutivo da mulher-motim."[50]

A *máquina de costura* selará a aliança das mulheres com as máquinas? Pela sua leveza, pelo caráter individual, ela preenchia as condições que as mulheres podiam desejar. Mas não se pode esquecer que as primeiras máquinas de costura foram inicialmente instaladas nas oficinas, e só depois se tornaram objeto de apropriação doméstica, ligada principalmente à distribuição da energia. Nos anos 1900, qual é a operária francesa que não sonha em ter sua Singer, comprada a prestações no sistema de crédito Dufayel?[51] "Parece que a mulher conheceu sua grande glória com a máquina de costura", escreve Gaston Bonheur. "O século XX evidentemente escolhera a mulher".[52]

Afirmação muito triunfalista, quando se sabe em que instrumento de *sweating system* a máquina de costura também consistia. A máquina de escrever sem dúvida anunciava um maior ingresso das mulheres no assalariamento clássico. Mas trata-se realmente de uma "promoção" feminina? Na verdade, não surpreende que a máquina não tenha liberado as mulheres. Algum dia ela liberou alguém?

Formas de luta

A oposição às máquinas assume várias formas, e a destruição é apenas a última delas. Se algumas surgem no calor da ação, por outro lado a maioria, longe de ser espontânea e imprevista, implica modos mais ou menos avançados de organização: desde a reunião até a associação, basicamente de oficiais. As petições, cartazes, interdições são as manifestações mais correntes. Dirigidas aos prefeitos, mas às vezes também ao poder central (Ministério do Interior, Câmara dos Deputados), as petições mostram a vontade legalista dos operários, afirmam sua confiança nas autoridades garantidoras do contrato tácito que liga o governo ao povo: emprego em troca de imposto. Como os desempregados poderiam pagar imposto? É um dos argumentos que se levantam contra as máquinas, cuja má qualidade de fabricação também é denunciada: já é a censura à "porcaria" recorrente em todo o século.[53] O ideal econômico difundido é um estado estável e estacionário, comprometido pela ambição de alguns. A busca da produtividade é às vezes denunciada como "perniciosa", e também a concentração das "riquezas" nas mãos de alguns fabricantes gananciosos. Essas concepções eram frequentemente partilhadas, em particular sob a Restauração, pelo pessoal administrativo local, do comissário de polícia ao prefeito, que consideram justa a reivindicação do direito de emprego e temem os problemas que se seguem à introdução das máquinas. O caso de Vienne (1819), por exemplo, opõe nitidamente a antiga sociedade – em torno do pároco, os trabalhadores, os mestres-aparadores fiéis às velhas práticas, que contam com a compreensão do subprefeito Anglès e até do procurador-geral Achard de Germaune – à nova sociedade: os "grandes" industriais Gentin e Odoard, apoiados por Paris, que fez a opção pela mecanização. Sem chegar a dilacerar o país, a controvérsia que cercava a industrialização era, como se sabe, muito viva.[54]

Mais violentos, os cartazes – anônimos – interpelam os patrões e censuram sua dureza, indiferença e desprezo: "Senhores, a desumanidade e a dureza dos seus corações nos põem fora de nós", lê-se no início de 1818 em Clermont-L'Hérault. "Os senhores se dedicaram a nos tirar o trabalho."[55] Segue-se um ultimato (oito horas para todos), ao fim do qual as máquinas serão quebradas, e os fabricantes vencidos.

Fora do setor têxtil, os operários dos ofícios tradicionais interditam as oficinas mecanizadas, velha prática dos oficiais. Quando seus adeptos estavam sensibilizados, o grêmio de oficiais lançou todas as suas forças na luta contra um sistema de produção tão oposto ao seu ideal de "belo serviço" e do tempo necessário para uma obra-prima. O grêmio de oficiais põe sua rede de relações a serviço dos aparadores de Sedan, do Sul, o que faz com que entre Vienne, Clermont-L'Hérault, Lodève, Castres, Montpellier etc. circulem homens e cartas, trazendo notícias e apoio, secundada, é verdade, pelos laços da "sociabilidade meridional", matriz da região. Tanto quanto (e sem dúvida mais que) uma luta de classes, a oposição às máquinas, à produtividade industrial e seus ritmos é aqui a defesa de um estilo de vida mais folgado e autônomo.

A destruição de máquinas

A própria destruição de máquinas só intervém como um último recurso. Aliás, convém distinguir entre o verdadeiro luddismo e um *luddismo simbólico,* em que a máquina é um refém e a destruição dela é um meio de pressão num conflito: *a collective bargaining by riot* ("uma negociação coletiva pelo motim"), segundo a expressão de

Eric Hobsbawm, que foi o primeiro a destacar esse tipo de comportamento.[56] Em Savy-Berlette (Somme), em abril de 1817, os operários de uma fiação reivindicam um aumento salarial: "ao receberem uma negativa, eles quebraram os teares".[57] Esse luddismo de protesto, funcional, se se quiser, manifesta-se sobretudo no setor algodoeiro, desde então o menos marcado pelo verdadeiro luddismo. Uma vez instaladas as máquinas, resta mostrar a frágil aceitação que elas encontram. Ao longo de todo o século, este tipo de violência será para os trabalhadores o meio de expressão de sua fúria, sua maneira de afirmar o poder sobre os instrumentos de produção, represálias frias, muitas vezes premeditadas. Em Moreuil (Somme), em 1837, às 7 horas da manhã, antes de ir para o trabalho, os operários se reúnem, percorrem a cidade, entregam-se à destruição de teares e redigem uma tabela de preços.[58] Essa forma, porém, declina à medida que os instrumentos de produção se tornam mais caros e de substituição mais difícil, e os operários passam a respeitar mais a ferramenta de trabalho. O grevista de 1936, ao ocupar a fábrica e lustrar as máquinas, mantém com o local e o instrumento de trabalho um tipo totalmente diferente de relação da do luddista do início do século XIX, sem que por isso este possa ser tachado de "primitivo".

O luddismo propriamente dito, no qual é a própria máquina que está em jogo, reduz-se em si a pouca coisa. De 1815 a 1847, F. Gaillot arrola uma quinzena de casos ocorridos e outro tanto de tentativas abortadas. O luddismo é mais importante em 1848, quando assume feições particularmente graves, à imagem da duração da crise e da esperança despertada pela nova República. Em Lyon, Saint-Étienne, Reims, Elbeuf, Romilly, Lodève..., ardem as fábricas. Mas, excetuada essa onda excepcional, que mereceria uma análise específica e de caráter político, a destruição raramente aparece como gesto de um arrebatamento súbito, muito antes mostrando-se como fruto de uma cólera fria e refletida, ou pelo menos como um ato daquela violência última à qual os operários recorrem quando todo o resto se esgotou.[59] Um ato preparado, ou pelo menos precedido por uma série de reuniões – os aparadores de Vienne se reuniram três vezes –, de procedimentos, de ultimatos. Assim os aparadores de Vienne, os fundidores de armas de Saint-Étienne, os marceneiros do Havre... esgotam todos os meios pacíficos para obter a retirada das máquinas. A passagem para a ação é lenta, às vezes hesitante, quase solene; e aí o papel impulsionador das mulheres, ou dos jovens, pode ser decisivo.

Uma vez iniciada, a destruição das máquinas tem uma certa sistemática que visa à aniquilação. Com o auxílio dos seus instrumentos habituais, machados, martelos, até os forcados tão camponeses, os operários tentam proceder a um desmantelamento total, "em pedacinhos" impossíveis de serem reconstituídos. Em Saint-Étienne, os forjadores de peças de artilharia "lançaram-se sobre a máquina e ocuparam-se em destruí-la peça por peça".[60] Em Nantes, os tiradores de areia levam uma hora a demolir a draga mecânica com seus machados. Queimam-se os resquícios, mas como o metal das máquinas resiste a essas chamas vacilantes, imagem mesma da força do obstáculo industrial, jogam-se os resíduos no rio.

As multidões luddistas são massivas, misturadas, populares. Aos operários envolvidos, unem-se não só as mulheres e filhos, mas ainda pessoas de todo o corpo da sociedade. O professor e o prisioneiro fugido podem se encontrar nos bancos do tribunal. Esse caráter compósito é mais acentuado no Sul, onde o luddismo mobiliza a comunidade aldeã. No Norte, apesar de tudo, os operários são mais isolados.

A repressão, atenuada sob a Restauração devido à hesitação das autoridades (os aparadores de Vienne tiveram duas absolvições seguidas), endurece depois de 1830, quando o Governo opta decididamente pela mecanização. Não são raras as sentenças de vários anos de prisão, e até com trabalhos forçados. No início de junho de 1848, o peso das condenações impostas em Lyon, Reims e Troyes mostra até que ponto a República escolhera a ordem. Elas suscitaram o assombro do mundo operário.

Os trabalhadores em domicílio contra a máquina, contra a fábrica

Essa resistência pontual se inscreve sobre a resistência menos visível, mais difusa que os trabalhadores do sistema doméstico opuseram, na medida do possível, a uma mecanização que, ao cabo, significa o ingresso na fábrica, o aquartelamento. Resistência inicialmente dos fiandeiros de algodão, muitas vezes eficaz: em Lille, em Troyes, os fabricantes desistem de instalar as novas máquinas e, segundo Ballot, a fiação domiciliar atinge seu auge nesse ramo por volta de 1806, para em seguida declinar irreversivelmente. Resistência sobretudo, mais duradoura e eficaz (por quê? A pergunta não é simples), dos tecelões em domicílio.

A longa resistência dos tecelões

Na França, assim como na Inglaterra, onde porém sua existência se encerra em meados do século XIX (por volta de 1860, eles são apenas 3.000),[61] os tecelões ocuparam, entre a fiação e o acabamento muitas vezes mecanizados, uma posição econômica importante, que explica na sua origem os salários relativamente altos e a extrema liberdade desses trabalhadores. Os tecelões constituem um meio original, de sólida estrutura familiar, caracterizada por uma forte endogamia,[62] uma vigorosa fecundidade (o filho é uma força produtiva), uma relativa igualdade entre os sexos com, talvez, um esboço de redistribuição das tarefas[63] no seio da família, unidade econômica. Esses trabalhadores têm uma cultura própria na qual se mesclam a tradição oral e o gosto pelos almanaques, folhetos de vendedores ambulantes e canções de lamento.[64] Donos do seu ritmo de produção, eles se esforçam em manter um andamento moderado a que muito se apegam, preferindo o lazer a ganhos suplementares.[65] Guardam a Santa Segunda-Feira,[66] frequentam o cabaré, compram coisas dos mascates, sem com isso incorrer em despesas excessivas. Certos do seu trabalho, eles não poupam nada, diferenciando-se nisso do mundo rural em que se inserem, mas de modo nitidamente particular. Profundamente ligados à terra, à aldeia natal, à casa que, arranjada de forma a abrigar os teares, constitui um capital, uma espécie de investimento, eles empregam uma grande engenhosidade para combinar recursos agrícolas e industriais constantemente renovados e, mais tarde, para utilizar a fábrica de modo a prolongarem sua existência. A. Demangeon ofereceu uma descrição clássica dos tecelões em tela dos campos da Picardia.[67] E recentemente a notável autobiografia de *Mémé Santerre*, recolhida por Serge Grafteaux, apresenta-nos um testemunho muito próximo dos últimos tecelões de Cambrésis: últimas palpitações do *domestic system* a chegar até nós.[68]

Os tecelões opõem à mecanização uma resistência passiva próxima da sabotagem. Assim na Alsácia, nos anos 1820, com a introdução dos primeiros teares mecânicos: nenhuma violência. "Só houve inércia. Os fios se rompiam, as máquinas paravam sem que se pudesse saber se era por causa dos homens ou dos instrumentos."[69] Mas nesta região o dinamismo do patronato, à força de migrações estrangeiras e instituições, consegue fabricar outro tipo de mão de obra. A resistência é mais eficaz no Norte, picardo ou flamengo. "O testemunho dos fabricantes neste ponto é quase unânime", relata Reybaud a partir de uma investigação direta por volta de 1860. "Os seus operários", disseram eles, "formados desde a infância no trabalho manual, resistem com todas as suas forças ao emprego dos meios mecânicos. Uma redução nos salários assusta-os menos do que uma revolução nos processos. Tal seria, garantem eles, o sentimento que predomina entre os 200 mil tecelões manuais distribuídos pelas nossas províncias do Norte."[70] A obstinação operária é tal que muitas vezes obriga os fabricantes a desistir, e até a voltar atrás: é o caso da tecelagem de xales. Por volta de 1818, assiste-se na Picardia a uma tentativa de mecanização e concentração, com o tear Jacquart e as grandes oficinas a substituir o velho tear de lançadeira. Mas a má vontade, a irregularidade dos trabalhadores causam a falência de diversos estabelecimentos. E, em 1832, volta-se ao antigo sistema técnico e familiar.[71] Em Lille, os tecelões se aferram aos seus porões, para eles verdadeiro instrumento de trabalho, considerados tão insalubres pelo doutor Villermé, e quando, em nome da higiene e da moral, as prefeituras mandam-nos fechar para transferir os tecelões a celeiros impróprios para suas atividades, eles se revoltam contra essa duvidosa filantropia, destruidora do seu modo de vida.[72]

Mas se houve "idade de ouro", foi de curta duração. A partir dos anos 1830, entre a tecelagem a mão e a tecelagem a máquina trava-se a áspera luta cujas etapas e procedimentos deveriam ser descritos (não é aqui o lugar). Acuados na defensiva, os tecelões se obstinam, preferindo aceitar baixas salariais, ao invés da vida na fábrica. "Eles preferem aceitar as maiores reduções salariais do que transferir o local do seu trabalho. O que os prende ao local do trabalho é que trabalham em casa, perto dos seus e também um pouco segundo suas predileções. Eles têm um horror insuperável por essa caserna chamada oficina comum, e antes renunciarão ao ofício ao invés de se submeter a um alistamento."[73] As crises sucessivas chegaram ao limite de sua tenacidade: 1846-1848, o ano de 1860 e sobretudo a grande depressão de 1882-1895, causa de uma "desindustrialização do campo", analisada por Gabriel Désert na Baixa Normandia e por Yves Lequin na região de Lyon.[74] Essa agonia vem marcada pelos últimos paroxismos: greves na região de Cholef em 1886-1888, na região de Lyon em 1888-1889, motins em Cambrésis em 1889. Nas fábricas, os tecelões, convertidos em tecedores, forneceram à greve, mais do que os fiadores mecanizados há mais tempo, seus militantes mais combativos.[75]

Operários do sudeste

Outra barreira de resistência: os trabalhadores urbanos em domicílio nas indústrias de seda do sudeste: operários em teares manuais de Lyon, passamaneiros de Saint-Étienne, tecelões de fitas e galões de Saint-Chamond, que, melhor do que os parisienses atingidos pelas guerras e migrações, repressões e transformações urbanas, souberam manter seu modo de vida, parcialmente herdado do Antigo Regime, típicos elementos das populações críticas e rebeldes à máquina.[76] Desde o violento amotinamento de agosto de 1744 contra Vaucanson, inventor de um cilindro simplificador acompanhado de regulamentos novos e mais rigorosos,[77] a hostilidade não cedeu. Jacquard foi sua vítima. Os operários só aceitaram seu tear depois de torná-lo doméstico, até desdobrando esforços de inovação técnica para esse fim, como a miniaturização de que *L'Echo de la Fabrique* nos oferece exemplos. Da mesma forma, os passamaneiros de Saint-Étienne e Saint-Chamond empenham-se incessantemente em aperfeiçoar seus teares, para torná-los mais produtivos[78] e, hostis às formas concentradas de energia – hidráulica, a vapor –, são defensores entusiastas de suas formas disseminadas: o gás e sobretudo a eletricidade, essa "fada eletricidade" que, no início do século XX, revigorou o artesanato através da prática da subempreitada, ao mesmo tempo em que possibilitou as piores práticas do *sweating-system*. Kropotkin, em *Champs, usines et ateliers* (*Campos, fábricas e oficinas*, 1910), elogio do trabalho combinado, cita o exemplo desses trabalhadores engenhosos, que usam em proveito próprio o progresso técnico para a defesa de sua liberdade.

Diante dessa resistência, agravada pelas insurreições de 1832 e 1834, o patronato a contorna de várias maneiras: pela difusão da fábrica rural, pela disseminação dos teares na planície que prossegue ao longo do século XIX, apesar da oposição reiterada dos tecelões em seda de Lyon, expansão esta que só foi refreada pelas dificuldades do serviço e qualidades técnicas necessárias. Por outro lado, o patronato cria *tecelagens mecânicas* com mão de obra infantil e feminina, sob a direção de religiosas, segundo o modelo, diz-se, do Lowell americano. É o início dos famosos "conventos da seda", esses internatos com trabalhos em seda tantas vezes descritos,[79] forma acabada, de fato, do enclausuramento e da disciplina. Esses estabelecimentos, aliás, são de dois tipos: ora trata-se de estabelecimentos industriais laicos, onde apenas a supervisão é religiosa; ora são verdadeiros conventos, transformados em oficinas de caridade ou abrigando oficinas mecanizadas, muitas vezes chamados de *Providence*. Cabe notar aqui a tripla contribuição da Igreja à industrialização: 1) pôr no trabalho populações pobres ou delinquentes (ver os *refúgios*, o Bom Pastor para as "moças arrependidas" do século XIX), crianças e mulheres, procedimento mais do que secular, no quadro das oficinas de caridade, com muitos milhares em todo o país;[80] 2) fornecer um pessoal de supervisão particularmente precioso nessa fase de disciplina "pan-óptica", que requer olhos vigilantes; 3) prestar-se à fase de experimentação técnica, aspecto este o menos conhecido. Longe de ser rebelde às máquinas, a Igreja lionesa, por exemplo, solicitava empréstimos aos industriais para se equipar, como mostra Laura S. Strumingher.[81] Abençoando as máquinas, como outrora os sinos, a Igreja simboliza a nova aliança entre a Máquina e o Altar. Daí a animosidade dos trabalhadores contra os estabelecimentos religiosos, acusados ainda de serem locais de sequestro e tortura, e mesmo impudicícia e sadismo,[82] e o duplo aspecto anticlerical e antimecânico que assumem as agitações populares desde o outono de 1847, e sobretudo na primavera de 1848 em Reims, Lyon e Saint--Étienne, insurreição violenta contra o conluio da Igreja com a nova ordem industrial.

A resistência dos trabalhadores em domicílio, rurais ou urbanos, à mecanização esclarece o sentido da luta. Introduzida para derrotar as reivindicações operárias, para controlar o processo de produção, a máquina é a arma de uma estratégia de dominação. A oposição, aberta ou latente, que a ela oferecem os operários significa a defesa de um modo de produção mais autônomo, a recusa da maior disciplina instaurada pela mecanização, tanto mais sutil e dissimulada na medida em que pode assumir ares de justificativa técnica. Contra a máquina, o mais infalível dos contramestres, é mais que o pão, é a sua liberdade que os trabalhadores defendem.

Diante desses acontecimentos, a tal resistência, qual era a atitude da *imprensa operária*, importante desde 1830? Seria necessário um exame sistemático em torno desse tema. As sondagens feitas em *L'Atelier*, *L'Artisan*, *Le Populaire* e *L'Echo de la Fabrique* indicam que, a esse nível mais elaborado, não existe uma hostilidade fundamental e sistemática contra a maquinaria – "O fim da comunidade é realmente encontrar máquinas ao infinito", lê-se em *Le Populaire* de 1844 –, mas aqui e ali há um início de debate entre partidários e adversários do industrialismo. Assim, em *L'Echo de la Fabrique*, uma interessante controvérsia opõe Anselme Petetin, redator-chefe do *Précurseur* e de linha saint-simoniana, a Bouvery, redator de *L'Echo*, mais próximo dos tecelões de seda.[83] O primeiro é um partidário incondicional das máquinas, que criam "mais bem-estar sem o cansaço da produção". Elas permitem aumentar o consumo com a baixa dos preços e eliminar todos os trabalhos pesados, para conservar apenas os mais inteligentes. Podem-se empregar os desempregados na colonização das terras incultas e na criação de novas produções: com um governo republicano, a multiplicação dos jornais de 1830 teria empregado em larga escala os gráficos levados à inatividade pelas impressoras mecânicas. A solução, portanto, é política: é preciso controlar e orientar o progresso. "A verdadeira e difícil questão é, pois, criar esse poder central e protetor que regula todos os progressos e ameniza todos os sofrimentos"; é preciso substituir o "governo dos milionários" pelo "governo dos proletários" e desenvolver o poder do Estado. Cético quanto às hipotéticas virtudes de um governo das "capacidades" aberto à intriga e tentado pela tirania, Bouvery critica o frenesi do consumo, os riscos da centralização; ele defende o desenvolvimento de grandes obras públicas, a fixação de um salário mínimo garantido, "no dobro do que seria estritamente necessário para viver", o imposto progressivo e a limitação dos rendimentos. A favor ou contra o crescimento: o século XIX em seus inícios percebeu obscuramente o que estava em jogo. A controvérsia, da qual Stendhal é uma ilustre testemunha, atravessa o movimento operário. Ela aí durará por muito tempo.

Na segunda metade do século XIX, prossegue o debate entre partidários e adversários da maquinaria. Encontram-se ecos nos relatórios dos delegados operários nas Exposições e Congressos,[84] que denunciam largamente as tristes consequências da mecanização: a superprodução, a má qualidade, a especialização excessiva. Mas eles também reivindicam todas as potencialidades, imaginando "o que seria um uso social e moral das máquinas",[85] e aderindo ao mesmo tempo ao crescimento e ao poderio racionalizante da sociedade industrial.

Como se deu essa alteração? Não terá sido necessário "produzir" operários novos, primos daquele "pequeno trabalhador infatigável" engendrado por todos os tipos de instituições patronais?[86] A formação de uma elite técnica desde o início fora um dos objetivos do poder, pois sua inexistência era um dos principais obstáculos à introdução das máquinas.[87] Era preciso substituir aos poucos aqueles 1.500 operários ingleses, aproximadamente, que por volta de 1820 supervisionavam, bem ou mal (e não sem diversos problemas), as fábricas mecanizadas. O esforço governamental foi pequeno; não se formou um verdadeiro ensino técnico, e a escola francesa, saída da Revolução, era mais cívica e disciplinar do que industrial.[88] Nada de parecido com os *Mechanical Institutes* ingleses. No entanto, sob a influência do Conservatório Nacional de Artes e Ofícios, cujo primeiro diretor, Christian, é o autor de um *Traité de Technonomie* (*Tratado de tecnonomia*, 1819), livro que mostra uma aguda percepção das novas questões, de industrialistas como Chaptal, de politécnicos como Dupin e Bergery,[89] de associações como a Sociedade Filomática, organizam-se nas principais cidades da França cursos de desenho, geometria, tecnologia e economia política. Desenvolve-se toda uma pedagogia mecânica, através de pequenos ensaios populares, jornais (como o *Journal des Connaissances Utiles*, publicado a partir de 1832), publicações (*Les Merveilles de l'Industrie...*) e as Exposições nacionais e regionais nas quais as máquinas ocupam um lugar de tanto destaque (em 1798, o Templo da Indústria ocupa de certa forma o lugar do Ser Supremo), verdadeiro empreendimento de exaltação industrial, de criação de uma psicologia cientificista, de integração e promoção de uma elite operária técnica.[90] Registra-se, principalmente na metalurgia, onde o operário está de certa maneira "engajado no movimento técnico inovador",[91] a recuperação de todo um saber autodidata e a promoção pela mecânica. Semen Kanatchikov, camponês russo que se tornou operário modelador em Moscou no final do século XIX, cujas memórias foram editadas e analisadas por Reginald E. Zelnik, oferece um exemplo notável de tal processo: o sentimento de superioridade e orgulho que ele retira do domínio sobre uma nova tecnologia permite-lhe assumir sua condição de imigrante, acaba de afastá-lo do pai e da aldeia natal e transforma-o em trabalhador industrial permanente.[92]

É sobretudo em Paris que se concentram esses homens novos, os mecânicos, viveiro de *Sublimes* de que Denis Poulot nos deixou um retrato inesquecível. Meio ambíguo: muito independente, geralmente rebelde e orgulhoso do seu saber, mas ao mesmo tempo conquistado pela nova economia com a qual pode vir a se identificar.[93] Admiradores das máquinas que são obras sua, os mecânicos foram os portadores de um saint-simonismo operário que penetrou progressivamente no movimento operário, aos poucos conquistado pela metalurgia.

Mas esta é uma outra história, a da segunda revolução industrial. Antes de 1850, ainda não chegaram os tempos da metalurgia.

O mundo operário, em larga medida ainda rural, mantém sua distância em relação às máquinas expropriadoras e portadoras de novas disciplinas.

Anexo – Dados sobre ações coletivas com a finalidade de suprimir ou retirar máquinas

Figura 1 – Cartografia das ações de resistência na França

Fonte: F. Gaillot, *La Résistance ouvrière aux machines en France*, p. 51.

Figura 2 – Cronologia e intensidade dos incidentes na França (1815 – 1848)

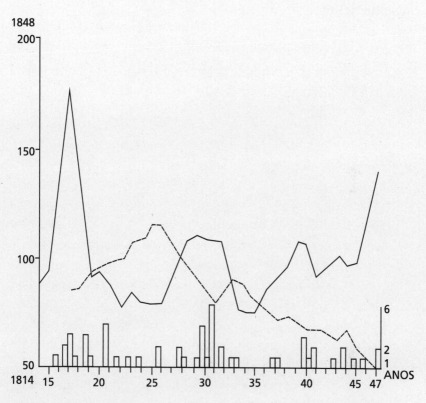

Fonte: F. Gaillot, *La Résistance ouvrière aux machines en France*, p. 19.

Notas

1. Ch. Ballot, *L'introduction du machinisme dans l'industrie française*, Lille, 1923; Ch. Schmidt, "La crise industrielle de 1788", *Revue Historique*, 1908; "Un épisode de l'histoire du machinisme en France; les premiers 'luddites' de l'Isère em 1819", *La Révolution Française*, 1903; "Une enquête sur la draperie à Sedan em 1803", *Revue d'Histoire des Doctrines Economiques et Sociales*, 1912; "Les débuts de l'industrie

cotonnière en France, 1760-1806", *Revue (d'Histoire Economique et Sociale*, 1913 e 1914; M. Blanchard, "Une émeute ouvrière dans l'Isère en 1819", *Revue d'Histoire de Lyon*, 1914.

2. F. E. Manuel, "L'introduction des machines en France et les ouvriers. La grève des tisserands de Lodève em 1845", *Revue d'Histoire Moderne*, 1935; "The luddite movement in France", *Journal of Modern History*, 1938.

3. P. Leuillot, "Hostilité ouvrière au progrès du machinisme em 1802", *Revue d'Alsace*, 1930; "Contribution à l'histoire de l'introduction du machinisme en France", *Annales Historiques de la Révolution Française*, 1952; e a tese do autor, *L'Alsace au début du XIXe siècle*, t. II. *Les transformations économiques*, Paris, 1959.

4. J. Vial, *L'industrialisation de la sidérurgie française* (1814-1864), Paris, 1967.

5. E. J. Hobsbawm, "The machine breakers", *Past and Present*, n° 1 fev. 1952; excelente artigo que renovou a problemática do tema. A edição brasileira do artigo "Os destruidores de máquinas" encontra-se em *Os trabalhadores, estudos sobre a história do operariado*, Rio de Janeiro, Paz e Terra, 1981.

6. E. P. Thompson, *A formação da classe operária inglesa*, 3 vols. RJ, Paz e Terra, 1987. Ver em *Social History*, 1976, n° 2, F. K. Donnelly, "Ideology and early English working-class history: Edward Thompson and his critics", para uma discussão das interpretações divergentes do luddismo inglês, a de Thompson e a de M. I. Thomis, *The Luddism*, Newton Abbot, 1970.

7. S. Marglin, "Origens e funções da parcelarização das tarefas. Para que servem os patrões", em A. Gorz, *Crítica da Divisão do Trabalho*, São Paulo, Martins Fontes, 1980 e "Postscript", abril de 1975 (inédito). "A origem e o êxito da fábrica não se explicam por uma superioridade tecnológica, mas pelo fato de que ela retira do operário todo e qualquer controle e dá ao capitalista o poder de prescrever a natureza do trabalho e a quantidade a produzir."

8. Comunicação ao colóquio de ACSES, Paris, 7 "Procès de travail", setembro de 1977. O autor prepara um trabalho amplo sobre essas questões.

9. Ver o número especial da revista *Thalès*, t. 12, 1966, Paris, 1968, sobre "Les commencements de la technologie"; bibliografia importante.

10. *Arquivos Departamentais do Indre*, 9M65, petição de outubro de 1816.

11. M. Lévy-Leboyer, *Les banques européennes et l'industrialisation internationale dans la prémière moitié du XIXe siècle*, Paris, 1964.

12. Sébastien Mourgue, texto citado por Ch. Schmidt, *R.H.D.E.S.*, 1912.

13. (*Arquivos Nacionais*), F7 3790, boletim de ocorrência policial de 22 de novembro de 1818.

14. M. Lévy-Leboyer, *op. cit.*, p. 117 e p. 162.

15. *A.N.*, BB 18 1429, carta dos fabricantes ao ministro da Guerra; sobre essa greve, cf. artigo de Manuel, cit. n° 2; J. P. Aguet, *Les grèves sous la Monarchie de Juillet*, Genebra, Droz, 1954, p. 330.

16. Buret, *De la Misère*, 1840, livro 2, cap. 6, p. 561.

17. C. A. Costaz, *Essai sur l'administration de l'agricullure, du commerce, des manufactures, des subsistances, suivi de l'historique des moyens qui ont amené le grand essor pris par les arts depuis 1793 jusqu'en 1815*, Paris, 1818, p. 149.

18. Exemplo de uma monografia exemplar sobre uma profissão em luta contra a maquinaria: Joan Scott, *The Glassworkers of Carmaux (1848-1914). French craftsmen and political action in a 19th century city*, Cambridge, Harvard Univ. Press, 1974.

19. Francine Gaillot, *La résistance ouvrière aux machines en France de 1815 à 1847*, dissertação de mestrado (sob a orientação de M. Perrot), Paris 7-Jussieu, 1977, 186 p. (datilografado).

20. Cf. diagrama de F. Gaillot, p. 51.

21. F. Evrard, "Les ouvriers du textile dans la région rouennaise (1789-1802)", *Annales Historiques de la Révolution Française*, 1947 (vários elementos úteis).

22. A. D. de Indre, citado n° 10.

23. John Merriman, *1830 in France*, 1975.

24. Roger Picard, *Les classes ouvrières et les Cahiers de doléances en 1789*, Paris, Rivière, 1910, pp. 110 e ss.

25. D. Landes, *L'Europe technicienne*, Gallimard, 1975 (*The Prometheus Unbounded*, 1969), p. 222; L. Bergeron, "Douglas, Ternaux, Cockerill

aux origines de la mécanisation de l'industrie lainière en France", *Revue Historique*, 1972.

26. Charles Dupin, *Forces productives et commerciales de la France*, 1827, p. I. Discurso aos habitantes do Sul, exortando-os a se industrializarem. A este respeito, cf. Roger Chartier, "Les deux France. L'histoire d'une géographie", 1977, artigo inédito.

27. Audiganne, *Les populations ouvrières et les industries de la France*, 1860, t. I, p. 128.

28. J. P. Corthéux, "Observations et idées économiques de Réaumur", *Revue d'Histoire Economique et Sociale*, 1957, n° 4; *Idem*, "Privilèges et misères d'un métier sidérurgique au XIXᵉ siècle: le puddleur", R.H.E.S., 1959, n° 2; J. Vial, *l'industrialisation...*, pp. 144-65 e 344-73.

29. L. Reybaud, *Le Fer et la Houille*, p. 20.

30. *Idem*, p. 139.

31. BB 18 1460, "Désordres à Mazemet contre l'introduction de nouveaux métiers à filer dans les manufactures (fevereiro 1848)".

32. Blanchard, "Une émeute ouvrière dans l'Isère en 1819", analisa essa transformação.

33. *Gazette des Tribunaux*, 4 de junho de 1848.

34. *Gazette des Tribunaux*, 8 de junho de 1848.

35. A. Dubuc, "Les émeutes de Rouen et d'Elbeuf en 1848", *Études d'Histoire Moderne et Contemporaine*, 1948, t. II.

36. Assim: Dofny, Durand etc., *Les ouvrier set le progrès technique. Étude de cas: un nouveau laminoir*, A. Colin, 1966; A. Touraine e colaboradores, *Les travailleurs et le changement technique*, Paris, 1965. Entre os testemunhos autobiográficos, eis um exemplo ao acaso em Adélaïde Blasquez, *Gaston Lucas ouvrier serrurier*, Paris, Plon, 1976, sobre a hostilidade do avô de Gaston, por volta de 1900, a qualquer progresso técnico: "Jamais! Não quero o progresso de vocês! O progresso vai matá-los a todos! Vai arrancar os seus braços! Vocês não poderão mais trabalhar! E a máquina que vai fazer todo o trabalho! Ela tomará o lugar de vocês e vocês não serão mais nada!" (p. 24).

37. Patrícia Branca, "A new perspective on Women's Work: A comparative Typology"; *Journal of Social History,* 1975, vol; 9, n° 2, pp. 139 e 150, n° 20.

38. Ver Lepecq de la Cloture, *Observations sur les maladies épidémiques...,* 1776, descrições de manufaturas, em Vire etc.; ou Maurice Agulhon, *La vie sociale en Provence Intérieure au lendemain de la Révolution,* Paris, Soc. Études Robespierristes, 1970.

39. Ver o estudo contemporâneo de Madeleine Guilbert, *Les fonetions des femmes dans l'Industrie,* Paris, CNRS, 1966.

40. F. Gaillot, *op. cit.,* p. 113.

41. *A.N.* BB 18 1398.

42. Ver a respeito o Colóquio no Museu de Artes e Tradições Populares, abril de 1977, sobre *Le Charivari* (atas a sair).

43. Sobre essas agitações de 1665-1667, cf. E. Levasseur, *Histoire des Classes ouvrières en France avant 1789,* t. 2, pp. 201 e ss. Recusa das moças "que seus pais queriam manter sob suas vistas", das "mulheres que tinham de cuidar das tarefas de casa", em permanecer na manufatura depois de decorrido o tempo de aprendizagem da renda. Os problemas mais graves ocorreram em Alençon em 1665.

44. Evrard, artigo citado, *A.H.R.F.,* 1947.

45. Ballot, *op. cit.,* pp. 44 e 53.

46. T. Tuetey, *L'assistance publique à Paris pendant la Révolution,* Paris, 1895-1897, 4. vol., documentos, t. 2, texto n° 324 (julho de 1790), p. 594.

47. *A.N.* BB 18 1442 (60 peças).

48. Relato das agitações em *Gazette des Tribunaux,* 4 de junho de 1848; ver o estudo (inédito) de Laura S. Struminger, *"A bas les Prêtres! A bas les Couvents!* – The Church and the wokers in nineteenth century Lyon".

49. *Gazette des Tribunaux,* 18 de abril de 1848; Audiganne, *pop. ouvrières,* t. 2, p. 108.

50. *Gazette des Tribunaux,* 12 de outubro de 1831.

51. Sobre a máquina de costura, cf. P. Leroy-Beaulieu, *Le travail des femmes au XIXe siècle,* Paris, 1888, pp. 395 e ss.; Guy Thuillier, *Pour une histoire du quotidien,* Paris, Nouton, pp. 154 e ss. Sobre a história da

máquina de costura na Alemanha, ver o estudo de Karen Hausen, *Mouvement Social*, 1978, nº 4.

52. *Qui a cassé le pot au lait*, 1970, citado por G. Thuillier, *op. cit.* p. 180.

53. *A. D. Indre*, 9M65, petição dos operários da manufatura de tecidos: "emprega-se menos material para confeccionar os tecidos que eles vendem muito mais caro, porque o preparo com essas máquinas agrada aos olhos embora sejam de uma qualidade inferior aos feitos de outra maneira que não com essas máquinas"; os compradores saem lesados.

54. Cf. F. Rude, *Stendhal et la pensée sociale de son temps*, Plon, 1967.

55. *A.N.* F7 9786, petição contra a tosadeira de Saint-Pons, 1822.

56. "Os destruidores de máquinas", *op. cit.*

57. *A.N.* F7 3788.

58. Citado por F. Gaillot, *op. cit.*, p. 69 e vários outros exemplos.

59. A afirmação de Manuel, *op. cit.*, ao falar de "spontaneous demonstrations", é apenas parcialmente fundamentada: *Journal of Modern History*, p. 211. Sobre a violência operária nas greves, também ela muitas vezes violência última e recurso final, cf. M. Perrot, *Les ouvriers en grève*, pp. 568 e ss. Sobre a destruição de máquinas nos conflitos do trabalho nos últimos trinta anos do século XIX, p. 578.

60. *Gazette des Tribunaux*, 7-8 de março de 1831.

61. Sobre os tecelões ingleses, cf. P. Mantoux, *La Révolution industrielle au XVIIIᵉ siècle*, 1928; D. Landes, *op. cit.*, p. 124: eles são 250 mil em 1810, 40 mil em 1850, 3 mil em 1860. Nessa data, ainda existem na França 200 mil teares manuais (e 80 mil mecânicos).

62. M. Segalen, *Nuptialité et alliance. Le choix du conjoint dans une commune de l'Eure*, Paris, Larose, 1972.

63. A este respeito, cf. Hans Medick, "The proto-industrial family economy: the structural function of household and family during the transition from peasant society to industrial capitalism", *Social History*, 1976, nº 3.

64. Audiganne, *Les populations ouvrières*, t. I, p. 98, sobre a cultura dos tecelões de Flers (Baixa Normandia).

65. Cf. L. Reybaud, *Le coton*, 1863, p. 156: "Vivendo com pouco e trabalhando apenas para suas necessidades, essas populações dedicavam-se a tarefas que não excediam às suas forças e respondiam aos seus gostos. Era *como uma idade de ouro* (grifo meu) que se conciliava com uma certa indolência nas posturas. Com o vapor e os estabelecimentos mecânicos, iniciou-se a idade do ferro."

66. Segundo a canção popular gascã que F. Simon aplica aos tecelões do Choletais, em *Petite histoire de tisserands de la région du Cholet*, 1946, p. 20: "Todas as segundas, fazem uma festa/E na terça têm dor de cabeça;/Na quarta, vão vender a mercadoria ;/E na quinta, vão visitar a amante;/Na sexta, trabalham sem parar;/No sábado, a peça não está pronta,/E no domingo: falta dinheiro, Mestre."

67. A. Demangeon, *La Picardie*, Colin, 1905, em esp. pp. 285 e ss., p. 304. Cf. também os livros de J. Sion, *Les paysans de Haute-Norman*die, de Baudrillard etc.

68. Serge Grafteaux, *Mémé Santerre*, 1975.

69. L. Reybaud, *Le coton*, p. 50.

70. *Idem*, p. 157.

71. *Les ouvriers des Deux-Mondes*, "Monographie de l'ouvrier tisseur en châles de Gentilly", t. I., 1857, p. 343.

72. Reybaud, *Le coton*, 1863, p. 168: "Muitos operários me expressaram a lástima por terem sido obrigados por medidas policiais a abandonar seus domicílios subterrâneos."

73. Reybaud, *Le coton*, p. 222.

74. G. Désert, *Le Paysans du Calvados, 1815-1895*, Setor de teses de Lille, 1975, cf. em esp. pp. 684 e ss.; Yves Lequin, *Les Ouvriers de la région lyonnaise*, Presses Universitaires de Lyon, 1977.

75. A esse respeito, M. Perrot, *Les ouvriers en grève*, t. 1, pp. 352 e ss.

76. Várias descrições: J. Godard, *Vouvrier en soie*; L. Reybaud, *Études sur le régime des manufactures*, apresenta uma boa descrição da extrema independência deles, sua liberdade de horários, sua resistência a qualquer forma de controle social. Ver os estudos históricos de F. Rude e, mais recentemente, de R. Bezucha, os estudos de Yves Lequin e L. H. Strumingher.

77. J. Godard. *op. cit.*, p. 282.

78. Reybaud, *op. cit.*, p. 221; L. J. Gras, *Histoire de la rubannerie et des industries de la soie à Saint-Étienne et dans la région stéphanoise,* Saint-Étienne, 1906. Kropotkin, *Champs, usines et ateliers ou l'usine combinée avec l'agriculture et le travail cérébral avec le travail manuel,* Paris, Stock, 1910.

79. Estudo recente de D. Vanoli, "Les couvents soyeux", *Révoltes Logiques,* 1976, nº 2.

80. Papel considerável da renda sob o Antigo Regime para pôr as mulheres ao trabalho; dois exemplos, J. C. Perrot, *Genèse d'une ville moderne. Caen au XVIIIᵉ siècle,* Mouton, 1975, t. I, pp. 422 e ss.; Philippe Guignet, *Mines, Manufactures et ouvriers du Valenciennois au XVIIIᵉ siècle,* tese de doutorado, Lille, 1976 (inédito), t. 2, cap. 3, "Un prolétariat féminin; les dentellières de Valenciennes"; P. Leroy-Beaulieu, *Le travail des femmes au XIXᵉ siècle,* p. 371, arrola 2 mil oficinas de caridade e apresenta a lista das principais ordens "industriais".

81. Artigo citado, nº 48.

82. *A.N.* BB 18 1456, importante dossiê sobre o Refúgio de Saint-Étienne, investigação sobre as torturas infligidas às moças e sobre o internato de Srta. Denis em Lyon; agitações de setembro de 1847, ameaças de destruição dos teares.

83. *L'Echo de la Fabrique*, nᵒˢ 9, 16 e 23 de setembro, 21 de outubro e 7 de novembro de 1832.

84. Jacques Rancière, "En allant à l'expo l'ouvrier, sa femme et les machines", *Revoltes Logiques,* nº 1, inverno de 1975, mostra que os delegados enviados à Exposição de 1867 analisam muito bem as relações de poder, em vigência na mecanização e propõem como solução a apropriação pela associação operária.

85. *Idem,* p. 12.

86. Lion Murard e Patrick Zylberman, *Le petit travailleur infantigable ou le prolétaire régénéré. Villes-usines, habitat et intimité (les cites minières au XIXᵉ siècle), Recherches,* Cerfi, 1976, nº 4: como o patronato ordena o espaço para "produzir" os trabalhadores da indústria.

87. *Revue Britannique*, tomo I, 1825, pp. 199-234, "Des ouvriers et des machines en France", tradução de um artigo editado na *Quarterly Review* sobre os operários e máquinas *ingleses* na França; a revista apresenta a cifra de 1.300 a 1.400. Segundo Clapham, entre 1822-1823 teriam chegado à França 16 mil operários ingleses.

88. Antoine Léon, *La Révolution française, et l'éducation technique*, Paris, Société des Études Robespierristes, 1968, estende-se até 1830 e traz uma avaliação da ação de Charles Dunin; J. P. Guinot, *Formation professionelle et travailleurs qualifiés depuis 1789*, Paris, Domat-Montchrestien, 1946.

89. Sobre Bergery, cf. M. Perrot, "Travailler et produire. Claude-Lucien Bergery et les débuts du management en France", dans *Mélanges d'histoire sociale offerts à Jean Maitron*, Paris, Éditions Ouvrières, 1976: análise do pequeno ensaio de educação popular, *Économie industrielle ou science de l'industrie*, t. 1, *Économie de Vouvrier*, t. 2 e 3, *Économie du fabricant*, Metz, 1829-1831.

90. Sobre o papel muito importante das Exposições na pedagogia técnica, cf. D. Landes, *op. cit.*, p. 211: a Exposição contra o "segredo"; Pluni (Werner), *Les Expositions universelles au XIXe siècle, spectacles du changement socio-culturel*, Bonn, Friedrich-Ebert-Stifung, 1977; os trabalhos em curso de D. Silverman; e as pesquisas em torno do seminário de Madeleine Rebérioux em Paris 8 – Vincennes.

91. J. Vial, *L'industrialisation de la sidérurgie française...*, p. 348; cf. também M. Daumas, "Les mécaniciens autodidactes français et l'acquisitions des techniques britanniques", Colóquio *L'Acquisition des Techniques*, pp. 301-32.

92. Reginald E. Zelnik, "Russian Rebels: An introduction to the Memoirs of the Russian Workers Semen Kanatchikov and Matvei Fisher", *The Russian Review*, 1976.

93. Numa peça de teatro popular, *Les Rôdeurs de Barrières*, drama em cinco atos, de Henri Augu e Alfred Sirven, Paris, Dentu, 1868, o "Canto dos Mecânicos", exaltação da aliança entre operários e máquinas: "Somos nós que fazemos as máquinas/Que, no ar e no fundo das minas,/Movem a água, o vento, o vapor!.../Do homem poupando

o suor/Elas podem fazer sofrer/Alguns braços; mas a inteligência/ Lucra com isso... Nada de lamentos!/O mundo pertence ao progresso. *Coro:* Toc, toc! Em ferro e cobre/Para o próximo trabalho/Batamos, batamos! Transformemos a matéria/Em obra que libera,/Negros companheiros!" etc.

2
AS TRÊS ERAS DA DISCIPLINA INDUSTRIAL NA FRANÇA DO SÉCULO XIX

A sociedade industrial implica ordem e racionalidade, ou pelo menos uma nova ordem, uma nova racionalidade. Sua instauração supõe não só transformações econômicas e tecnológicas, mas também a criação de novas regras do jogo, novas disciplinas. A disciplina industrial, aliás, não é senão uma entre outras, e a fábrica, juntamente com a escola, o exército, a prisão etc., pertence a uma constelação de instituições que, cada qual à sua maneira, participa da elaboração dessas regulamentações. Vasta reflexão sobre o poder e os processos de racionalização, a obra de Michel Foucault é um convite à história detalhada dessas redes de malhas cada vez mais densas. Um dos seus últimos livros, *Vigiar e punir*,[1] mais que um estudo das origens da prisão, é uma pesquisa sobre o conjunto desses fenômenos solidários. Obra fascinante, extraordinariamente estimulante para o historiador, desde que não procure aí o conforto tranquilizador de um esquema. Pelo contrário, é-lhe preciso articular essa reflexão, muitas vezes teórica e abstrata, com os detalhes da vida concreta, ligar os diferentes níveis, tentar apreender as especificidades. Apesar das semelhanças formais, a fábrica não é a prisão. Aliás, todo o seu problema foi o de conseguir de pessoas livres uma presença regular e exatidão!

De onde a indústria moderna tirou sua mão de obra? Como camponeses, artesãos – ou andarilhos – foram transformados em operários? Por quais meios? Por quais estratégias? Quais foram as etapas dessa transformação? Quais foram os efeitos da tecnologia, por exemplo o papel das máquinas? Estas modificaram a disciplina? Como? Qual foi a importância da resistência contra esse novo modo de trabalho e existência? São algumas das múltiplas perguntas postas pela gênese da disciplina industrial. Para a Grã-Bretanha, os trabalhos de E. Hobsbawm, S. Pollard, E. P. Thompson, entre outros, desbravaram um amplo terreno.[2] A historiografia francesa é mais pobre: o estudo do *movimento* operário por muito tempo polarizou os historiadores e eclipsou os outros problemas, como a formação da classe operária ou a sua cultura. Mas há rápidos progressos: a disciplina está na ordem do dia![3]

Nesse breve ensaio, esboçarei uma periodização *(timing)* da disciplina industrial, maneira cômoda de dar um pouco de ordem a fenômenos aparentemente dispersos e colocarei algumas questões. É desnecessário dizer que, largamente hipotética, destina-se a ser questionada.

Antes de tudo, duas observações preliminares:

1. Sobre a disciplina, nossas principais fontes provêm das classes dominantes; discurso de cima, às vezes elas exprimem mais um projeto ou um programa do que propriamente uma operação. Ora, é preciso lembrar que nunca um sistema disciplinar chegou a se realizar plenamente. Feito para triunfar sobre uma resistência, ele suscita imediatamente uma outra. O regulamento sempre é mais ou menos contornado, e sua leitura não pode dar conta da vida cotidiana da fábrica ou da oficina.

2. Nunca uma evolução se faz em linha reta. Os sistemas se sobrepõem e coexistem. A grande fábrica está ao lado da pequena oficina, ou abriga em si mesma formas variadas de organização do trabalho. No início do século XX, na região lionesa, grandes estabelecimentos ocultam por trás de uma fachada moderna o trabalho de equipes operárias autônomas. Em 1907, os curtidores

de Gentilly – uma pequena aldeia às portas de Paris – entram em greve contra um regulamento que lhes impõe um horário fixo de entrada e saída, proíbe-lhes ir e vir à vontade, jogar cartas e beber vinho na oficina, como faziam até então, vinculados unicamente pelo cumprimento de sua tarefa. No mesmo ano, os operários da fábrica de pregos de Revin (Ardennes), que também desfrutavam de uma grande liberdade de horário e circulação, fazem uma greve de mais de cem dias contra regulamentos semelhantes, que a partir de então encerram-nos no local de trabalho. Eles reivindicam, como no passado, "o direito de ir se refrescar" lá fora conforme lhes parecer. Entre eles, a disciplina clássica da fábrica se instaura no mesmo momento em que, em outros lugares – como veremos –, ela começa a se desfazer.[4] Assim como coexistem tecnologias de grau de desenvolvimento muito desigual – Raphaél Samuel, num artigo recente, mostrou-o em relação à Grã-Bretanha[5] –, também persistem sistemas disciplinares variados. No entanto, existem tipos ou tendências dominantes, e frentes pioneiras.

A ERA DO OLHAR

Em seu famoso *Panopticon* (1791), Jeremy Bentham pensa resolver o problema disciplinar da prisão – e, diz ele, de todas as coletividades onde existem problemas de fiscalização – "por um simples projeto arquitetônico": do seu pavilhão situado no centro de um círculo, o inspetor "vê sem ser visto" os detentos, cujas celas com grades simples e abertas à sua vista distribuem-se ao redor.[6] Só o seu olhar, e a consciência que os presos dele têm, bastam para fazer com que reine a ordem.

A visibilidade e a vigilância também são os princípios da disciplina nas fábricas. Eles correspondem a uma tecnologia simples, fundada mais nos instrumentos do que nas máquinas. O trabalho manual predomina, com uma intensa divisão do trabalho. É essa divisão do trabalho que estrutura a organização em oficinas diversas e fornece os princípios de ordenamento do espaço.

À exceção das grandes manufaturas, o espaço de trabalho é muito simples e a arquitetura industrial é totalmente rudimentar. São salas muito amplas, muitas vezes improvisadas, onde, para se ganhar tempo, reúnem-se os trabalhadores dispersos. No início, eles trazem seus instrumentos de trabalho e até a vela para a iluminação (mais tarde, esta será fornecida em troca de uma dedução no salário, que persistirá por muito tempo). Entregam-lhes apenas a matéria-prima, e a vigilância se exerce nas duas pontas do processo de produção. As principais preocupações dos donos das fábricas são combater o furto de matérias-primas e controlar a qualidade dos produtos acabados. Nas grandes manufaturas integradas, o dispositivo é mais complexo, e são três os princípios que regem sua organização espacial: 1) princípio político: a beleza das construções e principalmente das fachadas denota o poderio do rei e do privilégio industrial por ele concedido. Essa majestade aristocrática desaparecerá, pelo menos por um tempo, das manufaturas "burguesas": Chaptal, por exemplo, recomenda aos fabricantes que não invistam demais nas construções e desconfiem da ostentação;[7] 2) princípio técnico: a circulação da matéria-prima entre as oficinas de processamento deve ser facilitada; há aí um início de racionalização do espaço; 3) por fim, vigilância das idas e vindas das pessoas e mercadorias: daí os projetos com pátios fechados, onde as portas são os pontos estratégicos de controle.

A manufatura Van Robais em Abbeville, fundada no século XVII, executa essas disposições. Savary des Brûlons, ao descrevê-la com precisão, elogia "a ordem que se observa na manufatura, o grande número de operários de todos os tipos que aí estão reunidos e sobretudo a magnificência e a bela disposição dos edifícios e grandes oficinas que eles construíram.[8] É um recinto de mil pés quadrados, situado na extremidade da cidade, entre uma estrada e um canal, cercado por muralhas ou fossos, dividido em vários pátios e provido de seis portas. Por quatro delas, "os operários entram e saem, sem nenhuma comunicação com a casa dos Senhores Van Robais além do que se queira permitir, e estes por sua vez passam da casa para as oficinas sem serem percebidos".[9] Presença do senhor que pode, a todos os instantes, ver sem ser visto: já é – sem a transparência do projeto – a ideia cara a Bentham.

A manufatura organizada, um século depois, por Vaucanson em Aubenas (Ardèche) obedece igualmente a essa vontade de legibilidade para um controle visual. O inspetor das manufaturas, Rodier, no-la descreve em 1758: "Entramos numa oficina de cinquenta toesas de comprimento pavimentada por lajes e iluminada por cinquenta janelas com tela branca (...) No meio dessa sala um canal coberto com lajes entreabertas onde cada fiandeira vai, *em silêncio,* tirar a água de que precisa. Essa oficina, à primeira vista, surpreende o forasteiro pela quantidade de pessoas aí empregadas, *pela ordem,* pela limpeza e *pela extrema subordinação* que aí reina... Contamos cinquenta rocas duplas em Vaucanson ocupadas por cem fiandeiras e o mesmo tanto de dobradeiras, tão *disciplinadas como tropas.*"[10] Note-se, em filigrana, a impregnação de dois modelos disciplinares: o religioso (silêncio) e o militar (hierarquia, disposição em fileiras).

Contudo, o corpo dos vigilantes é relativamente restrito. Dois personagens essenciais: o porteiro que controla o acesso, ponto central da vigilância; o "examinador de peças" (no setor têxtil), que examina os trabalhos acabados. Eles são a chave da disciplina e o pivô dos conflitos. Nem um nem outro são realmente técnicos, como tampouco os "amanuenses", espécie de empregados encarregados dos registros e escriturações. Seu estatuto é antes o de empregados domésticos: recebem um salário anual e, como os criados, usam às vezes libré, sinal de que pertencem à casa. Eles prefiguram os "escritórios", distintos da fábrica, os "quadros" dedicados à empresa, se necessário escudos contra a violência operária.

O "regulamento de segurança" é expressamente previsto nos regulamentos das manufaturas colbertianas, e a prática corrente no século XVIII é que cada nova manufatura tenha o seu: a *pancarte,* cartaz a ser afixado e que o operário deve "ler ou pedir que leiam para ele". Poucos foram conservados.[11] Geralmente, são textos bastante curtos (31 artigos na manufatura Saint-Maur, 18 na de Cahors), prevendo mais ou menos rigorosamente os horários, os intervalos, os feriados, a forma de demissão, às vezes disposições morais (proibição de lutarem, de levarem bebidas alcoólicas, de se darem apelidos...) e a natureza das penalidades previstas: prova de que o regulamento de fábrica tem raízes muito antigas e que há uma continuidade entre a manufatura e a fábrica. Sob o ângulo disciplinar, como muitos outros, a manufatura foi a propedêutica da fábrica: Marx mostrou-o há muito tempo. E a disciplina industrial se gera nos dispositivos da sociedade do Antigo Regime.

As penalidades são de diversos tipos: demissões, multas, mas também prisões e incriminações na Justiça. O furto de mercadorias, que às vezes atingia proporções consideráveis, é considerado como um roubo *doméstico* e reprimido com grande severidade, como um atentado contra o pai-patrão. O Código Napoleônico converte-o em crime apresentável ao Tribunal Penal, passível de penas pesadas. Através disso, os fabricantes esperavam atemorizar os trabalhadores. Mas, por outro lado, esse recurso ao Estado na disciplina da fábrica tinha seus inconvenientes e, na fase seguinte, recorrer-se-á menos ao braço secular.

Pode-se observar esse tipo de disciplina, por exemplo, na manufatura Oberkampf, tal como é descrita no início do século XIX por Serge Chassagne e seus colaboradores.[12]

Papel disciplinar da família

O próprio processo de trabalho continua a ser, na maior parte do tempo, assunto dos trabalhadores e de sua *família,* cujo papel disciplinar importa ressaltar. Unidade econômica do *domestic system,* a família é a peça-chave do emprego das crianças, que aliás ela tende a multiplicar em período de protoindustrialização – mostrou-o Hans Medick.[13] O pai e a mãe de família são os instrutores dos seus filhos no trabalho, principalmente na indústria têxtil, e esse tipo de aprendizagem se prolonga por muito tempo durante o século XIX, em todos os lugares onde persistem os serviços em domicílio, sobretudo a tecelagem: as monografias de família de Le Play, claramente seduzido por esse tipo social, dão vários exemplos.[14] Seria interessante para nosso propósito saber quais são os respectivos papéis desempenhados pelo pai e pela mãe de família; a hipótese (sedutora) de Hans Medick é de que esse sistema favoreceu a intercambialidade dos papéis e, portanto, a igualdade dos sexos dentro do casal.

As primeiras manufaturas e fábricas geralmente estão instaladas no campo, mais perto das fontes de mão de obra. Com efeito, é preciso lembrar a originalidade do modelo francês de industrialização, que se insinua nos ritmos de uma agricultura que continua a dominar o jogo, lenta mutação que se opera por "deslizamento sem desenraizamento violento".[15] Ainda aí a célula familiar é o núcleo do sistema. Os fabricantes procuram empregar *toda* a família, para garantir o recrutamento e a fidelidade da mão de obra. Cada membro da família é utilizado conforme suas forças e seu estatuto. Como no sistema doméstico, o pai garante a aprendizagem, a disciplina e, sendo o caso, a remuneração dos seus filhos. "Nas fiações, as crianças pertencem aos operários adultos que aí estão empregados", escreve Ducpétiaux; "nas fiações, quando o fiandeiro é pai de família, ele acha materialmente vantajoso escolher os ajudantes entre seus filhos".[16] O caso mais típico, de fato, é a dupla formada pelo fiandeiro e seus cerzidores. As mães, por sua vez, utilizam como ajudantes suas filhas ou os filhos muito novos; a iconografia frequentemente atesta essa composição familiar das oficinas. Os pais, portanto, são responsáveis pelo trabalho e pela subordinação dos seus filhos. Eles prolongam essa vigilância através da *carteira,* a qual, não podendo legalmente ser entregue em mãos de menores, é confiada pelo patrão aos pais que assim controlam a assiduidade da sua prole. A eventual revolta dos jovens contra a fábrica se transforma em revolta contra o pai. Dessa forma, a industrialização, longe de destruir a família, como muitas vezes se supôs, tenta reforçá-la para usá-la para seus próprios fins, não sem aumentar as contradições e tensões internas.[17]

Por outro lado, a família é a base desse primeiro tipo de administração industrial que se costuma chamar de *paternalismo,* cuja história e funcionamento mereceriam atenção. No meu entender, três traços principais o caracterizam: 1) a presença física do patrão nos locais de produção, preconizada pelos primeiros industrialistas – como Bergery[18] – e visível no projeto de muitas fábricas de primeira geração, construídas como empreendimentos rurais: a casa do senhor ocupa o centro.[19] O afastamento do patrão, concomitante à concentração industrial, principalmente depois da depressão econômica do final do século XIX, será um dos fatores do desmoronamento do paternalismo. 2) As relações sociais do trabalho são concebidas conforme o modelo familiar: na linguagem da empresa familiar o patrão é o pai, e os operários os filhos, na concepção do emprego que o patrão deve assegurar aos operários, na prática cotidiana do patronato, visível até em certas festas, ligadas principalmente aos acontecimentos da família do senhor (casamentos dos filhos...), enfim na existência de certas instituições de previdência. Contudo, a existência dessas instituições não é uma condição necessária, aliás, sob certos aspectos, elas indicam os prenúncios de outro tipo de relações industriais. 3) Os trabalhadores aceitam essa forma de integração, e até a reivindicam.

Eles têm a linguagem e o espírito da "casa"; têm orgulho em pertencer à empresa com a qual se identificam. Essa atitude é muito mais frequente do que se imagina; há inúmeros exemplos até o finalzinho do século XIX e sem dúvida muito depois, ainda em nossos dias. Ela permite compreender por que afinal tantas empresas ignoraram a greve, por definição impensável num contexto paternalista: é evidente que a repressão é totalmente insuficiente para explicar a falta de combatividade dos trabalhadores.[20] Bem entendido, essa adesão operária é absolutamente necessária para o funcionamento de um sistema paternalista: quando ela deixa de existir, o paternalismo se esboroa e torna-se urgente encontrar outro tipo de relação. Enquanto tal, o paternalismo é um sistema de gestão da mão de obra bastante sutil, que seria preciso apreciar em todas as suas dimensões: sociológicas, psicológicas, políticas, simbólicas... Seria preciso ver, por exemplo, como o fascismo no século XX utilizou o paternalismo persistente dos industriais alemães.

Autonomia dos trabalhadores

As observações precedentes se referem essencialmente à indústria têxtil, chave da primeira revolução industrial. Na metalurgia, a autonomia dos trabalhadores era ainda maior. Os operários do ferro estavam protegidos pelo seu saber profissional, que conservavam ciosamente através da prática do *segredo*, muitas vezes transmitido no quadro da aprendizagem familiar.[21] O trabalho era frequentemente subempreitado a grupos familiares ou equipes profissionais, com pagamentos coletivos por empreitada, que aliás também se encontram nas minas. O primeiro-operário ou chefe da equipe pagava pessoalmente seus camaradas: no entanto, não era um contramestre nem um empreiteiro. Esse modo de produção persistiu até as grandes transformações técnicas da indústria metalúrgica nos anos 1870-1880, que aumentaram consideravelmente a intervenção dos engenheiros, e em certos setores prolongou-se muito mais. Entretanto, a era do purificador do ferro ou do laminador, velhos operários de ofício detentores de um verdadeiro *job control,* praticamente não subsistiu após a Primeira Guerra Mundial.[22]

Essas formas de organização e disciplina industrial apresentavam muitas vantagens: eram baratas e condiziam com os frágeis meios de controle da primeira geração de empresários capitalistas, assim dispensados de toda uma série de tarefas. Eles podiam se contentar com um pessoal de fiscalização reduzido e consagrar a maior parte dos seus investimentos às operações produtivas. Mas, por outro lado, esses sistemas têm uma certa rigidez; favorecem um estado mais estacionário do que o crescimento. Com efeito, os operários profissionais, seguros do seu saber, estão em condições de exercer um refreamento constante sobre a produção. Tanto mais que, em sua maioria, os trabalhadores franceses do início do século XIX – como decerto todos os trabalhadores no início da industrialização[23] – careciam totalmente de espírito capitalista: "imprevidentes e preguiçosos", dizem-nos inúmeras testemunhas, eles preferem manter seu tempo livre do que obter ganhos suplementares. Como fazê-los trabalhar?

Finalmente, a própria disciplina familiar tinha seus adversários, e de dois lados opostos. Para alguns, a família operária era totalmente impotente para policiar seus filhos, que em resumo gazeteavam a fábrica e preferiam vagabundear e viver de pequenos ofícios ou gatunagens: a grande cidade era propícia a essa "emancipação" da infância operária.[24] Para outros, entre eles os médicos e higienistas (como Villermé ou Ducpétiaux na Bélgica), preocupados com o futuro de uma raça que se começa a temer que esteja em "degeneração", os pais de família são os piores contramestres: por interesse – ou necessidade –, eles exigem que os patrões aceitem seus filhos desde uma idade muito nova, protestam contra as medidas de limitação, a obrigatoriedade escolar, e exercem uma rigorosa severidade: "Se uma criança é maltratada, é quase sempre pelo pai ou pelo irmão."[25] Portanto, é necessário substituir essas famílias duplamente falhas.

A fábrica deve constituir sua própria disciplina.

A ERA CLÁSSICA DA DISCIPLINA DE FÁBRICA

Primeiros administradores

Na primeira metade do século XIX na França, a reflexão teórica sobre a organização do trabalho[26] é relativamente modesta em vista do desenvolvimento da literatura tecnológica.[27] Um exame sistemático das revistas industriais – como os *Anais da Indústria Nacional,* publicados com vários títulos sob a direção de J. G. V. Moleón, de 1820 a 1849 – talvez revelasse muitas surpresas. Os politécnicos, como Charles Dupin e Bergery, estavam muito conscientes dos problemas de mão de obra. Claude-Lucien Bergery publicou em 1829-1831 uma *Économie industrielle ou science de l'industria* (*Economia industrial ou ciência da indústria*),[28] de grande interesse para nosso propósito; o volume 3 é dedicado à "condução de uma fábrica", e aí se encontram conselhos tanto sobre "a organização dos trabalhos" (pp. 40-50), em que se defende uma divisão do trabalho seriamente calculada – "a duração de cada operação primária deve ser cuidadosamente avaliada" –, como sobre "a ordem das oficinas" (pp. 50-57). Bergery exige limpeza, silêncio, submissão e sobretudo pontualidade: ele recomenda a demissão dos "desocupados da Segunda-Feira", essa "praga da indústria nacional".[29] Ele insiste na função dos vigilantes, que é preciso conservar pagando-os bem: "Não há nada a se esperar da melhor ordem sem uma vigilância de todos os instantes. Não se incomode com o salário dos homens que lhe parecerem capazes de exercê-la bem; seria preciso pagar-lhes desmesuradamente para que a despesa deixasse de ser lucrativa" (p. 57). Mas ao lado desses procedimentos clássicos, ele preconiza uma distribuição judiciosa da oficina, separando os sexos e as operações, e sobretudo o "trabalho por peça" que vincula o salário à produtividade: "De resto, o senhor tem um meio muito simples que o dispensará de todos os esforços para obter com segurança, e sem a mínima vigilância, o máximo de trabalho de que cada operário é capaz: é pagar por peça. O desejo de aumentar seu salário levará todos os seus trabalhadores a fazer observações sobre seus movimentos, sobre a pressão ou tração exercida (...). O operário, remunerado proporcionalmente ao serviço executado e não pelo tempo gasto, trabalha sem perder um instante, durante tantas horas quantas lhe permitam suas forças; ele prolonga sua jornada até o momento em que o repouso lhe é indispensável" (p. 46). Ao apelar à psicologia do interesse pessoal, vinculando remuneração e rendimento. Bergery esboça formas mais modernas de organização do trabalho.[30] Mas é difícil saber se esses conselhos realmente tinham efeito sobre as práticas patronais.

Estas se mantinham largamente empíricas, e o papel dos engenheiros se exercia principalmente nas manufaturas do Estado (armamentos, fumo) ou no setor semipúblico (minas, e mais tarde estradas de ferro), e de modo geral nas grandes empresas, em pequeno número em meados do século XIX.

A fábrica e sua disciplina

As fábricas novas são territórios fechados com seus regulamentos e seus guardiães. Depois da primeira geração de fábricas, muitas vezes instaladas em antigos conventos assim reutilizados depois da Revolução Francesa, os novos edifícios obedecem a dois planos principais: em altura, para poder aproveitar a força motriz fornecida pelos rios (fábricas têxteis ao longo da corrente d'água); no térreo, com construções muitas vezes distribuídas em torno de um pátio fechado. A porta, uma vez mais, é o ponto nevrálgico da vigilância; muitas vezes é encimada por um sino ou relógio, pois a propriedade individual de relógios portáteis progride apenas lentamente no século XIX.[31] A questão da abertura e fechamento das portas é crucial nos conflitos e reivindicações operárias, e a saída da fábrica é um momento privilegiado da vida cotidiana, a ponto de se tornar, entre 1880 e 1914, o tema daquelas fotografias de grupo que nos foram legadas por tantos cartões-postais.[32] Com o aumento da regulamentação dos horários, o controle dos acessos se reforça ainda mais. Por outro lado, até a criação da inspeção do trabalho e sua reorganização em 1892,[33] o patrão se beneficia de uma espécie de extraterritorialidade: a fábrica é um local esquivo, e os pesquisadores ou cineastas ainda hoje sabem o quanto é difícil entrar numa fábrica francesa.

O *regulamento* de fábrica torna-se a peça-mestra do sistema.[34] A Revolução, no entanto, abolira seu princípio, mas a prática continua, numa desordem favorável à insubordinação. Daí a tentativa de Chaptal de retomá-lo na época do Consulado: ele confia ao fundador da Sociedade para o Incentivo à Indústria Nacional, Louis Costaz, o encargo de redigir um regulamento geral. Esse projeto malogra: o senhor conserva o direito de elaborar como lhe parece o seu regulamento de fábrica. Únicas obrigações: a afixação ou leitura para os operários (por exemplo, no momento da contratação) e depósito com o Juiz de Paz, que em princípio é seu garantidor. O regulamento, portanto, é a expressão da vontade patronal, e os operários não têm nenhuma participação nele.

Os regulamentos se multiplicam ao longo do século XIX. Toda fábrica com alguma importância tem o seu, mais ou menos inspirado em modelos correntes. Relativamente simples e sucintos no início do século, eles se alongam e se especificam; o regulamento da Companhia das Forjas de Champagne de Saint-Dizier tem mais de sessenta artigos, o da Indústria Têxtil (Roubaix-Tourcoing, 1900) comporta 167 deles! No começo, os regulamentos fixam os horários e o valor das multas; incluem sobretudo prescrições morais. Mas acrescentam-se: disposições sobre os salários (muitas vezes a pedido dos operários preocupados em escapar ao arbítrio), regras de higiene e segurança, necessárias a partir da introdução de novas máquinas e ao mesmo tempo da legislação, obrigações de "antecipação" (aviso prévio, para lutar contra o *turnover),* proibições cada vez mais precisas sobre a circulação na fábrica na medida em que ela se amplia, até prescrições sobre o modo de se vestir: no Segundo Império, inflige-se uma pesada multa a uma operária de Aubusson, por ter ido à fábrica de tamancos. O regulamento de fábrica segue a lei geral de arborescência que caracteriza a evolução do Código no século XIX: cada vez mais cerrado e tirânico, torna-se ao mesmo tempo cada vez mais inaplicável. Daí a crise do final do século.

Os regulamentos preveem todo um elenco de *sanções:* essencialmente multas em caso de faltas, atrasos, falhas de fabricação, mas também por deterioração das máquinas, brigas dentro ou na frente da fábrica, cachimbos mal apagados, "bagunças", "disputas, grosserias, conversas obscenas, maneiras indecentes"[35] embriaguez, falatórios, deslocamentos fora do serviço, insolência em relação aos chefes, escritos nas paredes etc. etc. O regulamento sugere uma imagem reflexa do trabalhador e sua turbulência, ao mesmo tempo em que revela sua dupla finalidade: econômica decerto, mas também profundamente política – disciplinar o corpo do operário, seus gestos e comportamento.

Essas multas às vezes eram muito pesadas. Muitas vezes dirigiam-se para uma caixa de fundos especiais de uso coletivo: por exemplo, na fábrica Thiriez, em Lille, as multas serviriam para a comemoração da festa do Broquelet ou festa dos tecelões. Em outros lugares, seguiam para caixas de auxílio. Mas, em todo caso, sua gestão escapava totalmente aos operários. Por isso, eram cada vez menos toleradas.

As grandes fábricas também são as primeiras a abandonar essa fonte de contestação, e preferem um sistema de exclusão mais ou menos inspirado no exército e no colégio. Assim no Creusot, na fábrica Schneider, a escala é a seguinte: *advertência, suspensão* (de algumas horas até vários dias) e, em último recurso, *demissão*.

Para exercer esses controles, era preciso constituir um corpo de vigilantes, e desde muito cedo esta foi uma preocupação do patronato. De início, ele recorreu aos quadros disciplinares tradicionais: o exército, a igreja. Depois do final das guerras napoleônicas, muitos licenciados a meio soldo foram empregados como contramestres. Mais tarde, foi esse o caso de suboficiais aposentados, que se pode encontrar também como "chefes de seção" nos Grandes Magazines. Ainda hoje, estabelecimentos como Michelin ou Citröen recorrem a esse tipo de fiscalização. Quanto à Igreja, tradicionalmente voltada para as crianças e mulheres, fornece o pessoal das fábricas-internatos, organizadas principalmente na indústria da seda da região lionesa (Jujurieux e Seauve são as mais famosas), empregando ora jovens camponesas, ora "moças arrependidas" (Bom Pastor, Refúgio). Uma ordem religiosa, a de Recoubeau, até chegou a ser criada especialmente para esse fim. A disciplina, quase monástica, desses estabelecimentos gerou numerosos conflitos, principalmente por volta de 1848 e 1880.[36] De modo geral, a influência do modelo religioso nas fábricas francesas, direta ou indireta, não é negligenciável: no Norte da França, o clericalismo patronal conserva por muito tempo multas contra blasfêmias, e nas paredes das oficinas, aqui e ali, divisas moralizantes lembram aos operários os seus deveres.

A introdução e o desenvolvimento das máquinas criam outras necessidades, e notadamente a de um pessoal de fiscalização técnica adequado. No início do século XIX, recorreu-se aos operários ingleses: por volta de 1820, eram talvez 15 mil.[37] Mas suas relações não eram boas nem com os patrões, que se queixavam de suas exigências e mobilidade, nem com os trabalhadores franceses, que viam neles a ponta de lança de uma temida modernização. Progressivamente, com a organização de cursos por iniciativa pioneira de Dupin, Bergery, os politécnicos, a Sociedade para o Incentivo à Indústria Nacional..., ou por promoção direta, formaram-se contramestres franceses. A função, a proporção, a origem social dos contramestres variam bastante conforme os setores industriais e, por conseguinte, varia também a natureza de suas relações com os trabalhadores. Nem todos os contramestres são "carcereiros"; alguns, pelo contrário, exerciam um poder representativo do grupo operário. Mas o patronato fez tudo para ligá-los a si e separá-los do corpo dos operários, empregando tanto meios materiais (salário melhor e pagamento mensal) como privilégios simbólicos e honoríficos. Em geral, nos anos 1880, as relações são muito ruins com os trabalhadores, que zombam dos "chefetes", incapazes e dissimulados, verdadeiro pelego entre o patrão e eles. Contra os "cães mandados do capital, os agentes dos patrões", a reação de rejeição é tal que muitos sindicatos preveem estatutariamente a exclusão de qualquer um que se torne contramestre.

O contramestre tem um duplo papel: um papel clássico de vigilância, especialmente importante na indústria têxtil, onde as relações eram particularmente ruins com as operárias, que protestavam contra as intimidades e exigências sexuais dos contramestres; os jornais operários estão cheios de recriminações a esse respeito. Pelo favoritismo, alguns exerciam uma verdadeira chantagem. Por outro lado, o contramestre tem uma função técnica crescente; ele deve vigiar e muitas vezes regular as máquinas, e com isso insinua-se pessoalmente no processo de produção que assim escapa aos trabalhadores. O contramestre pode regular até o ritmo de trabalho pela máquina. A máquina, portanto, pelo viés do saber, introduziu um tipo de disciplina mais sutil. Por outro lado, ela contribuiu para fixar o trabalhador, colado ao seu lugar na oficina. Pouco a pouco, impondo-lhe seu ritmo, ela se torna a senhora do jogo e tende a substituir o contramestre. Com ela, não é mais necessário o olhar.

A política das grandes fábricas

As grandes empresas não limitam seu controle ao perímetro da fábrica. Elas tentam estendê-lo à vida cotidiana dos trabalhadores, através de todo um conjunto de instituições e uma política de ordenamento do espaço, chegando até a constituição de verdadeiras cidades industriais. O objetivo dessas cidades-fábricas não é apenas, nem mesmo principalmente, a ordem do trabalho, mas a fixação de uma mão de obra, sua manutenção ao melhor custo, sua alocação no trabalho e sua reprodução: pôde-se falar de uma eugenética das populações industriais.[38] Ela se alimenta da resistência que a população de origem rural opôs à industrialização, encarando a fábrica como um complemento de renda, mas aceitando mal a dependência exclusiva em relação a ela. Rolande Trempé no âmbito de uma profissão (as minas) e Yves Lequin no de uma região (Lyon)[39] mostraram a amplitude dessa resistência, cuja história global ainda está por ser escrita. Aqui, basta lembrar que os sistemas disciplinares quase sempre são respostas a tais resistências.

Alojamentos, lojas de fábricas chamadas "cooperativas", fundos de auxílio para acidentes e doenças, escolas, às vezes fundos de aposentadoria, muitas vezes também associações de lazer (filarmônicas, sociedades de ginástica ou esportes) etc. eram as principais instituições patronais. É evidente que só os grandes estabelecimentos dispunham de uma rede completa, como Schneider no Creusot (Saône-et-Loire), que levou o sistema à perfeição. Em troca de sua submissão, Schneider garantia aos trabalhadores de suas fábricas, além da estabilidade no emprego por uma rigorosa gestão econômica fundada no autofinanciamento, muitas vantagens sociais e possibilidades reais de promoção. Apesar da força da presença patronal visível em todas as partes,[40] o sistema Schneider não é apenas o do paternalismo – Schneider, aliás, expressou sua posição contrária ao patronato de tipo Le Play –, mas sim uma política de interesses materiais e segurança que, sob certos aspectos, anuncia a das grandes firmas do capitalismo moderno.[41] No entanto, seu despotismo político liga-o à era clássica da disciplina industrial. A grande greve de 1899 (Le Creusot-Montceau-les-Mines) iria mostrar seus limites.

CRISE DISCIPLINAR E REORGANIZAÇÃO DO TRABALHO

Elaborada para obrigar trabalhadores irregulares e indóceis a trabalhar, essa disciplina é muito impopular. A fábrica é a "Galé" onde, sob a autoridade dos "carcereiros", esfalfam-se os "forçados". Entre 1883 e 1890, existe no Norte da França toda uma série de jornais operários com esse nome: *Le Forçat, Le Cri du Forçat, La Revanche du Forçat* etc.[42] Esses jornais, como a maioria dos órgãos operários da época, contam com uma "tribuna dos abusos" ou uma "revista das galés", muitas vezes compostas de cartas de trabalhadores, nas quais se denunciam de modo muito concreto os horários rigorosos demais, as multas excessivamente pesadas e sobretudo os contramestres, incapazes, tirânicos, intrigantes e lúbricos. Mas muitos outros sinais traduzem essa resistência à fábrica. Além de um constante absenteísmo, um índice elevado de *turn over*, principalmente por parte dos jovens. O recrutamento de mão de obra é difícil em certos setores, por exemplo nas minas, onde as pessoas só ficam quando não há outra saída. Os registros de pessoal, como os que Rolande Trempé estudou no Aveyron, revelam uma forte instabilidade: as Forjas de Decazeville, no início do século, precisam contratar cinco operários para conseguir conservar um entre eles; na fábrica de zinco da Vieille-Montagne a proporção é de 9 para 1, e nas minas de Carmaux, em 1907, é de 30 para 1![43]

A contestação coletiva da disciplina cresce no início do século XX, como mostram tanto as estatísticas globais das greves como os estudos locais. Em 1907, por exemplo, os regulamentos e multas estão no centro de 78 greves, que mobilizam mais de 20 mil grevistas em 277 fábricas. Nas empresas da região lionesa, descritas por Yves Lequin,[44] os incidentes com os agentes de fiscalização ou vigilância (porteiros, verificadores) se multiplicam; os operários se revoltam contra os chefetes, exigem a retirada das divisas morais pregadas nas paredes das oficinas, não toleram mais as palavras ferinas e a arbitrariedade, exigem tratamento com dignidade. Mesmo as grandes firmas como Schneider no Creusot, onde o sistema parecia ter dado certo, passam por conflitos inesperados: as grandes greves de 1899-1900, em Montceau-les-Mines, depois no Creusot, cujo caráter repentino surpreendeu a todos, reivindicam acima de tudo as liberdades de reunião e de associação, o direito de sindicalização e a formação de delegações operárias: novidade a que retornaremos.[45]

Essa resistência se reforça com a oposição da juventude, que, um pouco em todos os setores, revolta-se contra as formas tradicionais de disciplina: no colégio e no exército, ou nas colônias penitenciárias para jovens delinquentes, eclodem incidentes, às vezes amotinamentos. Parece que, negada pela sociedade industrial que, ao contrário das sociedades tradicionais, não reconhece um papel de intervenção específico para a juventude, esta toma consciência de si própria. No mundo operário, muitos adolescentes recusam os valores de trabalho pregados pela família e pela escola, e tentam escapar à fábrica, universo pouco atraente. Os apaches, na Paris, da Belle Époque, constituem uma primeira forma de bandos de jovens marginais, invejados e admirados pelos seus contemporâneos, que neles veem "os cavaleiros da sociedade moderna".[46]

A reivindicação operária se torna mais qualitativa. Ela insiste na necessidade de tempo livre e controle operário. O Primeiro de Maio de 1906 é o dia do ultimato pelas oito horas: "A partir do 1º de Maio de 1906, não faremos mais que oito horas por dia", proclamam os folhetos editados pela CGT.[47] O movimento, sabe-se, fracassa; mas ele se traduz numa queda da produção e num aumento das operações-tartaruga, velha tática de luta contra a aceleração das cadências que tende a se generalizar nas sociedades industriais no início do século XX. Max Weber, esse profeta da racionalização, descreve-a em 1909 num artigo célebre. O medo persistente da superprodução e do desemprego, assim como um apreço muito vivo pela liberdade cotidiana, levam os trabalhadores a essa "matação de tempo" onde Taylor vê o principal nó de estrangulamento do crescimento.

Por outro lado, os trabalhadores, aos quais a mecanização priva do domínio sobre o processo de produção, reivindicam formas de controle mais institucionalizadas: conselhos de fábrica, delegados do pessoal. Esse movimento de *job control* é muito generalizado, como mostram os trabalhos recentes de David Montgomery (Estados Unidos), James Hinton (Grã-Bretanha) e Patrick Fridenson (França).[48] Pode-se hesitar sobre seu significado, ver aí um movimento defensivo de profissionais lesados ou, pelo contrário, o esboço de uma nova visão do poder operário. Seja como for, ele nem por isso deixa de traduzir a agudeza dos problemas de organização do trabalho na virada do século e o caráter obsoleto das antigas disciplinas.

Esboço de uma nova disciplina do trabalho

Diante desses problemas, o patronato francês, desconcertado, hesita. Ora ele parece disposto a aliviar o peso: em 1899. Schneider aceita sindicatos operários e delegados de fábrica; Louis Renault fará o mesmo em 1912; entre 1905 e 1910, diversas fábricas do Norte da França compõem comissões operárias com certo poder representativo. Eis por exemplo o regulamento de uma grande saboaria de Lille. Seu artigo 1º estipula que "os operários e operárias estão agrupados por tantas seções quantos forem os contramestres. Entre

5 e 10 de janeiro, cada seção elege, por voto secreto, dois delegados ou delegadas, cujo mandato terá a duração de um ano. Eles estão encarregados de discutir com os patrões os interesses do pessoal da sua seção e de defender os delinquentes".[49] Mas na maior parte do tempo, muito aferrado à sua autoridade, o patronato recusa qualquer sombra de partilha do poder; passado o perigo, ele volta atrás em suas concessões ou esforça-se por integrar as instituições representativas: Schneider oficializa os "delegados operários", aceitos sob a pressão de Waldeck-Rousseau nos primeiros dias da greve; incorpora-os ao novo regulamento de fábrica de 1900, o que os converte no canal obrigatório de toda e qualquer reivindicação, em detrimento do sindicato não reconhecido. Feito um balanço geral, muitos patrões preferiam ter de lidar com delegados da "casa", e não do sindicato exterior e independente. Este continua a ser o inimigo principal, a que os patrões tentam se opor com a criação dos Sindicatos Amarelos. Sucedâneo do paternalismo em declínio, o sindicalismo amarelo conhece sucessos reais, que evocam as possibilidades de um corporativismo, antes de se dissolver no fracasso.[50] Em matéria de relações profissionais, às vésperas da guerra, o patronato, endurecendo, recorre ao arsenal repressivo clássico: *lock outs,* demissões maciças de operários em caso de greve (mais de 400 na Renault, em 1913).[51] A fábrica se mantém uma fortaleza.

É em outra parte que se deve procurar a inovação: nos procedimentos salariais (desenvolvimento dos salários-incentivo),[52] numa reorganização técnica com finalidades amplamente sociais que precede e prepara o taylorismo. A intervenção crescente do Estado e a dos engenheiros são as duas fontes da Nova Fábrica e de uma disciplina "contratual" e "científica".

O papel da esquerda radical e socialista no advento da democracia industrial é considerável, e ultrapassa nosso propósito. Inquéritos (criação do Gabinete do Trabalho em 1890), legislações sociais, esboço de um *seguro social* que cobre os riscos (acidentes, aposentadoria) e facilita a paz social, são obras de uma minoria de políticos e administradores, que assumem de bom grado o positivismo[53] ou o solidarismo, filosofia do organismo social que mereceria um exame. Homens como Millerand, Briand, Waldeck-Rousseau, Léon Bourgeois, Arthur Fontaine, Albert Thomas (cuja importância ainda não foi totalmente avaliada)... têm clara consciência da necessidade de tirar a fábrica do seu isolamento para regularizar as relações sociais; eles querem mediatizar as relações patrões-operários para prevenir perigosos conflitos e, ao mesmo tempo, gerir a força de trabalho em âmbito nacional. Durante a greve de 1899 no Creusot, Millerand propõe atuar como mediador, sugere a instauração de uma delegação de operários e apresenta em novembro de 1900 um *Projeto de regulamentação amigável das desavenças às condições do trabalho*, instituindo conselhos de fábrica e regulamentando a greve.[54] Por outro lado, as exigências em matéria de higiene industrial tornam-se mais precisas e levam à elaboração de uma arquitetura industrial nova, prevendo espaços "neutros": vestiários, cantinas, banheiros etc. Desse ponto de vista, as fábricas construídas entre 1910 e 1914 apresentam um grande interesse: aí se esboça uma nova maneira de comandar os homens, inclusive por meio do ambiente.

Essa política de mediação e integração se choca com a dupla oposição do patronato e da maioria do movimento operário, que teme a intervenção do Estado e o aumento dos controles que isso implica. Às vésperas da guerra, assim estão postos todos os problemas da democracia industrial.

A ciência do trabalho

A vontade de constituir uma "ciência do trabalho" é a outra linha de transformação. De um lado, o corpo do trabalhador torna-se objeto de estudo e cuidados. Médicos e higienistas multiplicam as pesquisas sobre o movimento, para uma melhor utilização da "máquina humana".[55] No Centro do Parque dos Príncipes, Marey, êmulo de Gilbreth (*The Motion Study*, 1911), procede a pesquisas fundamentais sobre o movimento contínuo, analisado pela cronofotografia. Seu colaborador Demeny pretende fundar sobre essas observações uma "ginástica racional" e harmoniosa, em oposição aos métodos brutais e sincopados dos exercícios militares; trata-se de "desenvolver a faculdade de produzir uma grande quantidade de trabalho mecânico num determinado tempo", com o mínimo de fadiga possível. O corpo torna-se o centro do aparelho produtivo, menos pela sua força, cada vez menos necessária com as máquinas, do que pela sua resistência ao desgaste nervoso. A ergonomia, ou ciência da fadiga, faz sua aparição.

De um lado, o espaço da fábrica, atravancado e irracional, e o processo de trabalho constituem a preocupação dos engenheiros. Ideologia de engenheiros (segundo A. Moutet),[56] o taylorismo é o ponto de chegada e a parte mais visível de uma racionalização geral que atinge todos os países industrializados, e que se acelerará com a guerra. História agora bastante conhecida, da qual aqui interessam-nos apenas as implicações no nível da disciplina. Ela está no centro da questão, já que um dos principais objetivos era o de vencer a "matação de tempo" e a preguiça operária. Empregam-se muitos meios para tal fim: a substituição dos velhos instrumentos, muitas vezes ainda propriedade dos trabalhadores, por instrumentos modernos e padronizados, fornecidos pela empresa;[57] a medição do trabalho pela cronometragem; a intensificação do vínculo entre salário e produção, não pelo bom e velho salário por peça, aproximativo demais, mas por uma medida irrefutável da tarefa mínima. É apenas pelo que supera essa tarefa, rigorosamente definida e remunerada por um salário mínimo, que o trabalhador será recompensado pelos seus esforços com um "bônus". Além disso, a iniciativa dos operários reduziu-se consideravelmente: eles devem

As três eras da disciplina industrial na França do século XIX se conformar às instruções (o famoso *bordereau*) estabelecidas pelos gabinetes de estudos, aos quais exclusivamente cabe a concepção; eles não passam de executantes.

Esse tipo de disciplina acaba por despojar o trabalhador qualificado de seu saber e, portanto, do seu poder; reduz os riscos de conflito com os contramestres, cujo papel se reduziu consideravelmente: aos seus berros ao estilo de um sargento, substitui-se o frio rigor dos cronometristas de camisa branca. A nova disciplina se quer científica e, portanto, menos passível de contestação.

Evidentemente, às vésperas da guerra, tudo isso na França ainda está em seus prenúncios. Apesar da famosa greve na Renault contra a cronometragem (1912 e 1913), calcula-se que apenas 1% dos trabalhadores era atingido pelo taylorismo em sentido estrito. A paisagem disciplinar, de resto, é extraordinariamente contrastante: nela se encontram todos os tipos que descrevemos; existem diferenças extremas segundo as regiões e setores industriais, sendo que alguns ainda estão na era do olhar, enquanto outros seguem os ventos dos Estados Unidos ou da Alemanha.

Essa variedade, essa desordem, aliás, permitem a resistência, sempre renovada, que engendra e acompanha toda a história das disciplinas industriais, esforço gigantesco de mobilização das forças de trabalho. Resistência e controle não cessam de se engendrar mutuamente, num curso sem fim cujo resultado não se pode prever: morte ou triunfo da liberdade?

Seria necessário seguir esse esboço até nossos dias. Quantas transformações desde a Segunda Guerra Mundial! A automação introduz uma programação cada vez mais cerrada do trabalho, que reduz ainda mais a iniciativa do trabalhador (o *operador* substituiu o operário), mas também simultaneamente as necessidades de vigilância. O olhar do senhor agora é a calculadora eletrônica. Ela tem a força da lógica matemática e a violência da calmaria.

A penetração das ciências humanas, principalmente a psicologia, nas relações industriais mediatizou consideravelmente as relações de autoridade. Os especialistas, suas medições e testes ocuparam o lugar dos porteiros e das multas. Seu julgamento tem a imperiosidade da ciência.

Cada vez mais invisível e distante, a disciplina também é cada vez mais interiorizada. Pela educação (em sentido muito amplo), os valores da utilidade e do trabalho modelaram a consciência dos homens que se definem pelo seu lugar num processo de trabalho. A consternação dos desempregados (operários ou principalmente funcionários) diante do desemprego, e não só por razões materiais, mostra como por vezes é difícil viver um "tempo livre". Os operários do início do século XIX ficavam desconcertados com o trabalho; nós ficamos desconcertados com a liberdade! Nosso contramestre é nossa consciência. Pode-se perguntar, nessas condições, se a autogestão, por sedutora que seja, não constitui uma última astúcia da razão.

Mas ao mesmo tempo, pelo menos nas sociedades desenvolvidas, cujo problema talvez não seja mais a escassez, e sim o excesso, o desperdício, a produção deixa de ser o imperativo maior. A obrigação do trabalho industrial e a empresa não estão mais no cerne dos problemas sociais. Da mesma forma, a disciplina industrial não é mais o modelo prioritário como fora outrora (na França, entre 1850 e 1950). Sob certos aspectos, mesmo que muitos trabalhadores ainda hoje se enfrentem com a fábrica, ela já pertence ao nosso passado.

A história da disciplina industrial tem as virtudes das experiências históricas relativamente acabadas: ela nos permite compreender o modo e os efeitos da racionalização, através de um dos seus processos mais espetaculares e mais fundamentais.

As três eras da disciplina industrial na França do século xix | 77

NOTAS

1. Michel Foucault, *Surveiller et Punir. Naissance de la prison*, Paris, Gallimard, 1975. *Vigiar e Punir. Nascimento da prisão*, Petrópolis, Vozes, 1977.

2. Entre outros: S. Pollard, *The genesis of the modern management*, Londres, 1965; "Factory discipline in the industrial revolution", *Economic History Review*, 1963-1964; E. J. Hobsbawm, "Os destruidores de máquinas", *in Os Trabalhadores. Estudos sobre a História do Operariado*. Rio de Janeiro, Paz e Terra, 1981. E. P. Thompson, "Time, work-discipline and industrial capitalism", *Past and Present*, n° 68; D. A. Reid, "The decline of Saint-Monday", *Past and Present*, maio de 1976, etc.

3. Alguns títulos franceses: Rolande Trempé, *Les mineurs de Carmaux (1848-1914)*, Paris, Éditions Ouvrières, 1971; *Naissance de la classe ouvrière en France*, número especial de *Mouvement Social*, outubro de 1976; Lion Murard e Patrick Zylberman, *Le petit travailleur infatigable, Recherches*, outubro de 1976, Paris, Cerfi; *Le Soldat du travail*, n° especial de *Recherches*, setembro de 1978; Yves Lequin, *Les ouvriers lyonnais (1848-1914)*, Presses Universitaires de Lyon, 1977.

4. Trierry Baudoin, *Grèves et luttes urbaines*, doutorado, Paris VIII--Vincennes, 1978, datilografado.

5. R. Samuel, "Steam power and Hand technology in mid Victorian Britain", *History Workshop*, 1977, n° 3.

6. Jeremy Bentham, *Le Panoptique ou l'Oeil du pouvoir*, Paris, Belfond, 1977, com um prefácio de Michel Foucault.

7. Chaptal. *De l'industrie française*, Paris, Renouard, 1819, vol. 2, p. 232: "Uma outra causa que prejudica muito o êxito dos estabelecimentos na França é a mania das construções."

8. Savary des Brülons, *Dictionnaire Universel du Commerce*, vol. 3. p. 739.

9. *Idem*, p. 742.

10. A. Doyn e L. Liaigre, *Jacques Vaucanson, mécanicien de génie*, Paris, Presses Universitaires de France, 1966, p. 296 (grifos no original).

11. E. Levasseur, *Histoire des classes ouvrières en France avant la Révolution*, vol. 2, p. 520; "Police intérieure de la Manufacture de Saint-Maur";

D. Ligou, "Un règlement de manufacture à la fin du XVIIIe siècle", *Revue d'Histoire Economique et Sociale*, 1953, n° 3 (manufature de Cahors, 1870).

12. *Naissance de la classe ouvrière en France, Mouvement Social*, outubro de 1976.

13. H. Medick, "The proto-industrial family economy: the structural function of Household and family during the transition peasant society to industrial capitalism", *Social History*, 1976, n° 3.

14. *Les Ouvriers des Deux Mondes*, por exemplo monografia do *Tisseur de Saint-Marie aux Mines*. Paris, Au Siège de la Société Internationale, 1857.

15. Segundo a expressão de Pierre Caspard a respeito da manufatura de Cortaillod, *Naissance de la classe ouvrière...*, *Mouvement Social*, outubro de 1976; no mesmo sentido, o estudo de Yves Lequin sobre *les Ouvriers lyonnais*, cf. M. Perrot, "La formation de la classe ouvrière lyonnaise: une naissance difficile", *Annales E.S.C.*, junho-agosto de 1978.

16. E. Ducpétiaux, *De la condition phyhique et morale des jeunes ouvriers et des moyens de l'améliorer*, Bruxelas, Méline, 1843, vol. 1, p. 22.

17. Cf. no contexto americano o trabalho de Tamara K. Hareven, "The dynamics of kin in an industrial community" (Manchester, New Hampshire, 1880-1930), *The Journal of Family*, 1978, vol. 84, e seu livro a sair: *Family Time and Industrial Time* (Cambridge, Cambridge University Press, 1982), cf. também os trabalhos de Joan Scott e Louise Tilly, "Women's work and the family in ninettenth century Europe", *Comparative Studies in Society and History*, 1976, n° 1, e *Women, Work and Family*, Holt, Rinehart and Winston, Nova York, 1978.

18. C. L. Bergery, *Économie industrielle ou Science de l'Industrie*, Metz, Thiel, 3 vols. In 18, 1829-1831, vol. 3, p. 63: "O senhor é chefe dos seus operários, já que ele os comanda; é seu pai, já que os faz viver" etc.

19. Sobre a arquitetura industrial: *L'Usine, Travail, Architecture*, n° especial de *Architecture, Mouvement, Continuité*, 1973, n° 30; *Le Bâtiment à usage industriel aux XVIIIe et XIXe siècles en France*, Centre de documentation d'Histoire des Techniques, 1978: essa situação vale sobretudo para as fábricas têxteis; nas antigas forjas e vidrarias, a casa do proprietário, pelo contrário, na maioria das vezes fica distante. A organização

do espaço é ao mesmo tempo fator de ordenamento e símbolo das relações sociais.

20. Em meu trabalho sobre *Les Ouvriers en grève (France, 1871-1890)*, Paris, Moupton, 1974, é um problema que não coloquei suficientemente: por que não há greve?

21. J. Vial, *l'industrialisation de la sidérurgie française (1814-1864)*, Paris, 1967, pp. 144-165 e 344-373; J. P. Courthéoux, "Observations et idées économiques de Réaumur", *Revue d'Histoire Economique et Sociale*, 1957; nº 4; *idem*, "Privilèges et misères d'un métier sidérurgique au XIXᵉ siècle: le puddleur", *Revue d'Histoire Economique et Sociale*, 1959, nº 2.

22. Courthéoux, *op. cit.*; M. Verry, *Les Laminoir ardennais. Déclin d'une aristocratie professionnelle*, Paris, Presses Universitaires de France, 1955.

23. Cf. Paul Mantoux, *La Révolution industrielle en Angleterre*, Paris. Colin, 1928, e suas observações sobre os tecelões ingleses.

24. J. Donzelot, *La police des familles*, Paris, Minuit, 1977; *A polícia das famílias*, Rio de Janeiro, Graal, 1980; K. Lynch, "The problem of Child labor and the working class family in France during the July Monarchy", *Proceedings of the Western Society for French Historical Studies* (sessão de novembro de 1977).

25. Ducpétieux, *op. cit.*, p. 29.

26. M. Perrot, "Os operários e as máquinas na França durante a primeira metade do século XIX" [artigo 1 desta coletânea]. Em inglês em *Proceedings of the W.S.F.H.S.* (sessão de 1977), em francês em *Le Soldat du Travail, op. cit.*, pp. 347-75.

27. Número especial da revista *Thalès*, 1966, *Les commencements de la technologie*.

28. M. Perrot, "Travailler et produire. Claude-Lucien Bergery et les débuts du management en France", *Mélanges d'Histoire Sociale, offerts à Jean Maitron*, Paris, Éditions Ouvrières, 1976.

29. Ele calcula em 2 milhões o número de trabalhadores que guardam a Segunda-Feira, "e por conseguinte 2 milhões de francos que se faz perder à França por semana".

30. Cf. B. Mottez, *Systèmes de salaire et politiques patronales. Essai sur l'évolution des pratiques et idéologies patronales*, Paris, C.N.R.S., 1966.

31. Cf. a esse respeito as monografias de Le Play: poucos relógios nos inventários detalhados do vestuário e mobiliário da família operária no século XIX. Uma história apaixonante a ser escrita.

32. Ver-se-á um certo número num livro de fotografias a sair: M. Perrot e D. Schulman, *Trimer em 1990*, Paris, Le Seuil.

33. São 21 inspetores de trabalho segundo a lei de 1874; 92 em 1892; 110 em 1902. É sobretudo por intermédio dos acidentes – e da lei de 1898 – que a fábrica entra na esfera administrativa. Pela greve também.

34. A. Melucci, "Action patronale, pouvoir, organisation, Règlements d'usine et controle de la main-d'oeuvre au XIXe siècle". *Le Mouvement Social*, outubro-dezembro de 1976 (com retificações sobre certos pontos); inúmeras teses de direito sobre essa questão no início do século XX, devido aos debates legislativos da época; algumas apresentam textos integrais: L. Godart, *Les règlements de travail à Lille*, Lille, 1910; H. Gazin, *De la nature juridique des règlements de travail*, 1913, estão entre as mais proveitosas.

35. Regulamento da fábrica Thiriez (1840), em Godart, *op. cit.*, p. 29.

36. Cf. principalmente os trabalhos de L. Struminger, "Les canutes de Lyon", *Le Mouvement Social*, outubro-dezembro de 1978, e D. Vanoli, "Les couvents soyeux", *Révoltes Logiques*, 1976, n° 2.

37. *Revue Britannique*, vol. 1, 1825, "Des ouvriers et des machines en France" (trata-se dos operários e máquinas ingleses): fala em 1.400. Mas segundo outras fontes, por volta de 1822 teriam chegado à França 16 mil ingleses.

38. L. Murard e P. Zylberman, *Le petit travailleur infatigable ou le prolétaire régénéré, Recherches* novembro de 1976: estudam principalmente as políticas de alojamento patronal.

39. R. Trempé, *op. cit.*; Y. Lequin, *op. cit.*; M. Perrot, "La formation de la classe ouvrière lyonnaise: une naissance difficile", *Annales E.S.C.*, julho-agosto de 1978 (a respeito do livro de Y. Lequin).

40. A inspeção de Creusot (Saône-et-Loire) se impõe a quem quer que se interesse por esses problemas. O Ecomuseu do Creusot está instalado no antigo castelo patronal dos Schneider e apresenta documentos de primeira importância para a história dessa empresa.

41. Sobre a originalidade do sistema Schneider, cf. Emile Cheysson, *Oeuvres croisies*, Paris, Rousseau, 1911, pp. 24 e ss. Engenheiro de Pontes e Aterros, discípulo de Le Play, estatístico eminente, figura de proa da higiene social, Cheysson foi diretor do Creusot de 1871 a 1874, num período crucial.

42. M. Perrot, *Les ouvriers en grève*, pp. 295 e ss: "L'usine et sa discipline".

43. R. Trempé, "L'utilisation des archives d'entreprise: le fichier du personnel", *Mélanges Maitron*, Paris, Éditions Ouvrières, 1976, p. 262; *idem, Les mineurs de Carmaux*, p. 186.

44. Y. Lequin, *Les ouvriers de la région lyonnaise*, vol. 2, p. 161: nota-se um aumento das novas reivindicações a partir de 1900: "todas, ou quase, referem-se às relações humanas, individuais ou coletivas, no interior da empresa"; pp. 154-5: sobre a multiplicação dos incidentes com a chefia a partir dos anos 1880.

45. *Au pays de Schneider. Prolétariat et militants ouvriers de la Commune à nos jours*, nº especial de *Le Mouvement Social*, abril-junho de 1977, p. 25 p. 98.

46. M. Perrot, "Na França da Belle Époque, os "apaches", primeiros bandos de jovens" [artigo 11 desta coletânea].

47. Hélène Oeconomo, *Le Premier Mai 1906 à Paris*, dissertação de mestrado, Paris VII, 1978, datilografado.

48. Remetemos aqui ao artigo de Patrick Fridenson, "France-Etats-Unis: genèse de l'Usine Nouvelle", em *Le Soldai du Travail, Recherches*, setembro de 1978, que aborda a questão para 1900-1920. Notemos que a expressão "a nova fábrica" é, ao que parece, de Albert Thomas, em 1917. Para a Alemanha, ver Dieter Gröh.

49. Godart, *op. cit.*, pp. 157-158 (regulamento de 1905).

50. Sobre os Amarelos, cf. Z. Sternrell, *La droite révolutionnaire (1880-1914). Les origines françaises du fascisme*, Paris, Seuil, 1978: "Une droite prolétarienne: les Jaunes", pp. 245-318.

51. P. Stearns, "Employer policy towards labour agitation in France (1900-1914)", *Journal of Modern History*, 1908.

52. Ver B. Motte, *op. cit.*, e P. Fridenson, "L'Usine Nouvelle", *op. cit.*, p. 383.

53. Sobre a importância dos positivistas como grupo de pressão e ligação entre o Estado e o movimento operário, cf. M. Perrot, "Note

sur le positivisme ouvrier", em *Le Positivisme,* n° especial da revista *Romantisme,* Honoré Champion, 1979.

54. P. Pic, *Les lois ouvrières,* Paris, Rousseau, 1902, pp. 976 e ss.

55. J. Amar, *Le rendement de la machine humaine,* Paris, 1909; *Le moteur humain. Les bases scientifiques du travail professionnel.* Paris, 1914.

56. A. Moutet, "Patronat français et système Taylor (5907-1914)", *Le Mouvement Social,* outubro-dezembro de 1975; *idem,* La politique de rationalisation de l'industrie française au lendemain de la première Guerre Mondiale", *Le Soldat du Travail, op. cit.,* pp. 433-49.

57. É o fim da caixa de ferramentas, indispensável aos antigos operários profissionais, instrumento e símbolo de sua independência. A esse respeito, ver o testemunho de Robert Linhart, *Greve na fábrica,* Rio de Janeiro, Paz e Terra, 1978.

3
O OLHAR DO OUTRO:
OS PATRÕES FRANCESES VISTOS PELOS OPERÁRIOS (1880-1914)

Como os operários franceses viam seus patrões? É surpreendente que se encontrem tão poucas pesquisas sobre essa questão fundamental para se compreender a própria ação operária. As razões disso certamente encontram-se nos métodos da história social há longo tempo voltada mais para a descrição estrutural de categorias isoladas do que para as relações entre elas, reticente diante da apreensão das psicologias coletivas. Será por medo de recair num idealismo kantiano e numa história das subjetividades em que tudo estaria somente na ideia que se faz a respeito, teatro de sombras no qual se enfrentariam apenas imagens e projeções? Não sei. No entanto, toda ação se inscreve num modo de representação; não existe consciência de classe sem visão do mundo ou cultura sem elaboração de uma simbologia.

Gostaria de apresentar aqui uma seleção de textos ilustrando algumas representações operárias do patronato. Mas esses textos são raros e, principalmente, são curtos e dispersos, reduzindo-se a frases ou palavras (vocabulário de insultos): mais se qualifica do que se descreve o patrão. Em suas autobiografias, os operários *se* contam, muitas vezes falam mais de sua existência do que do seu trabalho, e mais dos seus gestos e instrumentos do que dos seus empregadores. Nos dicionários de gíria, como o *Dictionnaire de la Langue Verte* de Delvau (1883), os vocábulos de trabalho são minoritários; o álcool, o amor, o corpo... têm um lugar muito mais importante: pelo menos no século XIX, como se a linguagem popular à sua maneira resistisse à invasão do trabalho.

As descrições mais amplas e pormenorizadas do patronato provêm de preferência das organizações. Inicialmente elípticas, elas adquirem contornos mais precisos no começo do século XX, conhecer o capitalismo e seus mecanismos torna-se uma preocupação dominante para toda uma corrente sindical. Evidentemente, pode-se perguntar se essas novas imagens do patronato como capitalista, chefe de empresa, influenciaram as representações "espontâneas" (digamos tradicionais) da base operária. Em todo caso, não é possível confundi-las. Sem dúvida, a um dado momento existem níveis de representação, e não é fácil saber como se difunde a transformação das representações dominantes. As observações que se seguem têm um valor apenas indicativo.

O patrão como pai

No último terço do século XIX, quando os operários se exprimem a respeito dos seus patrões, predomina, e de longe, a hostilidade. No entanto, não se podem excluir outros tipos de relações, de representações, de linguagem. O próprio termo *patron,* muito particular à língua francesa das relações industriais, com sua conotação de proteção e patrocínio, mereceria um estudo semântico.[1] O paternalismo por muito tempo foi, e por vezes ainda continua a ser, um dos sistemas mais importantes de relações sociais do trabalho. Ele supõe pelo menos três elementos: 1) presença física do patrão nos locais de produção, e mesmo a moradia patronal; 2) linguagem e prática de tipo familiar entre patrões e operários; 3) adesão dos trabalhadores a esse modo de organização. O patrão é visto como o pai que proporciona trabalho aos seus filhos, protege-os, associa-os à história de sua família (festas de casamento ou outros acontecimentos familiares).[2] O "nós" substitui o "eles" da indiferença ou da hostilidade. E acontece que os operários se identificam com a "casa" onde trabalham, vangloriando-se de sua estabilidade, do recrutamento hereditário que une sua linhagem à empresa: casos frequentes na vidraçaria, nas forjas e mesmo nos têxteis – nasce-se com alguém, e aí se morre. Os conflitos são raros nessas condições, e assumem um significado mais dramático: dilaceramento do tecido familiar, revolta contra o pai, mais difícil do que a coalizão contra um empregador comum. A ausência de greves, que merece a mesma atenção que a existência delas, pode se explicar pela densidade de tais relações, que sob certos aspectos assemelham-se à condição doméstica.

O paternalismo apresenta, no final do século, sinais de esgotamento que se devem à imbricação de múltiplos fatores. A desindustrialização do campo que se segue à crise dos anos 1882-1890 e a concentração dela decorrente acarretam o distanciamento físico do patronato que não reside mais ali, substituído por diretores variáveis, estranhos à região, detestados como podem sê-lo os gerentes, cúmplices servis do poder, biombo arbitrário e mentiroso. A vontade de falar com o senhor, a frustração irritada de não poder fazê-lo, a ideia de que seus administradores lhe ocultam a situação – ah! se ele soubesse! – transparecem em inúmeros conflitos. Por vezes há na reivindicação operária um tom de *Cahier de doléances* e vestígios de uma crença na bondade do Rei.

Por outro lado, a constituição dos operários numa classe supõe a ruptura desses laços tingidos de feudalismo, a identificação dos patrões como inimigos. Eles, tornam-se os "eles" exteriores, estranhos, adversários. Processo lento que pode ser precipitado por acontecimentos extraordinários. Desse ponto de vista, o assassinato de Watrin em 1886, em Decazeville, assume uma importância mais que simbólica: assassinato ritual que simula a morte do pai, o desmoronamento do intocável poder patronal, ele cimenta a unidade operária e funda uma nova Aliança, a do Quarto Estado. Talvez daí a repercussão desse episódio e o jorro de palavras a que deu lugar.

Visões hostis

No final do Segundo Império, e ainda mais depois da Comuna, os patrões tornam-se claramente objeto de inimizade. O termo se carrega de um sentido hostil. Os patrões sentiram a ascensão desse antagonismo, como mostram suas respostas, cerca de setecentas, à investigação parlamentar de 1872. Ele se repete nas "revistas das Prisões" dos jornais operários, sustém-se nas conversas cotidianas. "O patrão é o inimigo, é o *macaco,* do qual não se fala sem medo, já que dele depende a existência, mas que não é apreciado, vira objeto de piadas fora da oficina, na certeza de que ele mesmo detesta seus operários e só tenta extrair deles o máximo de lucro possível (...). 'Meu macaco!', com que desprezo eles pronunciam essa palavra enquanto, ao esvaziar uma *négresse* (uma garrafa), lembram as exigências de um, a brutalidade do outro! O ódio é profundo...", escreve Henry Leyret em 1895 *En plein Faubourg (Em pleno subúrbio).* Rumor persistente, mas calmo e contido em tempos normais, essa hostilidade explode em tempo de greve no gesto e na palavra. Gritos, insultos, slogans, discursos, canções e às vezes imagens (seria preciso fazer um inventário sistemático da iconografia dos jornais populares e dos folhetos das canções) formam uma documentação sincopada e díspar, e no entanto relativamente unitária. Repetições e estereótipos escandem esse discurso estruturado por uma visão dicotômica: as duplas senhor/escravo, exploradores/explorados, produtores/fruidores, desperdício dos ricos/miséria dos pobres formam sua trama, simples e eficaz. Como a pedagogia escolar, a pedagogia operária também funciona por um jogo de oposições: as longas jornadas de trabalho tornam as famílias infelizes/as curtas jornadas tornam as famílias felizes.[3]

Enfim, a violência desse discurso desempenha em si mesma sua própria função. Ela não é a tradução de uma ação muito mais moderada em que a violência, domesticada, na verdade ritualizada, nada tem de selvagem;[4] tampouco é o reflexo das relações cotidianas, necessariamente mais amenas. Como escreve um operário ao enviar ao *Cri du Peuple* (fevereiro de 1886) sua pequena contribuição para a coleta "para os meninos dos justiceiros" (isto é, os mineiros de Decazeville onde Watrin foi atirado janela abaixo): "Tenho estima pelo meu patrão, mas bem que gostaria de vê-lo enforcado."

Como todo imaginário social, o dos operários está povoado de fantasmas. Mas os fantasmas também fazem a história.

Opressores, déspotas e tiranos

Os patrões déspotas, burgueses que não fazem nada e só se divertem, capitalistas exploradores e ladrões: essas três séries de imagens com fios entrecruzados tecem o discurso operário.

Detentores de um poder arbitrário (lembremos que, na época, os regulamentos fabris emanam diretamente da vontade dos industriais), os patrões são "opressores" que recusam qualquer participação e discussão, e exigem total submissão. "Abaixo os patrões, abaixo os tiranos", lê-se nos muros de Vaugirard durante uma greve de marceneiros (1882). As duplas opressores/oprimidos, senhores (diz-se "nossos senhores")/escravos, servos, párias estão entre as mais usadas para designar as relações patrões/operários. Os patrões são senhores, seja por perpetuarem a antiga feudalidade (sobretudo por volta de 1880 é forte a ideia de continuidade), seja por fundarem uma feudalidade, às vezes pior do que a antiga. "Esses senhores imaginam nos esmagar aos pés como tinham o direito antes de 1789" (curtidores, 1882). Esses "déspotas" desprezam os operários, a quem consideram como "criados" intercambiáveis. Seus "castelos", palavra usual para designar as residências patronais mesmo "burguesas", encarnam tanto sua "opulência" como seu poderio e arrogância. Aliás, certos patrões se referem explicitamente à simbologia feudal até na arquitetura das fábricas, que (por exemplo em Roubaix) se enfeitam com ameias e torres, e têm portas que imitam pontes levadiças! A aristocracia continua a ser um modelo cultural obcecante.

> Quando eles demoliam as torres nas colinas
> Tínhamos pensado que era para sempre;
> E o castelo renasce de suas ruínas,
> Ninho de burgueses, refúgio de abutres,

diz um *Chant des Mineurs (Canto dos mineiros)* de 1896.[5] Por ocasião das greves, essas residências são alvo de manifestações, mescla de busca de um poder que se esconde – o deus oculto – e de expedições punitivas:

> Aos tiranos! Aos ladrões!
> Esses palácios feitos com nosso suor
> E nosso sangue, que eles os rendam![6]

Arrogantes e cruéis, esses "potentados" sonham com "esmagar aos pés" os seus súditos. Nostálgicos da Monarquia, não gostam da República contra a qual urdem complôs que renascem sem cessar. A investigação parlamentar sobre a crise de 1884 mostra até que ponto os operários interrogados – são militantes sindicais parisienses[7] – interpretam a crise como fruto de uma maquinação política, resultado "da má vontade" dos possuidores e patrões que "fazem a greve do trabalho, acumulam os capitais, esfaimam o operário, paralisam a indústria, matam o pequeno comércio e aumentam o déficit", pois querem a Marianne. Labusquière fala "de uma nova feudalidade tão dura quanto a feudalidade aristocrática do antigo regime".[8] Brausse: "Nós acreditamos que a organização atual que confia a direção da indústria e do comércio ora aos *senhores feudais* das minas e das estradas de ferro, ora aos *pequenos monarcas* do patronato, terminou seu tempo."[9] A visão da "nova feudalidade burguesa" em oposição ao "Estado-povo", isto é, a democracia, continuará muito viva pelo menos até a guerra. O patronato é sempre suspeito de tecer intrigas contra a República, e também contra a França, visto que, entre os "monopólios", existem também muitos capitalistas judeus e estrangeiros: os Rothschild e os Vanderbilt não estão a soldo de Bismarck? Essa suspeita contra um patronato sempre propenso a emigrar afirma-se com muita força durante a grande depressão e o boulangismo. Ele ressurge a cada crise.

Senhores barrigudos e pândegos

Esses "senhores" – tratamento muito empregado – são, ademais, desfrutadores que aliam a ociosidade aristocrática à pândega burguesa. Esses "mandriões", aliás, não sabem nada de trabalho: seria muito fácil passar sem esses "incapazes". Acima de tudo especuladores, eles se comportam como rentistas, dilapidando o ouro arrancado aos seus operários. Esses "opulentos" não "fazem outra coisa além de comer, beber e dormir enquanto nós trabalhamos". O "capitalista" se levanta tarde, "às dez horas da manhã", mas suas noites se estendem; ele se veste com roupas finas e se pavoneia sem fazer nada; "ele chafurda em vinhos finos e pratos delicados", "nas orgias mais vergonhosas", nas festas extravagantes e até devassas, pois ele "transborda vícios". Os sinais exteriores de riqueza a que mais se referem os textos operários são os castelos e palácios de "salões suntuosos e forrados de seda", superaquecidos, os coches e cavalos, as mulheres. "Ter um belo palácio, uma carruagem de luxo, amantes", tal é para o tipógrafo Allemane a característica do patrão, cujos filhos não têm nada por fazer além de receber a herança: "Será que o filho de um milionário tem o direito de gastar milhões sem produzir nada, enquanto o trabalhador morre no serviço?"[10] Os patrões vão descansar de suas orgias nos banhos de mar:

Fatigados pelo prazer,
Teus patrões vão partir.
De tanto se banquetear,
O estômago lhes dói
E nas praias famosas
Logo saberão seus nomes
E se verá a sua opulência,

diz um refrão de Bouchor em *La Complainte du Prolétaire* (*O lamento do proletário*).[11] No início do século, a Côte d'Azur, "as louras acácias de Nice" se tornam um outro símbolo da posição patronal. O mesmo do automóvel. Em *L'Escarbille* (*O tição apagado*), Eugène Saulnier, operário vidraceiro, lembra-se do seu patrão. "O belo senhor Maxime" que se arruína em propriedades dispendiosas, e do "seu belo automóvel". Viam-no chegar à fábrica a toda a velocidade, com o ruído de pequenas explosões, sentado ao lado do motorista, e vestido com seu couro de cabra.[12]

O retrato físico do patrão oscila entre o do aristocrata "com o porte arrogante", "o passo leve", o talhe ereto como o de um cortesão, e o outro, dominante, do burguês arqueado, "pançudo e de barriga cheia", "inchado, bochechudo, obeso, estufado de ouro, engordado com o suor do povo". Esta última imagem predomina na iconografia, na qual os patrões aparecem enormes, com o charuto na boca, a corrente do relógio no colete ressaltando uma barriga que quase desaba. No início do século, desenha-se uma silhueta mais esbelta de jovem fornido, filho de família, vestido com couro de cabra no volante do seu automóvel, destruindo tudo à sua passagem: nova imagem de um patrão mais esportivo aos ventos dos Estados Unidos!

O patrão vampiro

Os patrões são "exploradores" que vivem da labuta dos operários, "parasitas" grudados no corpo dos produtores. Toda uma série de termos emprestados ao bestiário exprime essa ideia: "Piolhos, sanguessugas, ventosas"...; "animais ferozes" como "hienas, linces, tigres, chacais...", ou ainda "aves de rapina, rapinantes, abutres" e "tubarões". Esses "devoradores" são ávidos, cúpidos, insaciáveis. Como um "vampiro" (sombrias gravuras esboçam uma espécie de Nosferatu...), o patronato suga o sangue do povo até a medula, até a morte. "Senhores dos Monopólios, basta que vocês passem seus dedos aduncos pela testa para recolher nosso suor e nosso sangue que se esvai do nosso corpo mutilado, e encontrarão ouro suficiente para reunir o dote de suas filhas."[13] A esse "Moloch" é preciso entregar seu tributo de carne fresca. Hidra sempre renascente, o polvo capitalista agarra, sufoca.

Esses "porcos" patrões são ladrões, "macacos" (gíria nascida entre os carpinteiros) que pagam com um dinheiro que não vale nada, especuladores que vivem de rapinas e pilhagens. Esses "capitalistas" (termo muito empregado, muito mais que "capitalismo") agiotas só pensam em aumentar seu dinheiro guardado: sua pilha de ouro que continua a ser o verdadeiro símbolo da fortuna. Esses "milionários" (também muito empregado) são antes de tudo financistas ávidos e açambarcadores. Eles se comportam como banqueiros e rentistas. Ao lado do burguês barrigudo, do judeu com os dedos e o nariz aduncos a contar o seu ouro, encontra-se, principalmente na iconografia, uma outra encarnação do patronato. As diatribes antissemitas do boulangismo, as de Drumont e dos antidreyfusistas encontram um eco incontestável no mundo operário e no próprio movimento operário: leia-se sobre essa questão as análises de Zeev Sternhell.[14] Rothschild é o deus dos patrões, o Patrão dos patrões: o "Rei-Tchild"...

Os operários experimentam vivamente o sentimento de uma concentração cada vez maior: nos anos 1880, a impossibilidade de se tornar patrão, ao contrário das facilidades de antes, é um lugar--comum. Os "grandes" comem os pequenos, os "Monopolistas" fazem a lei. "Um punhado de indivíduos", uma "fração", "uma minoria ínfima"... seguram as rédeas da situação. A expressão "truste, grandes trastes" se tornará rapidamente popular no início do século. Essa visão de um poder econômico concentrado reforça simultaneamente o sentimento de injustiça, de arbitrariedade – alguns privilegiados contra a massa dos produtores – e de fragilidade. Unido, o povo operário poderia facilmente triunfar sobre esses usurpadores. Não se percebe o capitalismo como um sistema que rodeia, mas como um poder pessoal, epifenomênico e supérfluo. Isso implica também uma visão da Revolução, processo simples, em grande parte voluntário, em todo caso inelutável e de rápida realização; um "grande dia", uma "grande noite" praticamente bastarão para expulsar os parasitas inúteis e vãos. Daí o fervor de certos Primeiros de Maio, albores de um fremente Carnaval. Na virada do século, a crença na Revolução social, no advento do Quarto Estado, último ato da representação iniciada em 1789, faz parte da esperança operária.

Sustentada pelas greves, manifestações, canções, grande forma de expressão e educação operárias, como sugere o livro de Robert Brécy,[15] essa representação do patronato se mantém relativamente estável nas três primeiras décadas da terceira República. Esse afresco desenha um horizonte social que, aparentemente, não é alterado pela Escola, indiferente à indústria e à fábrica, nem pelo sindicalismo de ação direta, produto e artífice dessa visão de mundo. "O que falta [ao operário francês] é a consciência de sua desgraça", escrevia Fernand Pelloutier em 1898; "É conhecer as causas de sua servidão; é poder discernir o alvo dos seus golpes."[16] Mas mesmo ele dedica seus principais esforços à descrição da condição operária.

As exposições mundiais, teatro da indústria

O esforço de análise econômica, porém, não data dos inícios do século XX. Ele se esboça entre os operários profissionais, apaixonados pelas máquinas e realizações técnicas, e se expressa nos relatórios dos delegados das Exposições. Esse grande espetáculo que o capitalismo oferece ao mundo, essa "vitrina" gigantesca que celebra as maravilhas da indústria e das grandes fábricas, catedrais da nova humanidade, desempenharam um papel decisivo na formação de uma mentalidade técnica e na difusão de uma ideologia da ciência e do progresso.

Os delegados operários nas Exposições são, até o final do século, autênticos militantes que aproveitam essa oportunidade de intercâmbios internacionais. Esforçam-se por manter distância em relação a esse discurso otimista. Criticam os males da divisão do trabalho, as catástrofes da "especialização", os excessos de "porcarias" que daí resultam e seus efeitos nocivos sobre a qualidade de "nossa" indústria francesa. Mas ao mesmo tempo eles examinam as máquinas (com que paixão e competência!), estudam o instrumental, entregam-se a estatísticas e tentam comparações internacionais que lhes revelam a fragilidade da indústria francesa, sua vulnerabilidade no campo europeu e mesmo mundial. Assistem aterrados ao prodigioso desenvolvimento alemão e americano. Questionam a má administração do capitalismo francês: insuficiência nos investimentos, obsolescência do instrumental, negligência de setores cruciais como o de máquinas-ferramentas, dilapidação do capital humano pelo desprezo em relação ao corpo e à saúde do trabalhador. Apesar de um vocabulário nitidamente muito mais moral do que econômico, esboça-se nesses relatórios, e particularmente por ocasião de Exposições no exterior (Filadélfia, 1876, Amsterdã, 1883, Chicago, 1893 etc.), uma crítica ao patronato como agente econômico e, à contraluz, a imagem do que deveria ser o verdadeiro empresário.

Transparece uma certa admiração pela eficiência do capitalismo americano, e mesmo pela potência concentrada e racionalizada das fábricas alemãs.

Um saint-simonismo operário

Victor Delahaye é um exemplo dessas novas atitudes. Ex-operário em Cail, ele viajou; depois da Comuna, trabalhou dez anos na Inglaterra, foi aos Estados Unidos, à Holanda, sempre mantendo correspondentes. Para a Exposição de Amsterdã (1883), ele redige um relatório posteriormente editado sob os cuidados do Ministério do Comércio (1886), recheado de estatísticas e cálculos destinados a uma comparação internacional das produtividades.[17] Delahaye tenta avaliar a produção nacional, a de Paris, a do operário francês, e mais precisamente a do metalúrgico; procura medir "as relações econômicas que existem entre o trabalho e o capital, (...) o capital aplicado nos instrumentos, imóveis e matérias-primas das oficinas e manufaturas". Ele lamenta a inexistência de uma contabilidade nacional: "Não sabemos absolutamente nada sobre a produção total anual da França; nisso nos encontramos na situação de um industrial ou um comerciante que nunca fez suas contas."

Partidário declarado da grande indústria e da mecanização, ele celebra os méritos da máquina-ferramenta: "Todo o segredo da grande indústria consiste em criar máquinas-ferramentas que possam executar automaticamente todas as peças de um aparelho ou objeto qualquer (...). Além da qualidade muito preciosa de dar um bom acabamento aos objetos e executá-los com uma precisão matemática, as máquinas-ferramentas têm a enorme vantagem de desenvolver o máximo de trabalho no mínimo de tempo, e consequentemente elas produzem ao preço mais baixo possível."[18] Mas esse modo de trabalho acarreta um novo tipo de esforço e fadiga que supõe a redução do tempo de trabalho, e Delahaye se apoia nos trabalhos muito antigos de Coulomb e em trabalhos mais recentes de fisiólogos, para deles extrair a noção de rendimento e produtividade. Por outro lado, ele preconiza uma indústria concorrencial, voltada para o mercado: "Nossos produtos não devem ser fabricados para a venda exclusivamente local, ou num raio que não ultrapasse os limites da França; eles devem ser feitos nas melhores condições de preço baixo e execução, para que possam ser vendidos nos mercados de todos os países mais industrializados."[19]

Essa falta de produtividade, de dinamismo industrial deriva da rotina do patronato francês, abrigado por um protecionismo enganoso (Delahaye é defensor do livre câmbio), arcaico em sua gestão econômica e social: "Entre nós, além dos direitos restritivos e protetores que os consumidores são obrigados a pagar, os manufatureiros franceses conservam seu velho instrumental; continuam a usar velhos teares que no máximo prestariam para ser enviados ao museu de Cluny, como recordação de um modo de produção antigo, e só pensam em baixar os salários e aumentar a jornada de trabalho." As causas da nossa inferioridade "provêm do egoísmo dos patrões e diretores de sociedades anônimas que se colocaram em condições tais que lhes é impossível conseguir lutar contra a concorrência estrangeira".[20] "Tal é", diz ainda Delahaye, "a situação em que nos pôs o egoísmo cego dos patrões, ou sua incapacidade, ou sua má vontade. Para se desculparem de sua má e culposa conduta e dar o troco à opinião pública, esses senhores, em sua imensa maioria, depois de nos extenuarem com um prolongamento excessivo da jornada de trabalho; depois de nos esfaimarem reduzindo ao mínimo o índice dos salários; depois de nos obrigarem a trabalhar com um instrumental e processos de produção antiquados, gritam a plenos pulmões que são os operários os responsáveis por essa situação. Fomos nós que causamos a ruína da indústria por exigirmos salários altos demais. Eles dizem também que para nós é fácil criticar sua conduta, mas que somos incapazes de fazer melhor. Pois bem, nós julgamos que podemos fazer melhor, e vamos demonstrar ao invés de fazer recriminações." A "Associação profissional dos operários mecânicos", substituindo um patronato fracassado, poderia perfeitamente fornecer locomotivas em condições de preço e trabalho tais como as existentes na Inglaterra. "Podemos fazer em Paris o que se faz em Londres." E Delahaye esboça todo um programa de fabricação.

Pela sua cultura econômica e técnica, sua experiência e largueza de vistas, Delahaye aproxima-se não tanto dos profissionais de antigamente, mas dos técnicos de uma "nova classe operária", cuja competência dá fundamento a uma aspiração gestionária. Ele encarna o que chamarei de saint-simonismo operário, admirador das máquinas, conquistado pelo crescimento, compenetrado do valor-trabalho e crítico em relação a um patronato incompetente. Ele reivindica o direito de dirigir a indústria exclusivamente para os *produtores*. Ele vê na classe operária o fiador do interesse nacional.

Mas nesse final do século XIX, Delahaye se mantém como uma voz isolada. Quando retoma suas análises perante a Comissão de investigação de 1884, elas contrastam com a visão artesanal e agrária de seus camaradas.[21] A classe operária francesa e seus militantes mantêm-se, em sua maioria, reservados diante do "progresso", temendo os males que ele traria, e hostis diante de um crescimento que fá-los suspeitar dos seus riscos. A criação de uma mentalidade industrial foi incontestavelmente muito lenta na França.

Por outro lado, na medida em que se constitui, o movimento operário, e particularmente o sindicalismo retiram-se do campo das Exposições mundiais, denunciando seu poder de integração e de formação de uma unanimidade fictícia. Mais do que do capitalismo, elas se tornam as vitrinas do regime; o Estado tem uma participação crescente nessas manifestações em que o nacionalismo toma um curso livre.

Visões novas: um patronato poderoso e malthusiano

No entanto, o tom muda no início do século XX. As derrotas do movimento operário, o esboroamento das perspectivas de Revolução na greve geral, a intensificação dos nacionalismos fazem com que o pessimismo mude de campo: ele se torna operário. O patronato resiste, o capitalismo se mantém firme. O fatalismo, a resignação, condutas de evasão individual avançam na classe operária, principalmente entre a juventude tentada por novas formas de consumo. Enquanto toda uma corrente sindical dentro da CGT refugia-se na multiplicação de promessas verbais do herveísmo, outra corrente, cujos principais animadores são Merrheim, também metalúrgico, e a equipe de *La Vie ouvrière,* exorta a que se desconfie das diatribes e das "gritarias", defendendo a necessidade de um conhecimento aprofundado dos mecanismos do capitalismo francês. Investigações, estatísticas, estudos de balanços, monografias industriais tornam-se uma forma de ação militante. Eis, por exemplo, o programa esboçado como prefácio ao caderno editado pela União Federal da Metalurgia em 1909, *A organização patronal:*

> O que mais frequentemente paralisa a ação operária é a ignorância em que ela se encontra quanto aos meios de ação do patronato. Este, sobretudo na metalurgia, organizou-se profundamente. Por conseguinte, se os trabalhadores da metalurgia querem lutar contra ele com armas iguais, é preciso que: 1) o instrumental industrial que a ciência pôs nas mãos do capital e que ela incansavelmente transforma; 2) possam examinar e conhecer as organizações patronais, comitês, sindicatos etc.; que saibam como os cartéis e o sistema de créditos eliminaram a concorrência entre empresas rivais, e tão bem que os industriais podem ao mesmo tempo roubar o consumidor e pressionar os salários com todas as suas forças reunidas para reduzi-los. Em uma palavra, é preciso que eles se acostumem a conhecer a vida, as forças, as transformações do seu adversário irredutível: o capitalismo.

"Intelectuais" – como Delaisi, Roudine... – unem-se ao esforço de análise dos militantes operários, visível no espaço crescente que a imprensa sindical lhe oferece: 270 artigos "econômicos" publicados entre 1905 e 1910 nos principais periódicos sindicais, 420 de 1911 a 1914, segundo o estudo (inédito) de Dominique Baillaud, *A CGT e os problemas econômicos (1905-1914),* que aqui utilizo.[22]

Nosso objetivo não é a evolução do sindicalismo, mas a sua incidência sobre a visão operária do patronato. Em que essa abordagem, em seu princípio nova – a vontade de considerar o capitalismo mais como um sistema do que como um vício –, modifica aquela representação? Ela não deixa de ser contraditória: no seu vocabulário que mistura qualificativos morais e dados estatísticos, em seus conceitos que oscilam entre a análise do capitalismo financeiro e a das estruturas propriamente industriais.

A visão predominante é sempre a de um capitalismo bancário, ao mesmo tempo rentista e especulador sem envergadura. Os "Reis das Finanças" (a lista aumenta cada vez mais, encaminhando-se assim para duzentas famílias) procuram antes de tudo "lucros de tubarão", adquiridos a baixo preço com os investimentos coloniais ou estrangeiros[23], ou se concedem a segurança das ações do Estado. "As ações do Estado são procuradas pelo nosso capitalismo medroso, rotineiro, sem iniciativa nem ousadia. Ele prefere, em vez da busca do ganho e do lucro, a certeza dos títulos de renda."[24] Abrigado por um protecionismo frágil, ele deixa que a balança comercial se prejudique em favor dos nossos rivais: "O capitalismo dos outros países se debate para desenvolver seu comércio internacional; o nosso, demasiado fraco, demasiado falto de inteligência, continua fiel aos seus hábitos sonolentos e preguiçosos."[25]

Os patrões franceses não são empresários dignos desse nome. "Como os progressos teriam sido mais importantes se no mundo capitalista tivesse se manifestado a mesma febre de trabalho de que os Estados Unidos e a Alemanha dão um exemplo tão vivo!"[26] Esse patronato "inerte, rotineiro" se recusa a investir nas máquinas e técnicas novas. "O ímpeto operário deve obrigá-lo a se modernizar", escreve Picart num longo artigo sobre "o instrumental nacional", no qual ele exorta "a burguesia francesa a despertar, a abandonar a rotina, a procurar métodos novos, sistemas novos, a transformar todo o processo de produção, a criar um meio favorável a novas melhorias, a novas conquistas operárias. Pois é de uma indústria florescente que podemos exigir melhores condições de trabalho, melhores condições de vida", conclui esse militante conquistado pelo crescimento.[27] Dumoulin preconiza "um vasto plano de reconstrução do nosso instrumental nacional",[28] o desenvolvimento da máquina-ferramenta, voto reiterado dos operários metalúrgicos, uma organização comercial dinâmica capaz de rivalizar com o agente comercial alemão. O patronato falta ao seu dever nacional, pois só busca seu próprio lucro e a prazo muito imediato.

Mas não é por debilidade nem por incapacidade. Pelo contrário, afirma-se o sentimento da força do capitalismo, ligada à sua concentração (os trustes aos quais se retorna incessantemente), sua organização, sua sábia penetração no Estado, a competência que teve de adquirir para a gestão dos seus negócios. Delaisi, por exemplo, examina os Conselhos de administração de diversas sociedades, nos quais se encontram altos funcionários, financistas, técnicos, políticos, numa repartição muito calculada das tarefas e influências. "Todos esses homens vêm dos meios mais diversos; quase todos têm uma qualificação. E é a reunião desses talentos diversos que faz do Conselho Administrativo um cérebro completo. (...) A confiança se funda na competência. Aqui é preciso combater um preconceito muito difundido entre os meios socialistas. Os discípulos de Marx implantaram no proletariado a ideia de que a burguesia era impotente para organizar a produção, que não tinha inteligência e era preguiçosa, e que seu reino desembocava no desperdício e anarquia das forças econômicas (...). Mas se o capitalismo, apesar de seus erros, persiste e domina, é porque soube criar e pôr à sua frente uma *elite*. Foi um punhado de homens, sábios, engenheiros, administradores e financistas, que criou os bancos, as estradas de ferro, as companhias de navegação, as grandes indústrias metalúrgicas; todo esse instrumental maravilhoso que, em meio século, mudou a face do mundo. Essa elite não é uma aristocracia fechada; ela se renova incessantemente em busca de homens novos (...). É preciso que o povo saiba disso. Pois enquanto ele não tiver uma elite de especialistas para opor à elite capitalista, não chegará a nada. Do que serviria a um pobre diabo apropriar-se de um automóvel se ele não sabe fazê-lo andar e dirigir? Ora, a máquina econômica é muito mais complicada do que um automóvel."[29] Decididamente, a metáfora automobilística penetrava em tudo!

Diante desse patronato, potente e capaz, mas malthusiano por egoísmo social e cumplicidade internacional, afirma-se a reivindicação do proletariado consciente e organizado em aparecer como defensor dos interesses da França (a classe operária é a herdeira dos gauleses) e a vocação de um sindicalismo esclarecido para a gestão econômica nacional. Não é este um dos grandes temas do século XX?

No entanto, esse tipo de análise, esse esboço de novas estratégias foram muito contestados no próprio seio da CGT, como marca de uma integração insidiosa com o sistema e da recusa disfarçada à ação. O que fazer das "sabichonices dos pontífices e semideuses"? O sindicalismo em novo estilo não se arrisca a virar coisa de especialistas, "intelectuais", um "aparelho", em suma? No momento mesmo em que a luta operária tem de permanecer simples, direta, coisa de todos e de cada um, em sua fábrica e em seu bairro, em seu lugar e posição. A contemplação melancólica da potência do patronato não é profundamente desencorajadora e desestimulante? O que fazer contra essa enorme máquina com engrenagens cada vez mais complexas e dissimuladas? Pode-se pensar aliás que a vontade obsessiva de citar nomes era um meio de desmascarar o capitalismo, de escapar ao medo provocado pelo anonimato assustador das potências ocultas.

E os operários, em sua massa e diversidade, como percebiam essas mudanças do real social e sindical? Como elas se inscreviam em seu imaginário? A análise do discurso de greve mais espontâneo, menos modelado pela pedagogia sindical – gritos, insultos, slogans, todos os tipos de propostas – nos anos 1900-1914, trabalho considerável pois os conflitos são aos milhares, certamente nos tiraria quaisquer dúvidas. Ver-se-ia aflorar esse trabalho surdo do inconsciente coletivo, no qual se tramam novas representações, motor de futuras formas de ação. A hipótese de uma resistência, aliás, é plausível, em virtude da inércia do mental e das palavras que o exprimem, mas também em virtude da pequena atração das análises, econômicas e outras, sobre os que sofrem opressão em sua vida cotidiana. Unir a fria lucidez ao calor do engajamento, "o pessimismo da razão ao otimismo da ação", como dirá Gramsci posteriormente, não é sempre, e para todos, o mais difícil?

NOTAS

1. Segundo Charles Gide, *Dictionnaire d'économie politique*, t. II, p. 414, citado pelo *Dictionnaire Robert*: "Na linguagem corrente, o empresário é chamado *o patrão*, mas, se se observar mais de perto, esse nome não é absolutamente sinônimo de empresário: pode haver empresas sem patrões, como as sociedades anônimas. O título de patrão – dizia-se antigamente e ainda se diz no campo: o senhor – designa mais especificamente as relações com os assalariados; ele conota uma certa ideia moral de proteção, de patrocínio, uma certa concepção dos direitos e deveres de um chefe em relação aos seus subordinados, que é estranha à definição estritamente econômica do empresário."

2. H. Leyret, *En plein Faubourg*, Paris, Charpentier et Fasquelle, 1895, p. 151: "Alguns patrões como efeito mantiveram esse velho hábito de convidar seus operários por ocasião do casamento de seus filhos ou

qualquer outro acontecimento feliz para a sua família." Essa prática é corrente em todas as grandes empresas isoladas, como Chagot, Schneider, Baccarat, em Wendel etc., no século XIX.

3. Slogan de um cartaz da CGT para o 1º de Maio de 1912 e estilo habitual de inúmeros folhetos de propaganda sindical nos anos 1906-1914.

4. Ver a respeito M. Perrot, *Les ouvriers en grève (1871-1890)*, Paris-La Haye, Mouton, 1974, pp. 568 e ss., pp. 615 e ss. Para tudo o que se segue, utilizo essas análises.

5. Citado por R. Brécy, *Florilège de la chanson révolutionnaire, de 1789 au Front populaire*, Paris, Éditions Hier et Demain, 1978, p. 156.

6. *La Marseillaise anarchiste*, Bruxelas, 1888, cantada durante greves no Norte da França.

7. M. Perrot, "Comment les ouvriers parisiens voyaient la crise de 1884", em *Mélanges offerts à Ernest Labrousse*, 1974. A partir dos *Procès-verbaux de la commission chargée de faire une enquete sur la situation des ouvriers de l'industrie et de l'agriculture en France et de présenter un premier rapport sur le crise industrielle à Paris (1884)*, Paris, 1885.

8. *Procès-verbaux...*, p. 148.

9. *Idem*, p. 142.

10. *Idem*, p. 160.

11. Citado por R. Brécy, *Florilège, op. cit.*, p. 176.

12. M. Chabot, *L'Escarbille, Histoire d'Eugène Saulnier, ouvrier verrier*, Paris, Presses de la Renaissance, 1978, p. 89.

13. *Congrès de Marseille*, 1879, p. 467.

14. Z. Sternrell, *La droite révolutionnaire (1835-1914). Les origines françaises du fascisme*, Paris, Seuil, 1978.

15. Cf. nº 5 e tamb́em E. Thomas, *Le poésie ouvrière du XIXᵉ siècle*, Paris, Maspèro, 1979.

16. J. Julliard, *Fernand Pelloutier et les origines du syndicalisme d'action directe*, Seuil, 1971, texto citado p. 497.

17. *Rapport de M. Victor Dalahaúe, ouvrier mécanicien, délégué à l'exposition coloniale et Internationale d'Amsterdam (1883)*, Paris, Ministério do Comércio e da Indústria, 1886 (Biblioteca Nacional 8° V 9672 e 20236).

18. *Idem*, p. 14.

19. *Idem*, p. 15.

20. *Idem*, pp. 66-7 e 73.

21. Ver a respeito as observações de F. Simiand a propósito da Investigação de 1884, "Une enquête oubliée sur une grande crise méconnue", *Mélanges... offerts à Edgar Milhaud*, 1934.

22. Dissertação de mestrado, Universidade Paris-VII, 1974.

23. Cf. P. Birnbaum, *Le Peuple et les Gros, Histoire d'un Mythe*, Paris, Grasset, 1979.

24. *La bataille syndicaliste*, 13 de junho de 1911, citado por D. Baillaud, p. 94.

25. Griffuelhes em *La bataille syndicaliste*, 21 de junho de 1911, "L'industrie capitaliste", citado por Baillaud, p. 47.

26. *La bataille syndicaliste*, 2 de junho de 1911, citado por Baillaud, p. 97. E ainda (B.S. de 9 de junho de 1911): "Sem dúvida, com um capitalismo mais audacioso, mais ousado, o progresso se decuplica. Todos os elementos materiais para uma ampliação rápida, prodigiosa dos negócios estão reunidos em nosso país. O que falta é a iniciativa patronal. Eis aí o nosso ponto fraco."

27. *La bataille syndicaliste*, 18 de novembro de 1912, citado por Baillaud, p. 98.

28. *La bataille syndicaliste*, 12 de dezembro de 1913.

29. F. Delaisi, *La Démocratie et les Financiers*, Paris, edições de *La Guerre Sociale*, 1910, pp. 62-4. Ele também explica por que, a seu ver, a democracia é o regime ideal para esse tipo de capitalismo moderno.

4
OS OPERÁRIOS, A MORADIA E A CIDADE NO SÉCULO XIX

"Os operários atribuem mais valor à moradia do que à cidade", escreve Michel Verret em seu livro sobre o *Espace Ouvrier* (*Espaço operário*):[1] "Das moradias, eles se servem, e muito; da cidade pouco, pouquíssimo tempo, longe demais, não é para eles. Mas quando vão até ela, é para se reunir." Eles a utilizam como espaços abertos, para aquelas "festas de momento e quantidade" que não deixam traços senão nas lembranças e nas imagens – fotos e até filmes – que as fixam. No operário de hoje, haveria antes uma reivindicação pela privatização do espaço: "ao subtrair seu espaço doméstico ao olhar patronal, o operário abre para si um campo de liberdade tão precioso que ele se dispõe a pagá-lo ao preço da distância e fadiga". A fábrica, ele a vê demais. "Estar entre suas paredes é para o operário, antes de tudo, não estar entre as paredes dos outros e, em sua casa, poder ser ele mesmo."

No século XIX, é – parece-me – quase o inverso. Os operários reivindicam menos o direito à moradia do que o direito à cidade, "espaço para viver".[2] Eles aceitam as condições habitacionais, principalmente a densidade populacional, que assombram os observadores externos, filantropos e higienistas. A campanha contra os cortiços, vigorosa principalmente no último terço do século XIX, não é de origem operária. Por que essa diferença? Como se deu a inversão? É preciso lembrar que as necessidades sociais não são ideias, entidades abstratas das quais se poderia descrever a curva, fazer a história linear. O desejo é a expressão de um sistema de relações sociais do qual ele não pode ser extraído sem inconvenientes.

As atitudes operárias em relação à moradia

Por um longo período, a reivindicação operária se refere ao aluguel, não à moradia. Desta, fala-se em termos de custo, de peso no orçamento, não de conforto ou espaço.[3] Não surpreende que as greves nada digam a respeito; não é esse seu objeto. Notemos de passagem que praticamente não se trata mais da questão da higiene nos locais de trabalho. Na primeira metade do século XIX, por vezes os operários alfaiates protestam contra a má instalação das oficinas onde trabalham sentados por muitas horas. Mais tarde, fala-se pouco da higiene da fábrica, temendo-se sempre que uma organização mais racional do espaço implique um controle maior dos deslocamentos e gestos operários. Teme-se trocar a liberdade pelo conforto. O mesmo muitas vezes ocorre no âmbito da moradia.

Quando a questão da habitação aparece pela primeira vez na *ordem do dia* de um congresso sindical, no Havre, em setembro de 1912 (Congresso da CGT), é sob a seguinte forma: "Carestia e alta dos aluguéis."[4] "O preço e as condições do alojamento" ocupam dez páginas (pp. 227-438) no livro que M. e F. Pelloutier dedicam a *La Vie Ouvrière en France* (A vida operária na França, 1900). É pelo viés do alcoolismo e do tempo livre que o movimento operário descobre, no início do século, o problema da habitação. Dois paliativos para a taverna, por tanto tempo celebrada como a "casa do povo": lazer familiar numa moradia saudável e "espaços verdes". Para curar o mal, escrevem os irmãos Bonneff em 1912, é preciso desenvolver "o antídoto da higiene, e isso através da educação desportiva dos cidadãos, através da construção de casas salubres, através da utilização de grandes espaços para os jogos ao ar livre".[5] Respiradouro para a família, mas também para a cidade, jamais esquecida, e, sempre, a reivindicação dos espaços externos.

A parcela das despesas com moradia nos *orçamentos operários* do final do século XIX praticamente não ultrapassa 10 ou 12%, mas com grandes variações.[6] Essa parcela é notavelmente maior em Paris: segundo a *Estatística Geral da França*, o aluguel açambarca de 10 a 20% da renda operária em Paris no início do século XX. A conclusão de Maurice Halbwachs, no conjunto, continua a ser verdadeira: "A moderação nas despesas com a moradia, e mais exatamente com o aluguel, sempre nos pareceu um traço essencial da condição operária."[7] Os assalariados não operários dedicam-lhe claramente mais dinheiro; com isso, marcam sua diferença, sua "distinção".

Significativamente, o item em expansão nos orçamentos operários da época é o *vestuário*. E esse cuidado com a apresentação implica toda uma relação com o espaço público bem observada por Halbwachs. Quando os operários têm dinheiro de sobra, escreve ele em 1912 *La Classe Ouvrière et les niveaux de vie* (A classe operária e os níveis de vida), eles o consagram a "despesas que têm seu objeto fora da família, na sociedade em sentido amplo, e (...) sacrificam a moradia em favor das roupas, das distrações, de tudo o que os coloca num contato mais estreito com os grupos da rua ou com a sua classe". Como os operários enfrentam uma autoimagem em que a sujeira e o desalinho marcam sua inferioridade, a dignidade operária passa pelo "bom aspecto", a *bella figura* dos italianos. Uma roupa conveniente permite que se misturem sem vergonha à festa urbana, que "saiam". Ora, as "saídas" – da fábrica e dos lazeres – são os grandes momentos da vida operária. Urbanas ou campestres, elas sempre levam para fora de casa.

Pagar o mínimo possível pelo alojamento, tal é portanto a ambição de operários que muitas vezes vêm de regiões rurais onde ele não custa nada. A data fatídica do prazo de pagamento – o

"*Deus Prazo*" –, dia 8 do primeiro mês de cada trimestre[8] – a "Festa Nacional do Capital e da Santa Grana", segundo *Le Père Peinard*,[9] é crucial. É preciso enfrentar o mau humor do Senhor Abutre e do seu braço direito, Pipelet, duas grandes figuras do folclore urbano. Segundo o Littré, *vautour* ("abutre") na gíria do subúrbio quer dizer um "proprietário exigente e duro" (é o mesmo que dizer todos!), e "essa denominação vem do sucesso de uma peça de Desaugiers, M. *Vautour ou le propriétaire sous le scellé* (*Sr. Abutre ou o proprietário sob o selo judicial*), representada em 1806", ela mesma talvez expressão de uma designação da época. *Pipelet* é a personagem que sai direto dos *Mystéres de Paris* (*Mistérios de Paris*), de Eugène Sue, na qual encarna um porteiro temível. Sobre porteiros e guardiães, no masculino e no feminino, sobre o papel dos cubículos e das escadas onde eles ficam, seria o caso de toda uma pesquisa na Paris dos séculos XIX e XX.

Contra o "Dono", as resistências são de dois tipos, individuais e coletivas. Em primeiro lugar, a escapada, as "mudanças na surdina" (aquela pecinha que abafa o som!) indicadas por Louis-Sébastien Mercier desde o final do século XVIII,[10] que a cada dia de pagamento transformam as ruas de Paris em "procissões de mudanças", particularmente movimentadas em tempos de crise. Os operários utilizam esses carrinhos de mão que se podem alugar por hora, e que aparecem nas fotos de Atget, por volta de 1900, em todas as ruelas; eles aí amontoam seus utensílios de cozinha, alguns trastes, os colchões que muitas vezes constituem o essencial da mobília, e aos trancos e barrancos toda a família muda de moradia. No prazo de pagamento de julho de 1882 – um prazo ao acaso –, assim ocorrem 3.695 mudanças em nove bairros do centro e leste da capital, sendo que os bairros burgueses se mostram imensamente mais estáveis. Esse costume não é exclusivo de Paris: em Lille, por exemplo, fala-se de "mudança à São Pedro". Essa prática exemplar mostra como uma forte coesão do grupo familiar, presente nesses deslocamentos, não implica necessariamente um "lar"; ela sugere até que ponto o mundo operário da época ainda é móvel, quase nômade.

No final do século XIX, os *compagnons** (anarquistas) se esforçam em transformar essa escapada num ato de protesto. A cada prazo de pagamento, os "cavaleiros da surdina" ou "pés chatos" vêm prestar auxílio às famílias populares. Por volta de 1893, existem pequenos grupos deles dispersos por Paris, operários de ofício, mas robustos, carregadores improvisados avisados por via oral, prontos a se reunir e a esvaziar um apartamento, com a cumplicidade do bairro e, às vezes, os ouvidos moucos do porteiro que hesita em enfrentar esses fortes latagões. Essa forma de ilegalismo, praticada principalmente entre 1884 e 1894, toma uma tal amplitude que, sob a pressão dos proprietários, uma lei passa a prever a repressão com penas que vão até cinco anos de prisão. A organização subsiste tornando-se ainda mais clandestina e a prática continua.[11] Através dos *compagnons*, a escapada resignada converte-se em resistência afirmada.

A cada revolução, coloca-se o problema do prazo de pagamento do aluguel. Por exemplo, em fevereiro e março de 1848 em Paris, nos bairros populares da capital, ocorrem charivaris, isto é, arruaças noturnas acompanhadas de gritos, contra os proprietários que se recusam a dar recibos sem pagamento. As donas de casa, "ministros das finanças" das famílias, desempenham um papel fundamental nessas manifestações em que os maridos se mostram mais reservados. Na maior parte do tempo, são violências verbais, marcadas porém

---

* *Compagnon:* termo polissêmico que designa tanto o camarada e o simples operário que trabalha para um industrial ou um empresário, como um operário filiado a uma associação de assistência mútua ou pertencente a uma sociedade de *compagnonnage; compagnonnage*: organização de trabalhadores qualificados no mesmo ofício que determina a jornada de trabalho junto ao patrão; dá-se também o nome de *compagnonnage* a certas associações secretas formadas entre trabalhadores da mesma condição, com a finalidade de prestar auxílios mútuos. Como na maçonaria, a *compagnonnage* possui como símbolos certos instrumentos de arquitetura, tais como o compasso, a régua, as tesouras, o martelo etc. (*N. da E.*)

por uma interrupção, às quais o governo põe um freio ao lembrar: "Não quitar sua dívida no dia fixado às vezes pode vir a ser uma necessidade infeliz justificada por circunstâncias extraordinárias; mas exigir recibo do que não foi pago é sempre um delito que nada pode desculpar e que a lei deve perseguir."[12]

Essa questão do aluguel é uma das origens da Comuna de Paris. Jeanne Gaillard mostrou como a alta dos aluguéis, principalmente a partir de 1867, era uma das grandes causas de descontentamento.[13] Tanto que um dos primeiros atos do governo republicano de Defesa Nacional, proclamado em 4 de setembro de 1870, foi instaurar uma moratória dos aluguéis. Quando os versalheses, em janeiro de 1871, decidem eliminar essa moratória, é a fúria. E um dos primeiros atos da Comuna consiste em prolongar a moratória. De resto, através desse problema dos aluguéis, coloca-se o problema muito maior dos direitos e deveres dos proprietários no referente aos consertos, despejos e escolha dos locatários. Têm eles, por exemplo, o direito de recusar famílias numerosas (principalmente com mais de três filhos)? Nessa época, o problema dos "donos" é quase tão importante quanto o dos patrões.

No entanto, as tentativas organizadas de resistência coletiva, em número limitado, fracassaram. A primeira ocorreu nos anos 1881-1884, em Paris, onde a alta dos aluguéis fora particularmente intensa. Certos blanquistas e os anarquistas preconizam a greve dos aluguéis com manifestações de locatários por ocasião dos despejos: amontoar-se-ia a mobília nas calçadas, empoleirando as crianças em cima. Esse projeto, apresentado por um operário fabricante de cadeiras, Hénon, é recusado pelos "comitês revolucionários" socialistas como impraticável, e a Liga dos Antiproprietários, anarquistas, deve se contentar em ajudar as mudanças furtivas. Possibilistas e guesdistas querem obter fundos do conselho municipal para a construção de habitações operárias; os segundos, hostis a essa política considerada reformista, defendem um amplo movimento de petições pela taxação dos aluguéis por parte do Estado, com vistas à expropriação final operada pela Revolução. Em todo caso, uns e outros multiplicam os artigos de imprensa, reuniões e *meetings* durante o verão de 1882. Em junho de 1883, um congresso socialista dos aluguéis reúne cinquenta delegados de grupos, mas não atrai nenhum público, e a campanha é abandonada. Um comissário de polícia comenta: "O operário se acalma bastante rapidamente nas suas pequenas cóleras contra seu proprietário. A questão do salário é muito mais importante."[14]

O segundo ponto alto desse esboço de movimento de consumidores se situa em 1910-1911, por ocasião da grande crise de carestia que fez disparar o preço dos alimentos e aluguéis urbanos em toda a Europa Ocidental.[15] Em 1910, cria-se em Paris uma Câmara Sindical dos Locatários, próxima da CGT (na época, de orientação sindicalista revolucionária), animada por Georges Cochon e ligada aos neomalthusianos. Estes últimos, claramente libertários na França, querem converter a limitação dos nascimentos numa arma da luta de classes. Sob seu impulso, a Câmara Sindical defende a "greve dos aluguéis e greve das mães": ela reivindica a proibição da demissão verbal, garantias para as famílias numerosas, as mais atingidas pela crise, a taxação dos aluguéis, um levantamento das moradias desocupadas, a obrigação dos consertos a cargo dos proprietários. O sindicato declara "guerra ao cortiço", denunciado como um viveiro de tuberculose: signo da penetração das campanhas higienistas da época. Em 1911, ele se implanta em todos os bairros populares de Paris e numa vintena de comunidades da periferia, principalmente em Clichy, berço do movimento, cuja seção conta com 500 membros no final de 1911. Em 1912, 33 seções reúnem perto de 4 mil cotistas, mas atinge-se um público muito maior com os *meetings* e sobretudo as manifestações por ocasião das mudanças, às quais os militantes se esforçam em dar novamente um caráter espetacular de festa do bairro. Desfila-se com bonecos que representam os "donos", que assim são queimados; agitam-se cartazes onde vêm inscritos os slogans repetidos em voz alta: "Queremos moradias salubres." "Os proprietários que alugam moradias insalubres são assassinos"; canta-se *A Locatária* ou *Marcha dos Locatários,* de Charles d'Avray, famoso compositor popular.[16] Em 1912, o despejo do próprio Cochon da sua moradia na rua de Dantzig provoca um verdadeiro sítio: as seções mais militantes decidem formar uma Federação Sindical dos Locatários, mais radical em sua crítica à propriedade. Mas tudo some na primavera de 1912. Em 1913, não resta mais nada. A experiência nem por isso é menos histórica.

ESTRUTURAS E FUNÇÕES DA MORADIA OPERÁRIA URBANA NO SÉCULO XIX

As populações parisienses do século XIX têm grande mobilidade no uso do espaço, e isso vale para todas as classes, como mostra, por exemplo, o estudo dos livros do registro público de imóveis. As migrações temporárias, características principalmente dos operários da construção acentuam essa mobilidade. Para os operários da Creuse, sobretudo os pedreiros, cujo memorialista é Martin Nadaud, para os de Auvergne, de profissões variadas, cuja história foi contada por Françoise Raison-Jourde,[17] o essencial continua a ser a terra, onde eles investem tudo o que ganham na cidade. Até os anos 1880, esses "indivíduos celibatários" têm na cidade apenas uma moradia precária, uma vaga ou um quarto mobiliado, da qual esperam apenas um abrigo para a noite. "O verdadeiro quarto mobiliado só se chama assim por antífrase", escreve Delvau: "porque é desguarnecido dos móveis mais necessários e só tem a cama, e às vezes a cômoda".[18] Existe uma vasta literatura sobre "esses quartos de percevejos" – os percevejos: flagelo dos pobres no século XIX. Eles aterrorizam os médicos e filantropos, quando por acaso aí se aventuram, como foi o caso, por exemplo, por ocasião da epidemia de cólera de 1832.[19] Quanto às mulheres migrantes, empregadas como domésticas, elas ocupam um sótão e, cada vez mais, os sextos andares dos prédios haussmannianos.

As coisas mudam por volta dos anos 1880. De temporárias, as migrações passam a ser permanentes. A "grande depressão" dos anos 1882-1890 contribuiu para romper os laços com a terra e povoar as grandes cidades. Muitos migrantes trazem suas mulheres e instalam-se em Paris sem esperança de retorno. Assiste-se à formação da população "parisiense", cujas etapas e processos foram descritos por Louis Chevalier.[20] Esses grupos familiares mais estáveis – mantidas todas as proporções – e mais numerosos têm outras exigências em matéria de alojamento, mesmo que no final do século XIX ainda se mantenham em larga medida potenciais.

Discípulos de Hipócrates, defensores do ar puro, os médicos do século XIX acreditam nas virtudes do "ar livre", nos danos do ar "mefítico", viciado pelas grandes densidades populacionais. Atribuem à promiscuidade das multidões urbanas, aos amontoamentos dos cortiços (palavra dominante dos anos 1880) a propagação de doenças difundidas por contato, por "contágio": epidemias, e logo a tuberculose. Sabemos hoje o que vale tal diagnóstico, do qual Alain Cottereau tentou fazer uma análise crítica.[21] Qualquer que seja, essa atenção médica nos valeu numerosos inquéritos e tentativas de *Registro sanitário* (doutor Juillerat), que constituem grandes fontes de informações.[22] Essas descrições fornecem elementos objetivos, mas também um julgamento que não nos revela necessariamente o dos próprios usuários. O fantasma do amontoamento, preocupação dominante entre esses clínicos ocupados em separar os corpos, entre esses filantropos convictos quanto aos benefícios do isolamento (nas prisões, a partir de 1840, triunfa a cela individual, pelo menos em princípio), não é obrigatoriamente partilhado pelo povo. Nas oficinas ou fábricas, os inspetores mandam abrir as janelas que os operários nunca abrem, temendo antes de tudo o frio.

Os operários, a moradia e a cidade no século xix | 115

O amontoamento extremo – uma ou duas peças para famílias frequentemente numerosas –, a ausência daquilo que, a partir do final do século XVIII, chama-se "conforto", atribuindo-se ao termo um sentido cada vez mais material, a instabilidade, a precariedade patente na mediocridade da mobília caracterizam essas habitações operárias das grandes cidades. A densidade populacional foi intensificada com a haussmannnização, com famílias se agrupando num mesmo alojamento, em vez de emigrar para a periferia. O aquecimento, sem dúvida, é o elemento de conforto mais difundido; contudo, Jeanne Gaillard observa que, em 1865, mais da metade das moradias operárias parisienses não dispõem de meios de aquecimentos regulares; as pessoas se aquecem com uma espécie de braseiros, evidentemente muito nocivos nas suas emanações. Quanto à água, é de uso público; daí a importância dos pontos de água coletivos nos pátios e ruas, locais de sociabilidade feminina por excelência.[23] Nada de banheiro: em Ivry, ainda muito rural, usa-se o ar livre: o doutor Mangenot mostra os dois ritos, esvaziamento dos urinóis pela manhã, "necessidades" feitas coletivamente à noite, em fila, ao longo das cercas, o que implica toda uma relação com o corpo e a intimidade. Os primeiros banheiros coletivos, nos pátios ou à meia altura das escadas, são chamados de "chumbos" ou "lugares", e as famílias operárias se queixam dos maus cheiros que trazem: estava-se tão bem lá fora.

Nesses "interiores" superpovoados, que as *Monographies de famille* (*Monografias de família*) de Le Play e sua escola descrevem com uma precisão de notário, poucos móveis, poucos objetos: colchões, utensílios de cozinha, uma mesa, algumas cadeiras; às vezes, uma cômoda da família; na parede, algumas imagens, e mais tarde fotos, cujo uso popular começa a se difundir no início do século XX. Bagagem leve que permite uma mudança sem grandes dificuldades nem despesas excessivas. Aos olhos dos moralistas, a presença de móveis é o sinal infalível do enraizamento.

Essas moradias sumárias oferecem, porém, essas marcas tênues da busca de um prazer ou de uma intimidade: uma gaiola de pássaros, cortinas nas janelas. Nas fotos que Atget tirou das miseráveis casas da Cidade Dourada (13ª circunscrição),[24] veem-se essas cortinas de macramê que as fábricas de tules e rendas feitas a máquina de Calais forneciam em abundância. A história das cortinas nas janelas se inscreve na da vida privada.

Mais alojamento do que moradia, essas estreitas superfícies mal constituem um "interior"; antes um local de reunião provisória e temporária de uma família que vive em outro lugar: fora, nos espaços coletivos da casa – corredores, patamares, escadas, pátios –, e sobretudo na cidade.

Em matéria de moradia, os operários exprimem principalmente seu desejo de independência, sua preferência pela habitação individual, a recusa das vilas operárias. Em Paris, as Vilas Napoleão foram um fiasco; no interior, as vilas industriais foram obra sobretudo do grande patronato; encontraram uma forte resistência e deram certo – com adaptações – inicialmente junto aos desenraizados, migrantes camponeses ou estrangeiros (belgas, italianos). Crivada de terrenos baldios, de posse indefinida, a capital viu florescer aqui e ali formas de habitação precárias, que iam desde o barraco de tábuas e trapos até a casa de "tijolos e estuque", melhor estruturada, obra talvez de pedreiros da Creuse ou da Itália que trabalhavam – "perucavam" – para si mesmos, destruídas pela progressiva urbanização. Ser livre, escapar ao controle do patrão, do dono e seu cérbero (o porteiro, também chamado de "fechaporta"): eis o primeiro desejo.

Com o aumento da sedentarização da classe operária e o agravamento das condições de habitação popular, as queixas e os desejos se tornam mais precisos. Vê-se isso, por exemplo, por ocasião do inquérito parlamentar de 1884 quando, pela primeira vez, os operários foram convidados a depor perante uma comissão. Publicados, os seus depoimentos constituem um testemunho apaixonante.[25]

Os OPERÁRIOS, A MORADIA E A CIDADE NO SÉCULO XIX | 117

Tornam-se mais vivas as queixas contra a insalubridade, a falta de asseio dos imóveis de "renda", paredes imundas, odores nauseantes, latrinas comuns sempre entupidas. No entanto, quando o *compagnon* Marechal esboça um projeto de construções operárias, não ousa prever banheiros particulares: "O povo não exige ter banheiros em casa", diz ele, e sente-se que aí está um luxo inconcebível. Mais modestamente, ele sonha com um pouco de espaço: pelo menos duas peças, e se houver crianças, "se o pai de família se respeita, três ou quatro peças não são demais" (depoimentos dos carpinteiros). Os depoentes criticam vivamente as casernas de tipo Napoleão e querem variedade nas fachadas e disposições internas: "As casas seriam, por exemplo, divididas em grupos de cinco, nos quais uma teria fachada em pedra talhada, outra de tijolos, uma terceira de alvenaria, para que nada permitisse pensar que se trata de uma vila operária." Horror à vila operária e aos conjuntos uniformes: o povo foi bem servido!

Algumas observações ainda sobre este ponto, tão delicado, das aspirações populares em matéria de moradia. Convém não confundir sentido da família com sentido de moradia. O primeiro, frequentemente muito vivo entre os meios populares do século XIX, não se inscreve necessariamente no espaço do interior. A família é uma rede de pessoas, uma organização econômica (extrema importância da economia familiar, da disposição comum das fontes e entradas), uma forma de solidariedade distendida, desterritorializada, possível de se compreender através das modalidades contemporâneas de migração – vejam-se os marroquinos do Magreb, os turcos, os portugueses de hoje na França, e outros lugares. A família é, sem dúvida, uma das primeiras e mais vivas formas de sociabilidade popular; não é uma criação burguesa. No limite, esta seria a coincidência absoluta entre família e interior, a separação entre o público e o privado.

É preciso igualmente distinguir entre "reivindicação" e "aspiração". O campo daquela, evidentemente, é muito mais limitado: a experiência mostra que só se reivindica o acessível, o possível, o negociável. O canal reivindicativo é estreito. Também é preciso considerar essas falhas do discurso, essas exclamações, esses suspiros que, em torno de uma conversa ou um texto, dizem o desejo e o sonho. Com o que sonham os operários? É a questão que subjaz, por exemplo, à pesquisa de Jacques Rancière sobre *La Formation de la pensée ouvrière en France au XIXe siècle* (A formação do pensamento operário na França no século XIX).[26] Dele emprestaremos a seguinte descrição operária, em tom de admiração, condizente com a natureza tranquila de Agricol Perdiguier, o *compagnon* Avignon la Vertu*, na qual transparece a nostalgia do "lar" sonhado, para aquela geração de operários saint-simonianos: "Agricol Perdiguier morava no número 104 do Faubourg Saint-Antoine num pardieiro medonho, mascarado no exterior por uma magnífica confeitaria (...). Quase tudo o que cercava Agricol Perdiguier era repulsivo e odioso, mas, uma vez chegando ao seu interior, a pessoa se encontrava como que num outro mundo. O quarto era mal pavimentado, é verdade; ele tinha, como as casas de campo, grosseiras vigas negras no teto, mas esse quarto estava guarnecido com uma alcova e decorado com um papel de parede pintado com fundo claro que lhe dava um ar alegre. Depois, havia duas janelas e, nessas janelas, cortinas de musselina pelas quais via-se agitar lá fora a folhagem dessas plantas trepadeiras que as operárias de Paris gostam de cultivar.

A mobília se compunha de uma cama muito pequena, algumas cadeiras, uma cômoda de nogueira, uma mesa de costura quadrada e maciça e uma biblioteca de carvalho cujas prateleiras estavam guarnecidas com bons livros. Havia também sobre a chaminé um

---

* Agricol Perdiguier, vulgo Avignonnais la Vertu, era marceneiro e autor do *Le livre du Campagnonnage* (1841), cujo sucesso, entre outras coisas, inspirou a Georg Sand seu romance *Compagnon du tour de France* e alçou Perdiguier a representante dos eleitores parisienses de opinião democrática à assembleia Constituinte de 1848. (*N. da E.*)

OS OPERÁRIOS, A MORADIA E A CIDADE NO SÉCULO XIX

pequeno espelho com uma moldura de acaju, preso à parede com um prego, e em frente um globo de vidro no qual desabrochava um ramalhete artificial sobre seu musgo de seda. De cada lado do espelho estavam suspensos coxins miúdos de veludo negro, enfeitados com festões, nos quais repousavam um medalhão de família e um relógio de prata, únicas joias das casas pobres. Tudo estava limpo, reluzente, encerado, arrumado com os cuidados delicados que uma mulher ordeira e de gosto dispensa a tudo o que a cerca."

Esse quarto era o sonho de quais operários?
A propósito, quais eram os sonhos dos operários?

O AMOR À CIDADE

Da mesma maneira, não se tomará como líquido e certo o pessimismo urbano das classes dominantes. Essas classes, que aliás fundaram seu poder sobre a cidade e sua vida social e cultural numa divisão equilibrada entre o espaço urbano e o espaço rural, desde o final do século XVIII e no século XIX desenvolveram uma representação antitética do campo virtuoso e paradisíaco e da cidade viciosa e infernal, corroborada pelas teorias médicas do bom e do mal ar.[27] O tema dos "submundos", que depois de 1860 se une ao do "Cinturão negro" de Paris – a Zona –, são os tópicos do discurso burguês.

A visão operária da cidade certamente é diferente. Vejam-se os naturais de Auvergne descritos por Françoise Raison-Jourde, que afluem em número crescente para a capital ao longo de todo o século XIX. Paris os atrai como uma oportunidade de ganho, de saída de um impasse econômico, como uma perspectiva de ascensão social. Para esses Rastignac,* que em certa medida os migrantes sempre são,

---

* O personagem arrivista de Balzac em *Pai Goriot* (*N. da T.*).

Paris é uma "fronteira" onde se pode fazer o destino recuar. É claro que são necessárias muitas nuances, segundo os locais de origem, a força das etnias, o instrumental de que dispõem: é grande a distância entre os de Aveyron, da Borgonha, da Bretanha... Seria preciso distinguir conforme as épocas, e ver como as decepções transformam as representações originais. A sífilis – o "Mal parisiense", como dizem os bretões – e a tuberculose certamente empanaram uma imagem em larga medida originariamente positiva. Em suma: esta história está por fazer. Isso não impede: no século XIX, e ainda ao entreguerras, conforme as investigações conduzidas por Françoise Cribier e sua equipe,[28] a imagem de Paris e seu poder de assimilação continuam a ser fortes. O serralheiro Gilland elogia "o gosto distinto, puro e exigente das cidades";[29] o tipógrafo Supernant, órfão, encontrou em Paris o calor de um lar: "Há muito tempo sem família, tendo perdido minha mãe muito jovem, recriei para mim uma família com esta imensa população que a cada dia gravita no seio da cidade, à qual eu amava, ela, como minha segunda mãe, viva com suas casas variegadas, seus edifícios multicoloridos, seu céu, seu ruído que eu vi e ouvi desde o instante em que me foi dado ver e ouvir; sentado numa marca de pedra como uma criança no seu berço, eu reconhecia um irmão em cada criatura que passava, um brinquedo conhecido em cada monumento, um chamado amigo em cada um dos sons que sussurravam às miríades em meus ouvidos."[30]

Essas pessoas têm uma capacidade surpreendente de aproveitar as potencialidades da cidade, não apenas pelo ângulo econômico, mas como local de prazeres. A cidade é um mercado, uma floresta onde se pode caçar furtivamente, e aí se sobressaem principalmente as mulheres e crianças. A cidade é um teatro de mil "galinheiros". Esse povo tem sede de espetáculo: "a classe mais numerosa e mais pobre está lá amontoada, ela só vive lá", escreve Saint-Simon.[31] Sob a Restauração, sufoca-se no teatro do Ambigu quando há uma representação gratuita: Boilly pintou a cena (quadro do Louvre).[32] Esse povo dança, quando pode, em todos os recantos da cidade; o baile, como a taverna ou a baiuca com música, são formas de aculturação e domesticação urbanas.[33] Os migrantes colonizam Paris, e Paris os modela, eterna afinidade rival com o "altivo vencedor". Os delegados operários para a Exposição de 1867 ou a comissão de inquérito de 1884 demonstram um aceso patriotismo parisiense. Não pretendem mais partir: "eles não têm mais apego à terra natal... eles preferem sofrer do que ir embora".[34] Já em junho de 1848, a diferença entre os sublevados de junho e as jovens guardas móveis alistadas pelo governo para combatê-los não se deve ao nível social ou profissional, nem mesmo à idade, mas ao grau de antiguidade na cidade.[35]

Mas então que cidade eles querem? E para fazer o quê? Ter uma cidade aberta, morar no centro, circular e utilizar livremente o espaço público: eis, parece-me, três reivindicações fundamentais.

Uma cidade aberta

Filhos das Luzes que, na segunda metade do século XVIII, tinham abolido tantas fortificações, freio à livre circulação dos indivíduos e mercadorias e símbolo dos tempos feudais,[36] os operários recusam qualquer encerramento, qualquer fixação de limites. Sabem por experiência própria que eles restringem a liberdade de circulação e aumentam os controles. Símbolos e meios da presença fiscal mais detestada – a dos impostos indiretos sobre o consumo, tão pesados para os pobres –, as Alfândegas municipais polarizam as violências em períodos revolucionários: tanto em 1789 como em 1848. Em junho de 1848, quando o General Bréa acaba de parlamentar com os sublevados que tinham tomado a Barreira de Fontainebleau, ele é morto. Não podendo abolir as Barreiras, contornam-nas instalando adiante as baiucas ou tavernas com música onde o vinho não taxado é mais barato, assim transformando o obstáculo em "portas de prazeres". Na direção da Porta da Itália, o Cabaré da Mãe Maria, À la Bonne

Galette* sobreviveu até a anexação das comunidades suburbanas em 1860. As gravuras que a representam (vistas na Exposição, organizada na Prefeitura da 13ª circunscrição na primavera de 1980) mostram um local semicampestre, com grandes mesas ao ar livre, onde homens, mulheres e crianças bebem, conversam e dançam. Familiar no domingo, o público é muito mais masculino na segunda-feira, dia dos camaradas.

Contra as fortificações militares, a antipatia é a mesma. Quando o governo de Thiers, por razões estratégicas, decide em 1840 prover Paris com um cinturão de fortificações, ele desencadeia a fúria popular. Alfaiates e operários da construção manifestam-se, em greve, contra esse retorno ao feudalismo; à cidade medieval com muralhas, eles preferem a cidade aberta.

Fracassam. Então começa um processo de recuperação, de subversão dos limites. Os restos das antigas fortificações de Paris e a "zona" (as fortificações foram totalmente demolidas nos anos 1920-1930) tornam-se por quase um século um território de fronteira utilizado por todos os tipos de marginais – trapeiros, boêmios que Atget fotografou por volta de 1900 –, apaches em tumultos, operários festejando a segunda-feira ou cultivando um canteiro de legumes. Esse "cinturão negro" cercando a capital não deixa de inquietar os burgueses, que reclamam em altos brados o saneamento no lugar. Desde antes de 1914, procede-se a despejos – não sem choques – para desocupar terrenos de esportes e "espaços verdes", pulmões para Paris. Socialistas e radicais do Conselho Municipal apoiam essas medidas como um mal menor. A zona deixou toda uma posteridade: os moradores da zona são filhos perdidos; ainda atualmente, "zona" designa um espaço livre onde tudo seria permitido, em oposição às "residências" regulamentadas.[37]

---

* *Galette* era originariamente um pão sem fermento, pesado e indigesto; passou depois a designar o doce de massa folhada. Muito popular no início do século XIX, fez a fortuna da Mère Marie, em cujo estabelecimento a juventude dourada de Paris vinha comer doce e beber vinho (*N. da E.*)

A história das Barreiras e a da Zona testemunham o esforço incessante das classes populares em tirar partido desses limites da cidade constantemente mais recuados.

Ficar no centro

Esse ordenamento periférico, porém, não passa de um complemento ou de uma alternativa desfavorável. A ambição operária se inscreve no coração das cidades. É lá, no centro de tudo, que se tem de viver e morar. Os migrantes no início do século XIX amontoam-se em torno de Notre-Dame (bairro dos Arcis), na Vila, em volta da Prefeitura onde a sinistra rua da Mortellerie (mudará de nome depois da cólera de 1832 que a dizimou) atinge densidades máximas, e no Marais. A praça de Grève e as tavernas em torno oferecem um mercado diário de empregos. E as margens do Sena são frequentadas por toda uma arraia-miúda de descarregadores e lavadeiras. Na metade do século, a organização dos Halles aumenta esse poder de atração do centro, o "ventre" de Paris.

Isso dá ideia do traumatismo que representa aquilo que se costuma chamar de haussmannização, essa operação conjunta de política e higiene que consiste em desafogar o centro da capital (ela foi imitada em outros lugares; trata-se de uma política urbana geral) pelo duplo movimento das aberturas de vias de circulação e alta dos aluguéis, gerado pelas demolições. Jeanne Gaillard descreveu o fenômeno e mostrou a força da resistência desde o início. Principalmente por parte dos artesãos, que preferem se amontoar do que emigrar para além dos bulevares periféricos. Os quartos mobiliados de Maubert, de Mouffetard estão lotados a ponto de estourar. "Não é raro ver duas famílias agrupadas no estreito espaço de um único quarto (...) consequência do preço dos aluguéis", relata em 1861 o encarregado da 5ª circunscrição, que constata que os quartos mobiliados não abrigam mais apenas migrantes solteiros, mas lares, famílias, "parisienses de origem que exercem as profissões mais ínfimas e menos confessáveis".[38] Segue-se uma degradação das condições de salubridade que inquieta as Comissões de Higiene. Mas, sobrecarregadas, as autoridades fecham os olhos: "É preciso alojar as pessoas" que, por isso mesmo, têm de ser toleradas. Muitos pequenos comerciantes, negociantes de vinho ou merceeiros, tiram um pequeno lucro sublocando algum canto da casa. Uma cumplicidade generalizada por certo tempo mantém a habitação popular no centro da cidade. Outros se instalam nos terrenos baldios, nos espaços livres dos canteiros de demolição, aí construindo barracos improvisados, como no Terreno Nitot da 8ª circunscrição, a dois passos dos Champs-Élysées, descrito por Daudet.[39] "O essencial", comenta Jeanne Gaillard, "é a polarização persistente exercida pela antiga Paris, é a centralização das funções urbanas, é também a recusa dos habitantes a um esfacelamento da cidade que demorará muito a entrar nos costumes".[40] Fato sintomático: os operários chamam a Cayenne de "oficina longe de Paris", "fábrica situada na periferia", segundo Delvau, que também dá esse sentido: "Cemitério *extramuros,* na gíria do povo, para quem parece ser uma espécie de local de deportação"![41]

Os depoentes operários no inquérito de 1884 são unânimes em condenar a alteração de Paris, o seu criminoso estripamento e a relegação dos operários à periferia. Eles lamentam a perda da freguesia do bairro: "Está longe o tempo em que um operário honesto, laborioso e bom conhecedor do seu ofício podia formar aos poucos uma freguesia em seu bairro", diz o delegado dos pintores de construção. Eles lamentam a perda da mistura das classes favorável ao refinamento do gosto, "esse gosto particular que os operários parisienses adquiriam vivendo no centro da capital".[42] Vinte anos depois, o velho Tolain, o ex-cinzelador fundador da Internacional que se tornou Senador, protesta contra a moral adocicada dos quintais operários: "Quando os senhores expatriarem os operários para além dos muros, quando os senhores lhes derem um quintalzinho, certamente lhes será agradável cultivá-lo, aí regar as plantas, mas não é assim que eles renovarão suas ideias; é-lhes necessário o contato das belezas artísticas que lhes facilita essa criação incessante e sempre variada que faz a glória da indústria parisiense."[43] Não é de legumes, mas do "gosto distinto, puro e exigente das cidades" que precisam esses operários urbanos – tanto o cinzelador Tolain como o serralheiro Gilland. Do fogo criador que arde no centro das cidades prometeicas.

Nessas circunstâncias, não admire que todo movimento revolucionário seja uma reconquista do centro. Lá estão os imóveis e os símbolos do poder. As Tulherias, a Prefeitura, a Câmara dos Deputados... atraem as multidões em protestos. É o caso em 1830 e em 1848, e ainda mais em 1871. Os *communards* – Jacques Rougerie o mostrou – reivindicam o direito à cidade.[44] Eles reocupam o centro de onde pretendia-se expulsá-los. Entrincheirados por trás dos muros e fortificações da cidade, onde outrora por vezes refugiaram-se os camponeses da planície, eles encarnam, perante os alemães e aos exilados de Versalhes, esse alto posto da monarquia, os verdadeiros defensores das Comunas livres. Com eles culminam todas as lutas urbanas da história.

Sob certos aspectos, a escolha em 1883 daquela que simultaneamente se converte na Praça da República, para aí levantar a estátua de Morice, a grande Marianne por tanto tempo contestada,[45] é uma vitória ambígua. Certamente significa a vitória da República enfim proclamada, conquistada; mas esse deslizamento para o centro-leste marca um acuamento do espaço democrático para os bairros operários, em suma uma espécie de Yalta, a divisão da cidade em duas: a cidade operária do Leste, a cidade burguesa do Oeste, com interesses e rituais opostos. Eis aí, fixado por muito tempo, o itinerário das manifestações de esquerda que apenas excepcionalmente (por exemplo, em 1968) saem do seu território. No plano dos símbolos, como no plano real, o centro escapa ao povo. Este, no entanto, não deixa de voltar para lá. Quando no sábado à noite os *loubards** das

---

* Os *loubards* são jovens suburbanos que formam bandos com comportamento antissocial. (*N. da E.*)

nossas periferias pegam suas motos e "descem" para Saint-Germain-des-Prés ou Montparnasse, dizem à sua maneira que a cidade lhes pertence: dela reivindicam o coração.

Utilizar livremente o espaço público

Circular livremente, parar em qualquer lugar, morar e trabalhar em qualquer lado são condutas populares coletivas na Paris do século XIX. Dotadas de uma espantosa capacidade de utilizar os terrenos baldios e os locais construídos, as classes populares opõem uma resistência viva ou surda contra a especialização progressiva e a delimitação de espaços funcionais. A história dos pequenos ofícios, sempre perseguidos, sempre renascentes, forneceria um fio condutor a esse confronto urbano.[46] O comércio de roupas usadas, esse circuito dos restos de vestuários que veste o povo com coisas de segunda mão dos burgueses e transforma a rua num perpétuo carnaval, instala suas bancas no bairro do Temple, ao ar livre, até o dia em que a construção de um mercado coberto obriga todos a se abrigar, a tirar alvará, a logo sucumbir diante da concorrência dos Grandes Magazines, divulgadores de confecções. Os delegados de polícia declaram guerra aos saltimbancos e camelôs que atrapalham a circulação e formam aglomerações facilmente rebeldes. Reduz-se seu número, exigem-se documentos. As medidas tomadas por Gisquet no início da Monarquia de julho são exemplares sob esse aspecto.[47] Ele calcula em 25 mil esses "indivíduos indisciplinados" cuja ocupação, cheia de atrativos pelo seu caráter irregular e pequeno capital, "tem o inconveniente de desviar de uma profissão laboriosa, de favorecer o gosto pela ociosidade e predispor à vagabundagem". Submetendo-os a "regras fixas", determinando "as localizações exíguas que lhes seriam permitido ocupar", por regulamento de 20 de janeiro de 1832, ele reduz o número de camelôs autorizados para 3 mil. Os outros são reduzidos a vender ilicitamente, em duplas, nas quais um deles fica à espreita, dobrando a toda pressa a *"toillete"* quando aparece a polícia. Não é de se esquecer que a venda em banca era para os operários, e principalmente para suas mulheres, uma fonte de renda essencial em caso de desemprego. Vem uma crise, eles saem vendendo suas roupas velhas ou revendendo qualquer mercadoria comprada a bom preço ou roubada.

Expulsas das ruas, essas pessoas voltam maciçamente a elas nos períodos revolucionários. Em 1848, camelôs e mascates invadem as calçadas, apesar dos protestos dos comerciantes sedentários. Eles vendem imagens, armas mais ou menos simbólicas, canções. Em cada esquina organizam-se loterias particulares, proibidas por uma lei de 1836, ou jogos de azar; altercações opõem o público à polícia, quando ela pretende dispersá-los.

Esse povo do século XIX tem o sentimento muito forte de que o espaço público lhe pertence. Tudo o que ele pede é poder utilizá-lo à sua vontade, de modo indiferenciado, capaz de aceitar uma certa desordem. Pois essa desordem, que tanto incomoda os higienistas, esses primeiros urbanistas, é favorável a uma flexibilidade, a uma variedade de usos incontrolados. É por isso que a noção de *equipamentos coletivos* – apropriação pública do espaço, certamente, mas para um uso bem definido – não é necessariamente popular. A delimitação de espaços coletivos, pelo contrário, pode ser vista como uma restrição e uma exclusão, como o fim de um direito costumeiro. Como os camponeses pobres do século XVIII, os operários das cidades reivindicam "livre percurso", "pasto solto" e manutenção dos direitos comunais.

No entanto, pela circulação dos fluxos e especialização dos espaços, o urbanismo canaliza progressivamente a multidão (a multidão: de Malthus a Gustave Le Bon, ela é uma das obsessões do século) e a disciplina. A reivindicação popular e operária é progressivamente forçada a se espacializar. O povo se volta sobre seus espaços próprios, abertos ou fechados, coletivos ou privados. As Bolsas de Trabalho, substituindo os "locais de greve" declinantes, os estádios, os espaços verdes, ao longo dos tempos que mudam, passam a ser desejados pelos operários. Enquanto a distância sempre maior entre local de trabalho e domicílio, destruidora dos bairros, leva à valorização do "lar".

É claro que os fatores propriamente urbanos não são os únicos. As transformações demográficas, o fim das migrações temporárias, a instalação e o enraizamento, assim como a evolução familiar ou o mimetismo sociocultural, empurram para o interior. Mulheres com suas máquinas de costura, estudantes com seus deveres precisam de uma mesa, um canto e – por que não? – um quarto para si. Um dos temas da Exposição Mundial de 1889 não é a história da "casa através dos tempos"? Das cavernas da pré-história aos tipos-modelos de casas operárias, todos são convidados a seguir o pressuposto da vida privada como uma das conquistas da Humanidade. Progressivamente constrói-se a imagem da *home* como signo e condição indispensável da felicidade – uma lareira e um coração. Ela invade a linguagem e a iconografia da CGT, sobretudo depois de 1910, principalmente durante a campanha para a obtenção da Semana Inglesa.

Como toda necessidade social, esta tem uma história, feita de resistências, avanços e recuos, danças e contradanças. Uma história complexa, e eu diria "complicada", se Zorn, em seu belo romance *Mars (Março)*, não nos tivesse dito que era por excelência uma expressão burguesa...

Notas

1. Michel Verret, *L'ouvrier français. L'espace ouvrier,* Paris, A. Colin, coleção U, 1979, p. 153.
2. Arlette Farge, *Vivre dans la rue à Paris au 18ème siècle,* Paris, Gallimard, coleção Archives, 1979 (fundamental).
3. J. P. Flamand, "La question du logement et le mouvement ouvrier français", *Critique de l'Économie Politique,* 1979, nº 9, nova série.
4. Robert Brécy, *Le mouvement syndical en France, 1871-1921, Essai bibliographique,* Paris, Mouton, 1963 (contém a bibliografia e as ordens do dia de todos os congressos sindicais desse período).

5. L. e M. Bonneff, *Marchands de folie*, Paris, Rivière, 1912, p. 4.

6. Michelle Perrot, *Les ouvriers en grève (1871-1890)*, Paris, Mouton, 1974, v. 1. "L'ouvrier consommateur" (pp. 203-50).

7. Maurice Halbwachs, *L'évolution des besoins dans les classes ouvrières*, Paris, Alcan, 1933, p. 28.

8. Eugène Pottier consagrou um poema a ele, "Le huit", *Chants révolutionnaires*, Paris, Dentu, 1887. Na mesma coletânea, ver "Logements insalubres".

9. *Le Père Peinard*, 13 de julho de 1890.

10. *Tableau de Paris*, v. 10, p. 198, "Payer son terme".

11. Michelle Perrot, "Les classes populaires urbaines" (1880-1914) em *L'Histoire économique et sociale de la France* (sob a direção de F. Braundel e E. Labrousse), t. 4/1, pp. 617 e ss.

12. Michelle Perrot, *L'Impossible Prison*, Paris, Seuil, 1980, p. 297.

13. Jeanne Gaillard, *Paris, La Ville (1852-1870)*, Paris, Honoré Champion, 1977, pp. 129 e ss.

14. Michelle Perrot, *Les ouvriers en grève*, t. 1, p. 223.

15. *Histoire économique et sociale*, t. 4/1, p. 517.

16. R. Brécy, *Chansons sociales et révolutionnaires*, Paris, Hier et Demain, 1979.

17. F. Raison-Jourde, *La colonie auvergnate de Paris au XIXe siècle*, Paris, 1976. Ver também os trabalhos de Alain Corbin.

18. A. Delvau, *Dictionnaire de la Langue verte*, Paris, Flammarion, 1883.

19. Esta epidemia deu lugar a um dos primeiros inquéritos urbanos sistemáticos: *Rapport sur la marche et les effets du choléra-morbus dans Paris et les communes rurales du département de la Seine*, 1834. Uma comissão central de inquérito apoiava-se sobre uma pirâmide de comissões de bairros e circunscrições, reunindo médicos, farmacêuticos, comissários de polícia... Só a comissão do Luxemburgo visitou 92 propriedades, entre as quais 402 foram declaradas insalubres. A obra compreende um grande número de projetos e constitui um dos primeiros "registros sanitários" da capital.

20. Louis Chevalier, *La formation de la population parisienne au XIXe siècle*, Cahiers de l'INED, n° 75, Paris, PUF, 1950.

21. Alain Cottereau, "La tuberculose: maladie urbaine ou maladie de l'usure au travail? Critique d'une épidémologie officielle: le cas de Paris", *Sociologie du Travail*, IV-VI. 1978 (notável).

22. Sobre o alojamento popular, ver R. H. Guerrand, *Les origines du logement social en France*, Paris, Éditions Ouvrières, 1967. Alain Faure empreende pesquisas muito detalhadas sobre o alojamento em Paris do início do século XX.

23. Tentei analisar sua história e funcionamento: "Femmes au lavoir", *Sorcières*, janeiro de 1980; "A dona de casa no espaço parisiense no século XIX" [artigo 8 desta coletânea].

24. Ver a ótima exposição realizada no âmbito da Prefeitura da 13ª circunscrição, primavera de 1980. As fotos de Atget estão na Biblioteca Histórica da Cidade de Paris.

25. Sobre essa investigação, ver M. Perrot, "Comment les ouvriers pariens voyaient la crise d'après l'enquête parlamentaire de 1884", em *Structures et Conjonctures, Mélanges offerts à C. E. Labrousse*, Paris, PUF, 1974.

26. Tese de doutorado defendida em dezembro de 1980; lançada pela Fayard em 1981 com o título *La Nuit des Prolétaires. Archives du rêve ouvrier*.

27. Pode-se consultar Louis Chevalier, *Classes laborieuses, classes dangereuses à Paris dans la première moitié du XIXe siècle*, Plon, 1958.

28. Inquéritos sobre os provincianos vindos a Paris entre as duas guerras: amostra formada a partir das Caixas de aposentadoria. Inquérito oral incluindo numerosas perguntas sobre a forma como os migrantes viam Paris, se se adaptaram à cidade etc.; suas respostas refletem em geral uma grande valorização de Paris.

29. Texto de 1850, citado por J. Rancière, *op. cit.*, p. 50.

30. Texto de 1840, citado por J. Rancière, p. 85.

31. Citado por. J. Rancière, p. 292.

32. Os trabalhos, a sair, de Odile Krakovitch sobre a Censura e o teatro (1830-1850), mostram essa frequência extraordinária do teatro nos meios mais populares.

33. Segundo as pesquisas, a sair, de François Gasnaut sobre os Bailes públicos em Paris no século XIX.

34. M. Perrot, "Comment les ouvriers...", p. 190.

35. Segundo os artigos de Charles Tilly e P. Caspard.

36. A respeito ver Jean-Claude Perrot, *Genèse d'une ville moderne. Caen au XVIIIᵉ siècle,* Paris, Mouton, 1975.

37. Sobre as tavernas com música e seu uso, ver J. Rancière, "Le bon temps ou la barrière des plaisirs", *Révoltes logiques,* nº 7, primavera-verão de 1980. Sobre a história da zona miserável, Madeleine Fernandez escreveu uma dissertação de mestrado de história (Paris VII, 1980), *La ceinture noire de Paris au début du XXᵉ siècle,* e continua com suas pesquisas. Sobre a definição da "zona" como um espaço livre, ver as observações de Zysberg, "A Plaisir", *Urbi,* nº 3, 1980, p. 84.

38. J. Gaillard, *op. cit.,* pp. 210 e ss.

39. Jack, 1876.

40. J. Gaillard, *op. cit.,* p. 214.

41. A. Delvau, *op. cit.,* p. 74.

42. Texto citado em M. Perrot, "Comment les ouvriers parisiens voyaient la crise...", p. 190.

43. F. Levasseur, *Questions ouvrières et industrielles sous la Troisième République,* Paris, Rousseau, 1907, p. 833, nº 1.

44. J. Rougerie, *Paris Libre,* Paris, Seuil, 1971; H. Lefebvre, *La proclamation de la Commune,* Paris, Gallimard, 1965.

45. A história das lutas em torno da simbologia republicana e suas incidências sobre a paisagem urbana foi contada por Maurice Agulhon, *Marianne au combate,* Paris, Aubier-Montaigne, 1979.

46. Tese sobre os Pequenos Ofícios parisienses e suas funções no século XIX, por Jean-Michel Gourden, defendida em 1982.

47. Gisquet foi delegado de política de Paris de 1831 a 1836. Suas *Mémoires* (1840) constituem um testemunho precioso sobre as medidas adotadas pelo poder local contra os pequenos ofícios e vagabundos. Ver também M. Perrot, "La fin des vagabonds", *L'Histoire,* nº 3, julho de 1978.

5
O PRIMEIRO PRIMEIRO DE MAIO NA FRANÇA (1890): NASCIMENTO DE UM RITO OPERÁRIO

> *Os mitos revolucionários atuais são quase puros; eles permitem compreender a atividade, os sentimentos e as ideias das massas populares preparando-se para entrar numa luta decisiva; não são descrições de coisas, mas expressões de vontade.*
>
> Georges Sorel, *Reflexões sobre a violência*,
> Introdução p. XXVI

A história do Primeiro de Maio de 1890 – na França e na Europa, o primeiro de todos os Primeiros de Maio – é, sob vários aspectos, exemplar. Resultante de um ato político deliberado, essa manifestação ilustra o lado voluntário da construção de uma classe – a classe operária –, à qual os socialistas tentam dar uma unidade política e cultural através daquela pedagogia da Festa cujo princípio, eficácia e limites há muito tempo tinham sido experimentados pela Revolução Francesa.[1] Em sua iniciativa, o Primeiro de Maio é incontestavelmente criação de cima, e em particular da corrente mais organizada em termos políticos, a corrente marxista (na França, os guesdistas).* Daí

---

* Em maio de 1890, o movimento socialista francês ainda estava dividido numa série de grupos e, até 1905, não formou um partido unificado. Os dois grupos maiores eram o Parti Ouvrier Français, marxista, liderado por Jules Guesde (os guesdistas), e os "possibilistas" (Fédération des Travailleurs Socialistes de France), liderados por Paul Brousse, que adotava uma postura mais reformista.

as reservas, os conflitos que cercam seu nascimento, as resistências oferecidas, por exemplo, pelos alemanistas e anarquistas, não só por questões de rivalidade, mas também por oposição ao próprio princípio de tal procedimento, visto como forma de manipulação das massas. O debate nunca cessou.

Mas, por outro lado, essa manifestação não foi criada em qualquer momento ou de qualquer maneira. Foi precedida por proposições e experiências que, sob certos aspectos, ela cristaliza; assim é o caso da rica experiência americana com a qual, nessa época, o movimento operário se declara amplamente solidário. E não só. Mais ainda, de modo mais indireto, ela se enraíza na combatividade habitual do maio operário, mês recordista de greves, e talvez, a mais longo prazo, na tradição de primavera dos maios aldeões. Maio carrega toda uma simbologia que é preciso saber se e como foi levada em conta, a que nível do consciente ou do inconsciente coletivo.

Por outro lado, em seu desenrolar, esse primeiro de maio excede (ultrapassa) o projeto dos seus promotores. Objeto de disputas, torna-se o centro de estratégias diferentes que, por exemplo, exercem-se nos itinerários dos desfiles. Em seguida, seu ritual sumário, ao mesmo tempo rígido e simples, é invadido pelas formas de expressão popular das comunidades locais. Enfim, gerador de ondas de greves inesperadas, ele escapa aos iniciadores que pretendiam limitar sua duração, fixar seu objetivo. A "ultimação" dirigida às autoridades transforma-se entre certos operários, geralmente os mais deserdados, numa expectativa mais ampla e mais vaga de transformação.

(Mais tarde, no mesmo ano, a ala esquerda do Partido Possibilista conduziu à formação do Partido Alemanista.) Os blanquistas, seguidores do líder revolucionário Auguste Blanqui (fal. 1881), formavam um grupo pequeno mas ainda influente, e os anarquistas tinham militantes em Paris e outras cidades. Para mais detalhes, ver Aaron Noland, *The Founding of the French Socialist Party, 1893-1905* (Cambridge, Mass., 1956). (Nota da edição norte-americana).

A seguir, a pedagogia socialista e sindical trará seus frutos. Instaurar-se-á uma tradição, com todo um código de percursos, slogans e a preocupação fundamental em reunir aquilo que constitui o êxito das manifestações modernas: o número, sinal ostensivo do consenso.

Mas esse primeiro de maio de 1890 tem a incerteza e o insólito dos inícios. De quem os primeiros manifestantes do Primeiro de Maio são herdeiros? Do que são portadores? Em que pensam nessa magnífica quinta-feira de primavera? Pelo menos quais são seus gestos e suas palavras?[2]

A INVENÇÃO DO PRIMEIRO DE MAIO

A invenção do Primeiro de Maio, como se sabe, está ligada ao nascimento da Segunda Internacional, cujo primeiro congresso se realiza em Paris em julho de 1889. Em 20 de julho, sábado, ao cabo de um debate bastante confuso, no qual se discutiu principalmente a escolha da data, é votada, por proposta de Raymond Lavigne, um militante guesdista de Bordeaux, a seguinte moção: "Será organizada uma grande manifestação internacional com data fixa, de modo que, em todos os países e em todas as cidades ao mesmo tempo, no mesmo dia marcado, os trabalhadores intimem os poderes públicos a reduzir legalmente a jornada de trabalho "a oito horas e a aplicar as outras resoluções do Congresso Internacional de Paris. Considerando que uma manifestação semelhante já foi decidida para o Primeiro de Maio de 1890 pela *American Federation of Labour,* em seu Congresso de dezembro de 1888, realizado em Saint-Louis, adota-se esta data para a manifestação".

Vários traços surpreendem nesta resolução. Em primeiro lugar, a vontade de mostrar a força do proletariado pela simultaneidade da demonstração ("data fixa..., ao mesmo tempo... no mesmo dia marcado"), reveladora de um certo sentido de encenação e de uso da mídia típico de uma psicologia das multidões em pleno desenvolvimento.[3] Trata-se de dar à classe operária consciência de si mesma através da realização de gestos idênticos num amplo espaço e de impressionar a opinião pública com tal espetáculo.

Segunda característica: o interlocutor designado pelos trabalhadores são "os poderes públicos", isto é, o Estado e suas diversas instâncias. Concorda-se em "intimá-los" a aplicar as reformas sociais, e particularmente a redução da jornada de trabalho, elemento unificador da reivindicação operária.

Terceiro traço: a referência ao precedente americano para a escolha da data de Primeiro de Maio, preferida a outras – 14 de julho, 18 de março ou 21 de setembro –, descartadas por serem ligadas demais à história política francesa, singular demais para um encontro universal. O Primeiro de Maio americano, inaugurado em 1886 pelos Cavaleiros do Trabalho, já tinha suas vítimas: naquele dia, a violência dos confrontos com as forças armadas resultara em mortes em Milwaukee e em Chicago. O processo dos oito "mártires de Chicago", entre os quais quatro foram enforcados em 11 de novembro de 1887, tivera uma repercussão real, visível nos jornais e no imaginário popular.[4] Representando a velha tradição operária, Benoit Frachon evoca-os bastante demoradamente em suas *Memórias*.[5] Muito vigoroso, gerador de greves retumbantes, como a das estradas de ferro em 1877, o movimento operário dos Estados Unidos é relativamente bem conhecido e respeitado na França.[6] De modo geral, pelo menos até o começo do século, a visão que os operários franceses têm dos Estados Unidos, e que aliás seria preciso definir, é largamente favorável. Eles admiram suas técnicas, entrevistas por ocasião das Exposições Mundiais,[7] e o espaço americano alimenta os sonhos da juventude. Os jovens de Belleville batizarão seus bandos como "apaches", é verdade que com um sentido totalmente diferente.[8] A América ainda é o Novo Mundo. Nessa época, o Ocidente é vermelho.

A história política do Primeiro de Maio, apesar de tudo, continua a ser bastante controvertida. Cada um "puxa a brasa para sua sardinha". Isso é visível, ainda hoje, na obra de André Rossel, sob outros aspectos bem documentada e magnificamente ilustrada. Trata-se de reduzir a parte dos anarquistas e dos americanos, para privilegiar a ortodoxia guesdista. A memória operária, objeto eminentemente construído, não deixou de ser objeto de lutas e poder. O papel dos guesdistas é inegável. No congresso de Bouscat (1888), da Federação Nacional dos Sindicatos Operários, Dormoy e Lavigne fizeram com que se adotasse a ideia de "intimações" sob a forma de petições aos poderes públicos, para fevereiro de 1889, e esse tipo de manifestação ocorreu naquela data em sessenta localidades. Mas no mesmo ano, no congresso de Londres (6-10 de novembro de 1888), mais nitidamente sindical já que fundado exclusivamente em delegações operárias, o marceneiro parisiense Tortelier defendia a ideia de uma greve geral internacional no momento da abertura da Exposição Universal, aquele grande ponto de encontro. É preciso "parar o trabalho em toda parte ao mesmo tempo. Eu proponho uma greve geral internacional que começaria no dia de abertura da Exposição".[9] Anscele, delegado belga, propõe por sua vez uma manifestação operária no primeiro domingo de maio de 1889: "à mesma hora, com as mesmas inscrições nas bandeiras".

De fato, a ideia de uma manifestação operária internacional está presente desde 1883-1884, principalmente nos meios libertários. Aos anarquistas franceses deve-se a ideia de greve geral[10] e a prática da "intimação", por ocasião da grande manifestação de "sem trabalho" de março de 1883 em Paris. Aos anarquistas americanos cabe a escolha do Primeiro de Maio e das oito horas. E sobretudo uma experiência de luta cruenta que, de certa forma, sacralizava a data. Os guesdistas quiseram principalmente canalizar essas energias operárias em direção ao Estado, dar ao movimento um sentido político, mais que social e antipatronal. Daí o sentimento de logro, de confisco que sentiram e denunciaram os anarquistas.

Para além dessas brigas sobre a paternidade, que aliás recobrem escolhas estratégicas reais, o que nos interessa são as origens mais distantes, as matrizes de que uns e outros dispunham tanto ao nível elementar quanto global.

"Intimação", oito horas, primeiro de maio: esses elementos têm uma história? O direcionamento para os poderes públicos não é novo; é clássico, principalmente em épocas de desemprego; desde o começo do século XIX, e principalmente a partir de 1830, os desfiles de manifestantes requerem das municipalidades, das prefeituras a organização de fundos de assistência, a abertura de canteiros de aterramento: "trabalho e pão". A Grande Depressão, sobretudo a partir de 1883, viu abrirem-se as manifestações dos "sem trabalho" nas ruas, nas praças, diante das prefeituras, sob o impulso dos anarquistas que, desde então, entram em conflito, com os guesdistas sobre o modo de ação. Para os primeiros, trata-se sobretudo de escancarar a miséria na frente dos abastados: "Venham expor seus farrapos na frente do esplendor dos ricos. Mostrem sua miséria aos açambarcadores, não para lhes fazer dó, mas para lhes provocar medo." Os segundos preferem os *meetings* a portas fechadas; na saída das reuniões, as delegações partem para levar solenemente as moções elaboradas, para "intimar" (o termo se encontra na convocação do *meeting* de 7 de dezembro de 1883) as câmaras municipais e, cada vez mais, as prefeituras e o governo, cuja intervenção é "convocada".[11] O Estado designado como interlocutor, não só para a assistência, mas para a reforma, e os desfiles operários ordenados em função dos lugares do poder, constituem certamente a principal novidade, que indicam a dimensão política do Primeiro de Maio, em princípio mais manifestação do que festa, mais meio de pressão do que modo de expressão.

Segundo elemento: a reivindicação das oito horas, cuja ambivalência ilumina o significado do movimento. Nos países anglo-saxões, mais avançados no domínio da organização do trabalho, ela tem um alcance imediato.[12] Na França, país das longas jornadas de tipo rural,[13] é um objetivo distante, exceto para os mineiros, e é esta talvez a razão pela qual eles se sentiram particularmente envolvidos. E também numerosos grupos operários retificaram por iniciativa própria, exigindo dez horas, assim mostrando seu desejo de se inscrever no campo do possível. Mas era esquecer as origens e a dimensão utópica da palavra de ordem. Maurice Dommanget lembrou como Denis Veiras, autor da *Histoire des Sevarambes* (História dos sevarambos), utopia de 1677,[14] imagina a jornada ideal, dividida em três partes iguais: trabalho, prazer, repouso. Sem dúvida seria preciso buscar ainda mais longe as raízes dessa visão trinitária e trifuncional do tempo, ligada às representações míticas e às regras dos números de ouro. "Oito horas de trabalho. Oito horas de repouso. Oito horas de lazeres": os famosos três 8 enunciados desde então,[15] exprimindo ao mesmo tempo uma representação quase estrutural do mundo e o projeto de uma sociedade harmoniosa, equilibrada: por vir. De grafia fácil, os três 8 inspirarão os artistas que os representarão sob a forma de espaços cênicos ou símbolos femininos. Assim em Grandjouan *L'assiette au beurre* (A abastança — 28 de abril de 1906), as três Graças, três mulheres nuas, com penteados e posturas diversas, encarnam os três 8. Aliás, há aí uma interessante pesquisa iconográfica por se fazer.

A escolha do Primeiro de Maio é mais enigmática e desde então tem sido intrigante. Essa data não corresponde inicialmente a nenhuma comemoração definida. Poder-se-ia ver aí uma vontade de ruptura, uma Hégira inaugurando uma nova era. Muitos o entenderão como tal. No entanto, parece que os americanos, cuja iniciativa foi determinante, tinham escolhido esse dia por razões eminentemente práticas, como mostra, por exemplo, Gabriel Deville.[16] No Estado de Nova York, o Primeiro de Maio é o *Moving Day*, uma data de importância comparável ao Saint-Jean ou Saint-Michel, um prazo de vencimento, um dia de renovação dos aluguéis e contratos de todo tipo, por isso acarretando muitas mudanças. A proposição

Edmonston, com efeito, está redigida como a cláusula de um contrato de aluguel: "oito horas constituirão a duração legal da jornada de trabalho a partir de primeiro de maio de 1886".

Sem sabê-lo, os militantes americanos reencontravam um velho costume francês, que Varagnac mostrou que forma o pano de fundo dos "maios" camponeses. "A renovação da casa se faz em maio: é a época dos arrendamentos, trocam-se os criados, ao mesmo tempo que muda a vegetação."[17] Mona Ozouf acentua, por sua vez, a filiação que une as árvores da liberdade aos maios rurais, "símbolos de revolta... Monumentos de insurreição",[18] cujo potencial de rebelião os revolucionários franceses tentaram captar em proveito próprio. "Pelo menos ao nível inconsciente", escreve ela ao cabo de um estudo minucioso, "o simbolismo revolucionário foi menos alheio do que se diz à tradição camponesa."[19]

Sem dúvida, pode-se dizer o mesmo do Maio operário, vinculado a práticas muito antigas, curiosamente transmitidas pela mediação americana. Na verdade, não seria a primeira vez que o folclore forneceria suas meadas à política. Foi assim que a República conquistou a aldeia, no Var e em outras partes.[20] Só que o fio aqui é mais tênue, mais distante, mais analógico. Ao nível concreto, ver-se-á, o ritual operário é mais pobre. Aqui não há árvores nem mastros decorados, mas bandeiras, tecidos produzidos pela indústria, não pela natureza. A floresta é o povo "de pé" que desafia o Velho Mundo. Nessa primavera de 1890, não é também uma "transferência de sacralidade"[21] que se opera em proveito da classe operária, chave do futuro?

O socialismo do século XIX preocupara-se muito com essa necessidade de criar um novo ritual, de concluir "uma nova aliança entre a política e a religião", como mostrou principalmente Miguel Abensour, através do exemplo dos saint-simonianos e de Pierre Leroux,[22] tão ciosos em reconciliar estética e política. Conhece-se o sentido do detalhe significativo que tinham os saint-simonianos, sua capacidade de usar trajes, cores e práticas gestuais para cenas simbólicas. Para Pierre Leroux, "a religião civil será o lugar estético onde, através de símbolos, cerimônias e festas, dar-se-á livre curso à comunicação política".[23] Terão esboçado modelos mais definidos de festas do trabalho? Ao criticar o desalinho vulgar do Carnaval, o "singular triunfo" do Boi Gordo,* a revista saint-simoniana *Le Producteur* sonha com outras cerimônias: "Por nós, acreditamos que um dia, honrando-se em toda parte a ciência, o trabalho e o amor dos homens, uma festa na qual se coroará um Newton, um Paul Riquet, um Franklin, um Watt ou qualquer outro benfeitor da humanidade, poderá oferecer um grande interesse e reunir, não os deputados de alguns povoados da Grécia ou dos arredores de Paris, mas os representantes de toda a Europa, os embaixadores dos dois mundos."[24]

Não será de admirar a precisão maníaca com que Cabet, em sua *Viagem a Icária*, descreve a festa de "aniversário da geração ícara": 13 de junho, dia da insurreição do povo. Extremamente ritualizada, ela se desdobra em três atos: 1) "Insurreição, combate, vitória"; 2) "Funerais"; 3) "Ditadura de Ícaro; triunfo".[25] Num capítulo dedicado às "Festas, jogos, prazeres, luxo", Cabet destaca o princípio de uma festa republicana, que opõe às festas monárquicas inglesas e francesas. Um comitê de festas públicas propõe um projeto de festa que a Assembleia do Povo converte em lei, "de modo que foi o próprio Povo inteiro que regulamentou e ordenou a festa e, por conseguinte, não surpreende que o Povo execute aquilo que se encarregou voluntariamente de executar".[26] Os ícaros, aliás, são convidados a compor peças teatrais, selecionadas em seguida por uma comissão. Entre os cerimoniais, naturalmente figuram os desfiles corporativos: "Às vezes aí se veem todos os operários e operárias, reunidos por profissão, com estandartes diferentes para cada uma delas."[27] A vontade da República ícara é a de ultrapassar a Monarquia em "belas e nobres

---

* *Boluf Gras:* procissão em que os açougueiros conduziam um boi gordo pelas ruas de Paris, nos dias de Carnaval (*N. da T.*)

festas", aproveitando as tradições: "Não há nada no mundo antigo e presente que não tenhamos estudado, que não conheçamos e que não tenhamos aproveitado, tomando o bom e rejeitando o mau."[28] Um profundo desejo de sincretismo anima socialistas e operários que se voltam, espontânea ou conscientemente, para as representações e vocabulário anteriores, principalmente o da herança cristã, que tanto pesa naquele final de século.[29]

No entanto, o que impressiona às vésperas desse Primeiro de Maio é o contraste entre a pobreza das instruções precisas e a grandeza das evocações. Trata-se de mostrar a força do proletariado pela simultaneidade da manifestação ("data fixa..., ao mesmo tempo..., no mesmo dia marcado"), de dar à classe operária uma autoconsciência através da realização de gestos idênticos num vasto espaço – os "dois Mundos" – e impressionar a opinião pública com tal espetáculo. É preciso elevar "uma população operária adotando o hábito, de uma ponta a outra do país, de agir simultânea e energicamente", de mobilizar "a força imponente, imperiosa, irresistível desse povo de trabalhadores erguendo-se unanimemente frente aos seus senhores (...) para reclamar numa imensa e única voz seus direitos à vida, ao bem-estar e aos benefícios da civilização".[30] "O Proletariado fará algo de único nos anais do mundo! Em todas as nações civilizadas, ele afirmará pelos mesmos meios um princípio idêntico. Os trabalhadores de Saint-Étienne, curvados sob o mesmo jugo dos seus irmãos da Europa e da América..."[31]

O peso das palavras e imagens sugeridas revela um certo sentido de encenação e do uso da mídia, característicos de uma "psicologia das multidões" (Gustave Le Bon, 1895) em pleno desenvolvimento.[32] Mas para além desse modernismo, o rito operário se inscreve nas mais antigas tradições religiosas: a da comunhão dos Santos, a da comemoração sacrificial. *Fazer* a mesma coisa ao mesmo tempo: esse grande princípio da prática religiosa encontra-se aqui, por um rasgo de gênio, transferido para o movimento operário, novo Moisés de uma nova Terra Prometida. Exaltação de um Povo unido por uma celebração comum, o Primeiro de Maio é em suma uma Missa Cantada operária.

A CELEBRAÇÃO DO PRIMEIRO DE MAIO

Preparativos

Iniciativa política, a instauração do Primeiro de Maio foi imediatamente contestada por certos blanquistas,[33] pelos possibilistas e anarquistas, uns por hostilidade aos métodos autoritários do "socialismo alemão", outros, mais profundamente, por recusa a qualquer apropriação do Partido sobre o sindicalismo e o movimento operário. *Le Prolétariat*, órgão dos possibilistas, como *L'Emancipation* das Ardennes, onde reina Jean-Baptiste Clément, denunciam o continuísmo dos marxistas franceses – os guesdistas – em relação tanto à socialdemocracia como ao boulangismo.[34] Essa interrupção do trabalho em pleno meio da semana é arbitrária e não corresponde aos costumes das oficinas: pelo menos em Paris, os artesãos não se mexerão.[35] A hostilidade dos anarquistas é ainda mais viva: "A manifestação do Primeiro de Maio foi decidida por pessoas que têm apenas um objetivo: tomar o poder e desfrutá-lo. Eles dizem ao povo que reivindique a jornada de oito horas (não engordar patrões indolentes senão por oito horas ao dia, que progresso!), mas eles querem ser deputados ou conselheiros, não fazer nada e receber (expressão popular corrente para dizer: receber dinheiro, passar no caixa)..."[36] Todavia, pragmáticos, os anarquistas entram na dança: "fiquemos todos fora das oficinas no Primeiro de Maio", diz um outro cartaz. "Os anarquistas, embora não sendo partidários da jornada de oito horas que é menos prática do que a revolução social, apesar disso decidiram tomar uma participação ativa."[37] Eles tentaram dobrar o

Primeiro de Maio em sua direção, impor-lhe seu estilo: ação direta, violenta, antipatronal. Mais populista, sua linguagem nessa época é mais popular.

Controvertido, o Primeiro de Maio foi tanto mais preparado, pelo menos a partir de março de 1890, data em que surgem os primeiros traços de propaganda ativa. Órgãos sindicais e grupos socialistas, às vezes confundidos, mobilizaram-se e, entre eles, alguns militantes decididos animaram-se com a convicção partilhada de que "o Grande Dia está próximo". Na base, além disso, eles contribuem para atenuar as divergências do estado-maior; nesse nível, é pequena a diferença de linguagem, inclusive sobre o tema da greve geral, que também tem defensores entre as fileiras do Partido Operário guesdista.

Nas regiões em que os guesdistas estão bem implantados,[38] formam-se "comissões permanentes", e mesmo "Ligas populares para a redução da jornada de trabalho", encarregadas de fazer a propaganda, promover o não comparecimento às oficinas e prever a composição das delegações a se apresentarem aos poderes públicos. Alguns tentam particularizar as palavras de ordem: assim em Thizy, onde os tecelões estão em greve latente há semanas, Durousset estimula que se escrevam verdadeiros *Cahiers de doléances* que seriam levados aos poderes públicos. Mais sumariamente, espalham-se petições para serem assinadas nas oficinas. Reuniões privadas, nas tavernas de bairro, reuniões públicas, *meetings* aos quais ocasionalmente "descem" os líderes parisienses (Guesde teve grande participação) intensificam-se no final de abril. No Ródano, por exemplo, contam-se quinze reuniões no dia 26, sábado, e o mesmo tanto no dia 27, domingo; ao todo, setenta sindicatos ou grupos foram atingidos.[39] Trata-se aí de bastiões guesdistas. Mas em outros lugares, em cantos mais perdidos, uma quinzena de operários se encontram num boteco para combinar o que podem fazer. Esses núcleos de densidade desigual constituem como que as malhas de uma rede que surpreende pela sua relativa

144 | OS EXCLUÍDOS DA HISTÓRIA

extensão, testemunho fotográfico sobre as potencialidades de um movimento operário em pleno desenvolvimento.

Por ele circulam a palavra e o texto, cujo florescimento confere a esse Primeiro de Maio uma modernidade digna das análises de um Gabriel Tarde.[40] A liberdade de imprensa, instaurada pela lei de 1881, permitiu a eclosão de uma imprensa socialista instável, efêmera e multiforme. A rápida difusão das palavras de ordem não é concebível sem ela, e nesse ponto seria esclarecedora a comparação com o modo de comunicação operante no saint-simonismo.[41] Os marxistas tinham compreendido melhor do que os outros o papel do poder da imprensa. Na ocasião, criaram um jornal destinado à preparação do Primeiro de Maio: *Le Combat, organe quotidien des Travailleurs socialistes*,[42] fonte de informação de primeira ordem para o historiador, sobre a pedagogia guesdista da Festa. Tinha-se pensado em outros jornais: *Les Huit Heures, Le Producteur*...

Menos dispendiosos, mais flexíveis, cartazes e panfletos permitem uma ação mais descentralizada: proliferam; encontram-se vários exemplares nas caixas dos arquivos departamentais ou do Comissariado de Polícia de Paris. Os anarquistas foram os que mais os usaram; em diversas localidades, afixaram *Le père Peinard au Populo*, coisa que em Havre e Bordeaux valeu perseguições aos seus militantes. Os panfletos permitem uma expressão mais pessoal, principalmente quando são manuscritos. Através deles, os militantes se apropriam do discurso oficial e, com uma palavra, aí põem sua marca, aí assinalam sua presença. Um cartaz, apreendido pela polícia em Paris, rua Quincampois, acrescenta aos três 8 um quarto: "8 francos de salários"![43] Depois de 1905, o uso generalizado dos *papillons* (assim se chamam os pequenos adesivos de propaganda cuja paternidade parece se dever aos neomalthusianos), instrumentos de uma pedagogia verbal eficaz, sem dúvida unificou a linguagem popular.[44] O estudo do material de propaganda exige atenção à própria textura do seu suporte.[45]

Finalmente, no nível mais modesto da oficina ou da fábrica, os operários, preocupados em conseguir o fechamento da empresa, para fazer do Primeiro de Maio um dia realmente desocupado, escrevem aos patrões cartas com tons diversos. Os tintureiros de Lyon mandam imprimir uma circular firme e respeitosa: "Senhores Mestres Tintureiros, a Câmara sindical de tingimento lionês tem a honra de avisá-los que, em virtude de uma decisão tomada em assembleia geral e aprovada por unanimidade, e vistas as decisões tomadas pelo congresso internacional de Paris, ela os convida a fechar suas oficinas em 1º de maio de 1890."[46] Mais frequentemente o tom é muito mais ameaçador. Os Arquivos do Comissariado de Polícia de Paris contêm um certo número de cartas anônimas, intimando os patrões a fechar sob pena de represálias. "Você pode se pavonear no seu palácio, mãezinha! Nós nos encarregamos de fazê-lo em migalhas na quinta-feira. Você e todos os que possuem o que eles nos roubaram vão ver depois de amanhã do que somos capazes. Não adianta se esconder atrás das suas paredes, a dinamite para alguma coisa serve. Você está avisada. Eu me lixo para você e tudo o que conseguir fazer."[47] Certos operários fazem ameaças orais, diretas. Nas minas de Lalle, no Gard, Marius Henry, militante muito popular, ameaça o diretor de "lhes estourar os miolos".[48] Sua demissão provocará uma greve prolongada.

Com a aproximação do Primeiro de Maio, os episódios desse gênero se multiplicam e, levados pelos "diz-que", constituem um verdadeiro rumor, uma espécie de medo. Em Oullins (Ródano), no estabelecimento de um horticultor, um operário disse ao filho do patrão (um menino de 12 anos): "Depois do primeiro de maio, obrigaremos à força patrões e proprietários a devolver o que nos tiraram. Teu pai vai passar por isso como os outros." O comissário de polícia que relata esses comentários, estando no barbeiro, ouve a mulher do barbeiro a contar que dois operários teriam dito: "No primeiro de maio, teremos ou oito horas de trabalho, ou facadas." No estabelecimento de Coquard, em Bourg-de-Tizy, um operário, homem calmo e honesto, respondeu a parentes que lhe aconselhavam que fizesse provisões: "inútil, no primeiro de maio vai se saber onde pegar o que é necessário".[49] Em Lyon, industriais, banqueiros, lojistas solicitam às autoridades medidas de proteção particular em quantidade "inacreditável", segundo o prefeito.[50] "Todo mundo espera com terror o primeiro de maio. Pois temem-se explosões do gênero da do Teatro Bellecour (...). Diz-se que a maioria das casas de seda colocou em lugar seguro as mercadorias em depósito. Acrescenta-se que dois grandes fabricantes de artigos de seda de Lyon já teriam partido para Genebra."[51] Na região vizinha de Thizy, onde os tecelões estão em greve há muitos meses, o medo é particularmente intenso. Temem-se grandes manifestações; grupos vindos de localidades da montanha com bandeiras e *mulheres* à frente (as mulheres: isto é, a fúria) convergiriam para Pont-Trambouze, num campo alugado para esse fim. "Os proprietários do campo, sobretudo os que ocupam posições isoladas, estão apreensivos sobre os danos que lhes poderiam ser causados pelos manifestantes, sobretudo quando voltarem ao escurecer [o cair da noite] para suas respectivas localidades. Há os que estão literalmente enlouquecidos, acreditando que ocorrerão excessos, pilhagens."[52] "Realmente tremo com o que vai acontecer no primeiro de maio", escreve um informante da polícia lionesa.

Sem dúvida, nessa região em plena crise têxtil e trabalhada pelo anarquismo,[53] o Primeiro de Maio assume um relevo particularmente temível. Mas psicoses de medo semelhante, cujas implicações teriam de ser destrinçadas, são assinaladas em muitos outros lugares. Principalmente em Paris começam os êxodos burgueses que, daí por diante, assinalarão todos os Primeiros de Maio impetuosos (como em 1906, ponto culminante do medo burguês e talvez da esperança operária).[54] A amplitude das precauções tomadas – adiamento de cerimônias religiosas ou prazos de pagamento, fechamento obrigatório dos grandes estabelecimentos públicos ou privados, prisões preventivas, medidas militares[55] – atesta a premência do perigo. Essa expectativa de uma jornada tumultuada, que os anarquistas se empenhavam em difundir, radica-se certamente na experiência histórica das "jornadas" revolucionárias. Apesar das instruções guesdistas de calma, a ideia de uma manifestação pacífica, de uma festa operária do trabalho, tem dificuldade em prosperar, tanto a imagem do mundo operário, principalmente desde a Comuna, está associada à violência.

O desenrolar

> *Teremos uma jornada?*
>
> *L'Éclair,* 12 de abril

> *O Povo enfim se reúne. É o Grande Dia.*
>
> Cartaz, Viena

Sem ser um maremoto, a jornada do Primeiro de Maio teve um eco inegável. Se se pensar na relativa fragilidade das comunicações naquela época, na ausência de organização centralizada do movimento operário (a Federação Nacional dos Sindicatos Operários, guesdista, é esquelética), sua difusão não deixa de ser surpreendente. Mais que Paris, reagiu o interior. De Lille-Roubaix a Lyon e Marselha, de Trélazé (Maine-et-Loire) a Alais, de Bordeaux a Reims, Amiens, Saint-Quentin etc., em 160 a 200 localidades, operários manifestaram, de uma ou outra forma, seu interesse pelo Primeiro de Maio. Certos departamentos – Norte, Ródano, Isère, Loire, Gard, Allier... – apresentam uma nebulosa mais ou menos densa de comunas atingidas, muitas vezes por relação ou contágio, sendo que a propaganda se irradiava em torno de um ponto central. Mas também ocorrem manifestações em pequenas localidades, e mesmo em fábricas ou canteiros isolados, sem interligação aparente. Em Raisme (cantão de Saint-Armand, Norte), os 250 operários da fábrica metalúrgica Franco-Belga formam um cortejo e dirigem-se a Anzin, tentando trazer as outras fábricas; "Nenhum sintoma permitia prever esse movimento."[56] Em Vernon (Eure), trinta operários abandonam seu canteiro de obras.[57] Em Saint-Favace (Sarthe), 26 operários de uma pequena fundição aproveitam para protestar contra a disciplina demasiado severa.[58] Nas florestas de Nièvre, em Vandenesse, 300 lenhadores se manifestam e exigem um aumento salarial.[59] O mesmo com 100 trabalhadores numa pedreira de gesso em Saint-Légerdes-Vignes,[60] Em Bar-le-Duc (Meuse), comuna geralmente muito tranquila, "por ocasião das manifestações operárias projetadas para o Primeiro de Maio, um início de greve se produziu entre os operários tecelões da casa Baudot e Companhia", escreve o Prefeito. "Em 30 de abril, às três horas da tarde, os operários abandonaram o estabelecimento após a recusa de um aumento de salário (...) Um bando de cinquenta a sessenta jovens, moças e rapazes, de 13 a 15 anos, percorreram a cidade sem fazer nenhuma demonstração." No Primeiro de Maio, delegação à Prefeitura e tentativa de negociações.[61] Ocasionalmente, os operários adaptam o Primeiro de Maio às suas necessidades. Nem por isso a repercussão é menor, sem que se distingam seus canais. Nessa época de implantação, o papel dos indivíduos, dos "condutores" capazes de comunicar a nova, de acender a faísca, é muito importante.[62] Redes formais (Partido Operário Francês, organizações sindicais, anarquistas...), informais, relações de parentesco, vizinhança ou amizade, iniciativas pessoais: nesse Primeiro de Maio, todos os modos de comunicação se imbricam ou superpõem-se, e resultam numa cartografia contrastante, compósita.

O mesmo sob o ângulo profissional. Se os operários gráficos, os ferroviários e, em menor grau, os operários de construção se mantêm silenciosos, poucas profissões põem-se totalmente de fora, sendo a determinação local certamente mais forte do que o condicionamento profissional. Fundidores, tintureiros, operários em calçados figuram ao lado dos vidraceiros, têxteis e mineiros, três setores que, apesar de tudo, forneceram os grandes batalhões. O mesmo no nível das unidades de produção. Se, em Paris, a periferia industrial (vidros, fábricas a gás) tem uma paralisação muito maior do que nas pequenas oficinas do Centro, em Lyon dá-se o contrário. Os tecelões a domicílio da região de Lyon, em confronto com a mecanização, foram muito sensíveis ao tema das oito horas, visto sob o ângulo da divisão do trabalho. "Não temeremos ser substituídos por outros proletários sem trabalho porque, produzindo menos, nossos exploradores serão obrigados a ocupar muito mais gente", diz um orador num *meeting,* em 30 de abril, em Roanne.[63]

O que surpreende, apesar de tudo, é o caráter industrial das manifestações e a posição das empresas tanto na preparação como no desenrolar do Primeiro de Maio. Em Roubaix, tecelagens e fiações assinaram as petições e indicaram os delegados.[64] Em Troyes, os operários chegam "por equipes de oficinas". À Praça Saint-Nizier, "De diversos lados afluem os operários (...) A paralisação certamente foi mais completa do que esperávamos, pois a cada instante ouvimos dizer: 'São os operários de tal ou tal oficina que vêm se juntar a nós.'"[65] A razão social, o local de trabalho predominam sobre os rótulos corporativos. Os grandes estabelecimentos preocupam as autoridades e os operários; teme-se ou procura-se que suspendam as atividades. É preciso "ter" Cail em Denain, Leclerq-Dupire em Wattrelos, Holden em Reims, Koechlin em Belfort, Raffin em Roanne. As fábricas recalcitrantes atraem as manifestações. Principalmente os anarquistas fazem delas o epicentro do movimento, enquanto "fortalezas" do patronato a serem atacadas. Daí a violência dos incidentes no estabelecimento de Jeansoulin (fábrica de óleo) em Marselha, ou de Brochard (tecelagem) em Vienne...

Enquanto uma manifestação de produtores e cidadãos, lutando por uma legislação "protetora" do trabalho de mulheres e crianças,[66] o Primeiro de Maio foi em larga medida um acontecimento de homens adultos. Certamente havia mulheres e crianças num segundo plano, em reuniões e algumas manifestações, mas raramente apareciam nas procissões e nunca eram incluídas entre os representantes, embora os organizadores tivessem abordagens nitidamente distintas da questão. Os guesdistas, preocupados com a política, dirigiam-se aos trabalhadores do sexo masculino. Os anarquistas mais populistas mostravam uma grande disposição em relação às mulheres e jovens: em Vienne, chegaram mesmo a concentrar sua campanha sobre eles. O lado festivo do Primeiro de Maio viria a se acentuar nos anos seguintes: as manifestações, assunto ainda predominantemente masculino,[67] viriam seguidas de "reuniões de família", abarcando o núcleo familiar tão forte no meio operário.[68] "Grande reunião às três horas. Tragam suas esposas", dizia um anúncio na frente de uma *maison du peuple* belga. A fronteira entre o público e o privado, o exterior e o interior cruzava o Primeiro de Maio como todas as outras formas da cultura operária.[69] No entanto, as mulheres e menores realmente desempenharam um certo papel na ação, ainda que muitas vezes forçando sua própria presença, principalmente através da participação em greves posteriores ou nos movimentos que se desenvolveram a partir do Primeiro de Maio.

Quanto ao caráter do dia em si (uma greve? um feriado? uma manifestação política?) e às formas adotadas, o vocabulário impreciso e às vezes hesitante e o tom lacônico das instruções expedidas deixavam muito espaço para a interpretação e a improvisação. Principalmente as pequenas comunidades parecem ter se beneficiado com essa margem, como viria a acontecer em anos posteriores.[70] Haviam sido propostos dois tipos de ação para os trabalhadores. Em ambos os casos, o dia seria tirado das jornadas de trabalho, e sobre isso o acordo era geral. Mas os guesdistas defendiam um feriado pacífico – "sair para um passeio" – apenas avisado às autoridades pelos delegados, que levariam petições reunidas por ofício ou local de trabalho. Os anarquistas queriam aglomerações maciças nas ruas, uma manifestação popular, animada e violenta, dirigida contra o inimigo de classe, os patrões e suas fábricas, uma revolta dos "trabalhadores-escravos" contra seus "capatazes de escravos". Os guesdistas tinham em mente a observância de um dia determinado, delimitado no tempo; os anarquistas reagiam contra a rigidez dessa disciplina um tanto militar, e pensavam em um movimento com sua dinâmica própria, sendo o dia aprazado apenas um começo. De modo geral, prevaleceu nas manifestações o projeto guesdista, mas a ideia anarquista de ser "apenas um começo" teve ampla receptividade, decerto por corresponder à expectativa popular.

Já mencionei os passos dados pelos trabalhadores (de forma oral ou escrita, individual ou coletiva, respeitosa ou violenta) para persuadir os patrões a fechar as fábricas e converter a quinta-feira, primeiro de maio, num dia de dispensa, e não de greve. Certamente era um novo ponto de partida, e é surpreendente que tenha se difundido tanto naquelas circunstâncias. Esse desejo de reconhecimento, ao lado de uma demanda latente por mais tempo livre, se manifestava regularmente quando as circunstâncias políticas eram favoráveis ou a situação econômica parecia promissora. Uma melhoria vinha sempre marcada por uma maior incidência de greves por menor número de horas de trabalho;[71] o ano de 1848 e o dia de 11 horas, 1936 e as primeiras férias remuneradas, 1968 e a quarta semana de férias, 1981 e a quinta, com a perspectiva de uma possível semana de 35 horas, todos fazem parte da mesma trajetória histórica na França, expressando a pressão constante do movimento operário por uma diminuição de carga e aumento do tempo de lazer. A unidade simbólica da classe operária pode ter se construído em torno da exaltação do trabalho e do produtor, mas na vida cotidiana a ética do trabalho não penetrou na consciência dos trabalhadores. Nas vilas, as mulheres se sentiam culpadas se não estivessem constantemente ocupadas, tendo interiorizado o emprego em tempo integral de dona de casa.[72] A fábrica, por outro lado, exigia demais. A vida real ia além dela. Sobre este ponto, a resistência operária foi notavelmente forte.[73] A jornada de oito horas, reivindicada em 1890, foi uma utopia muito popular.[74]

Oito horas em 1890: uma utopia muito popular

Muitos efetivamente viveram essa jornada como uma festa, marcada por recreações e festejos diversos. Várias descrições evocam – insistindo-se tanto mais nisso, é verdade, quanto mais se temera o pior – uma atmosfera descontraída, ingênua e, pelo admirável dia de primavera, o operário feliz. Em Paris, "os operários estão endomingados, abordam-se nas ruas, com o sorriso nos lábios: 'Eis-nos no Primeiro de Maio, não se trabalha. Ah, claro que não, responde o camarada, é a festa.'"[75] Os operários estão nos bosques: "a manifestação se apresenta sob um aspecto campestre; é uma manifestação primaveril", segundo *le Petit Parisien* (3 de maio); ou ainda os operários descem para os bairros bonitos, em direção aos Champs-Elysées, transformados na grande "vitrina" dos privilegiados,[76] como mais tarde as multidões da Frente Popular correrão para o mar enfim próximo, rumo à Côte d'Azur, símbolo da grande vida. Em outros lugares, principalmente no Loire, organizam-se banquetes com cotizações, segundo uma velha tradição republicana e popular; em Roanne, na maioria das fábricas de tecelagem mecânica, "circulam listas de adesão... e cada contribuinte é obrigado a pagar dois francos a fim de poder participar do banquete e baile que acontecerão".[77] Em Narbonne, e em várias localidades do Aule, um "ponche gigantesco" no local da *chambrée*, matriz das antigas formas de sociabilidade, como mostrou Maurice Agulhon.[78] Bailes, em vários lugares, com a decoração obrigatória da festa: lanternas venezianas (em Troyes, no Faubourg Saint-Savinien), iluminações (em Montluçon, municipalidade socialista); mas vermelhas.

Eis, segundo *la Défense des Travailleurs* (11 de maio de 1890), o relato de um Primeiro de Maio exemplar, conforme o modelo guesdista, associando festa popular e procedimentos políticos numa tranquila unanimidade. "Um majestoso sol sorri para os trabalhadores e, nos subúrbios, estes comentam os acontecimentos que poderão se suceder durante a jornada. A maioria está com sandálias sem meias, em mangas de camisa, espreguiçando-se como depois de uma semana dura." Às dez horas vão ao circo (aqui, como em outros lugares, local habitual de reuniões públicas) para ouvir os militantes guesdistas Massey, Renard, Langrand, que lhes falam de tempos novos: "O velho mundo vai morrer, o velho mundo morreu." Depois, piquenique nos arredores: "o jardim, o bar, o café e os corredores do vasto edifício estão lotados; por toda parte ouvem-se cantos, gritos de alegria e as risadas se cruzam, julgar-se-ia estar nos domínios de Sans-Souci".* De tarde, delegações à subprefeitura, para levar as petições das oficinas. À noite, volta ao circo para um concerto "no qual todos podem cantar canções românticas, socialistas ou cômicas, conforme se acertar". Não falta nada, nem a alegria: "o contentamento e a esperança estão impressos nos rostos mais ferozes", segundo o jornalista.

Nessa jornada ideal, prazer e política se entrelaçam numa harmonia perfeita. É o Primeiro de Maio sonhado, verdadeira festa operária, para substituir, afixar-se sobre o 14 de julho, a festa "dita nacional" da Burguesia, alvo das críticas da esquerda revolucionária.[79] Festa de família e manifestação política, espantosa mistura de quermesse e missa, o Primeiro de Maio de 1890 em Saint-Quentin – imaginário ou real – prefigura, em suma, a *Festa da Humanidade,* perfeita expressão de uma contrassociedade.

---

* *Sans-Souci* ("Despreocupação"): nome do castelo real de Frederico II, perto de Potsdam. (*N. da T.*)

O Primeiro de Maio não teve esse caráter total em toda parte. Na maioria das vezes, reduziu-se a manifestações de amplitude variável, réplicas de *meetings* (o termo é muito empregado). Bastante simples, o esquema primitivo funda-se em práticas muito antigas da democracia política: delegações oriundas de entidades sindicais, grupos operários ou assembleias, devem entregar às autoridades as reivindicações dos trabalhadores, muitas vezes sob forma de petições assinadas nas oficinas. Eles as acompanham e apoiam-nas, seja com aglomerações nas praças públicas, locais do poder, seja em procissões um pouco mais solenes através da cidade, conforme um percurso bastante linear, indo dos locais habituais de reunião – teatro, circo, cafés, às vezes Bolsa do Trabalho (por exemplo, em Marselha) – às câmaras de vereadores, subprefeituras ou prefeituras. Às vezes são solicitadas audiências oficiais às autoridades, apesar das críticas anarquistas.

Esses desfiles ocorrem em horas variáveis: das 10 horas da manhã (em Clermont-Ferrand, onde a delegação é muito restrita) às 6 horas da tarde, para incluir os operários que não puderam parar o trabalho (como em Troyes). Os próprios desfiles são bastante ordenados: à frente os delegados, precedidos por eleitos socialistas, quando os há (em Marselha, Lyon, Montluçon...), pelos porta-estandartes (em Frais-Marais, minas do Norte, por exemplo, indica-se um operário de 64 anos), a seguir os operários às vezes reunidos por oficinas, em roupa de trabalho ou de domingo. O núcleo principal da manifestação é muito viril. Mas acompanham-no multidões mais ou menos numerosas: 4 mil em Troyes, 6 mil em Marselha, 12 mil em Lens, 20 mil em Lille etc., conforme as estimativas aliás muito aproximadas.[80] Essas multidões heterogêneas, nas quais há um número variável de mulheres e crianças, são pouco organizadas, cercam ou seguem os cortejos, à semelhança de procissões. Os manifestantes cantam "cantigas patrióticas e republicanas" ou mais revolucionárias (La Carmagnole); escandem na melodia de *Lampions* "É de oito horas que precisamos". A "Cantiga das oito horas" de Podron, que se tornará um clássico, aparece em sua cidade, Troyes. Fanfarras e tambores são várias vezes assinalados, principalmente entre os mineiros. Alguns estandartes, mas em geral frequentemente bandeiras tricolores, muito raramente negras – em Vienne (Isère), por exemplo –, e principalmente vermelhas. Nas ruas, nas salas, em lampiões, em faixas, na botoeira ou em braçadeiras, é a vitória do vermelho; esse Vermelho difamado pelas autoridades é incontestavelmente o símbolo de classe mais popular.[81] As bandeiras às vezes trazem inscrições: "Oito horas de trabalho por dia", "Primeiro de Maio de 1890. Reinvindicações sociais", simplesmente "Oito horas, por dia", até "Oito horas", e uma vez "Viva a Comuna". Nem panfletos nem adesivos, poucos slogans. Os suportes materiais são reduzidos e o ritual ainda parece pobre.[82] Mas é também porque os relatos não são muito prolixos a respeito: o delegado não é um etnólogo!

Antes seriam os jornalistas. O relato que *L'Indépendant du Centre*[83] faz a respeito da manifestação de Doyet-les-Mines (Allier) merece ser citado. Às 13h45 – dizem-nos – avança um cortejo de operários "endomingados", na maioria mineiros, carregando um estandarte vermelho onde está escrito "Viva a Comuna". À frente, os delegados, alguns de camisa (sabe-se que o deputado do Allier, Christou Thivrier, sempre a vestia na Câmara, por obreirismo), os outros com paletó, mas todos tendo um laço de fita vermelha no braço esquerdo. Um enxame de crianças acompanha o cortejo, que segue em procissão para a administração municipal para entregar as petições dos mineiros. Em seguida dá a volta no burgo, atraindo todo mundo para fora. Mas eis o mais interessante: atrás dos operários, vêm os recrutas, tocando música – tambor, clarim e sanfona; eles agitam uma bandeira tricolor, antes desfraldada no Edifício Mathonière, na qual se lê esta inscrição: "Partido Operário, Irmãos, unamo-nos. Classe de 1889." A faixa branca da bandeira está ocupada "por uma pintura representando a República que numa mão segura um punhal e na outra uma coroa. Embaixo, um operário em mangas de camisa mostra o punho a um burguês sobressaltado vestido com um sobretudo. O punhal na mão da República está em cima da cabeça do burguês, enquanto a coroa está em cima da cabeça do operário". O jornalista não dá mais detalhes sobre a representação da República, cuja história foi retraçada por Maurice Agulhon,[84] como se, aliás, sua figuração dispensasse qualquer comentário; o que surpreende é a invasão da luta de classes na alegoria republicana, como no dia do Juízo Final a República, qual Deus, a recompensar os justos e punir os maus. A figura feminina da República logo emprestará seus traços à Greve Geral; ela se fará Revolução. Note-se também o emprego do punhal e da coroa, clássico, e os sinais indumentários designando as classes (sobretudo para o burguês; mangas de camisa para o operário). Uma investigação sistemática certamente permitiria encontrar outros vestígios materiais dessa expressão operária e reconstituir sua evolução política, estética, simbólica.[85]

A experiência de Doyer mostra ainda outras coisas: o papel inventivo da juventude, aqui muito integrada à aldeia; a mescla de formas religiosas (estandartes, expressões como Irmãos, unamo-nos") com fórmulas políticas ("Partido Operário"); enfim, a combinação entre um procedimento político e um procedimento folclórico. Tudo isso se desenrola numa atmosfera de intensa unanimidade: na bacia mineira, em Bezenet, Monvicq, Doyet, Commentry, a greve é quase total. Em Montluçon, é verdade que só os vidraceiros param; mas em todas essas comunas ocorrem concentrações nas praças das prefeituras e delegações às municipalidades. Em Montluçon, Jean Dormoy, conselheiro municipal do Partido Operário Francês, acompanha os delegados operários. Esse pai do Primeiro de Maio sem dúvida tivera um empenho particular em seu departamento. O Partido Operário, bem implantado nesse velho rincão republicano onde a esquerda sempre foi extremada, soube aí mobilizar e canalizar as tradições operárias, numa manifestação com ar de festa.

O PRIMEIRO PRIMEIRO DE MAIO NA FRANÇA (1890)

Em Vienne (Isère), um Primeiro de Maio anarquista e antipatronal

A ação anarquista é de natureza diferente. Depois de condenar e criticar a iniciativa guesdista, os anarquistas entraram resolutamente na preparação do Primeiro de Maio e tentaram dobrá-lo na direção que defendiam: não o recurso deferente aos poderes públicos, forma de aceitação e submissão a um Estado que eles recusam, mas "ação direta" e massiva, na base, apoiando-se nos elementos mais despossuídos, se necessário com confrontos violentos para criar incidentes, espetáculo favorável à propaganda e à afirmação de uma maior solidariedade; acima de tudo, ação antipatronal. Os Patrões: eis o inimigo. O ódio aos "exploradores" é o cadinho da consciência e o fermento da luta operária.[86] Ameaças escritas, até diretas, endereçadas aos fabricantes para obrigá-los a fechar as fábricas, panfletos inflamados ("Fogo às casas, aos barracos, aos catres", afixam os italianos em Marselha),[87] palavras ardentes fazem aumentar a tensão. Em Trélazé (Maine-et-Loire), onde os operários em ardósia sustentam um forte núcleo libertário, um orador durante um *meeting* convida "a tomar armas e explodir a dinamite as casas burguesas".[88] O Primeiro de Maio é para ser manifestado em torno delas e das fábricas.

Assim ocorre em Cette, Marselha, Vienne, onde se dão incidentes violentos. Em Marselha, à noite, um grupo de operários italianos e jovens "vadios" (nome dado aos jovens mais ou menos desocupados do porto) invadem e saqueiam a fábrica de óleos Jeansoulin; as forças armadas intervêm: 76 prisões e processos resultam em 46 condenações de 6 dias a 3 meses de prisão.[89]

Vienne (Isère), cidade têxtil do vale do Ródano, é palco de um verdadeiro motim, sobre o qual, devido aos processos, há abundante documentação.[90] Ela é bastante típica de um Primeiro de Maio de ação direta.

O grupo anarquista de Vienne conta com oitenta associados, animados por Pierre Martin, chamado o corcunda, e Toussaint Bordat, ex-tecelão, proibido de fixar residência em Lyon, estabelecido em Vienne desde 1887, onde virou jornaleiro e distribuidor de jornais e folhetos anarquistas. Em 1888, *La Révolte* vende 150 exemplares por número, e até 500, quando traz artigos sobre a localidade.[91] Nada menos espontâneo do que a violência em Vienne. A chegada de Louise Michel, "a grande patriota" (diz Pierre Martin), em 27 de abril, faz parte de uma intensa propaganda dirigida principalmente às mulheres e aos jovens, subproletariados das tecelagens que já sustentaram duras greves. Os *appondeurs* (ajudantes de tecelagem) têm de 12 a 16 anos; espalhados pelas fábricas, são muito móveis, "sempre dispostos a abandonar as oficinas". Os panfletos e os cartazes, como aquele apelo "Às mulheres de Vienne", bastante característico pelo seu tom concreto, muito humano,[92] ou esse outro "Aos jovens dobadeiros", dirigem-se a eles, falam-lhes de sua condição, incitam-nos a despertar, a reivindicar uma redução da jornada de trabalho. "Nós sabíamos", dirá Martin em seu processo "que havia crianças que trabalhavam mais de 14 horas por dia e que ao meio-dia não tinham nem um instante para fazer sua refeição. Havia mulheres no mesmo caso; era preciso protestar contra uma tal desumanidade, e é por isso que discutimos sobre a manifestação do Primeiro de Maio. Para nossa população laboriosa, era muito conseguir uma hora para jantar".[93] Uma moça de 16 anos, Joséphine Tavernier, confirma durante o processo "que ela ouviu na reunião exigir um aumento de salário e uma hora para a refeição do meio--dia". Entre os anarquistas há uma vontade de radicar o Primeiro de Maio na situação concreta dos operários, de particularizar as reivindicações, de obter satisfações imediatas que reconfortam os trabalhadores na confiança em seu poder de transformar sua vida. O apelo "Às mulheres de Vienne" traz magnificamente escrito: "Não! Não! Não suportemos por mais tempo esse estado miserável. Ergamos a cabeça; exijamos nossos direitos, reivindiquemos nosso lugar ao sol, ousemos dizer a nossos Patrões: somos de carne e osso como os senhores e, como os senhores, devemos viver felizes e livres através do trabalho."

Vontade de fazer vibrar os corações e a fibra igualitária pelo sentimento de desgraça e de injustiça; vontade de mobilizar a tradição *sans-culotte*: é ao som de *La Carmagnole*, a velha cantiga revolucionária, que os militantes anarquistas levam os trabalhadores, à frente mulheres e jovens, para as fábricas, para Brocard, o patrão odiado pela sua dureza durante a longa greve de 1879; eles pegam uma peça de tecido de 43 metros e, aos gritos de "Peguem, é de vocês", jogam-na à multidão que a rasga e a divide como se faz com um troféu. Cena grandiosa de apropriação coletiva, de destruição ritual (o desperdício não é consubstancial à festa?), muito pictórica: bandeiras negras e vermelhas desfraldadas, mulheres e crianças em júbilo. Há entre os anarquistas um sentido do espetáculo, da expressão corporal, da participação física, uma capacidade de reintegrar os gestos antigos num ritual novo, um conhecimento dos símbolos que fazem desses libertários os mais respeitosos da história. Ao Presidente do Tribunal, que o interroga sobre o significado da bandeira vermelha e da bandeira negra, Martin responde: "A bandeira vermelha sempre foi o símbolo de união dos revoltados contra a tirania, contra todas as reações. Ela flutuava na tomada da Bastilha, ela flutuava em 1820, estava hasteada em 1848 pelo povo socialista revolucionário; enfim, estava também nas mãos dos derrotados da Comuna em 1871. A bandeira negra é a expressão da sombria miséria social que se afirma em certas épocas, como em 1831, quando os operários lioneses inscreveram nela: *Viver trabalhando ou morrer combatendo*. Não temos o culto dos ouropéis, mas às vezes é preciso se servir deles numa batalha."[94] Assim se constrói uma memória de luta.

Doyet – Les Mines e Vienne nos oferecem, em dois quadros, dois tipos diferentes de encenação, correspondendo a dois tipos de estratégias: a versão anarquista, mais popular, mais violenta, pretende fazer a Revolução apoiando-se no povo mais pobre, os despossuídos e sua revolta; a versão guesdista, muito mais canalizada, contida, ordenada, funda-se nos grandes batalhões do proletariado industrial, fiscalizados pelos responsáveis políticos e sindicais, unificados por palavras de ordem simples e orientados para o poder central. Na nova cena revolucionária, tão intensamente impregnada pela antiga, os anarquistas fazem o papel dos *Enragés* e os guesdistas, o de jacobinos.

Um último traço ainda os opõe quanto à concepção e duração do Primeiro de Maio. Para os guesdistas, trata-se de uma manifestação limitada a um dia. Essa noção disciplinada da ação militante, na verdade totalmente moderna, choca-se com a visão anarquista da Revolução como um processo dinâmico de greve geral. Para eles, o Primeiro de Maio é um começo, um ponto de partida possível para uma ação cuja importância e duração dependerão da vitalidade das massas em movimento.

Sob esse aspecto, eles estavam mais próximos das práticas grevistas da época. Nada é mais contrário à condução operária da greve do que atribuir-lhe antecipadamente um fim. Entra-se em greve sem saber até quando; é uma aventura cujo termo não pode ser fixado. É por isso que muitos operários não puderam voltar a trabalhar depois do Primeiro de Maio. Onda de choque, ele engendrou um vagalhão de greves feito de esperança quase messiânica, em que se mesclam sentimentos religiosos de um advento e a representação de um movimento da história.

Vamos evocá-lo, para terminar.

O Grande Dia?

Depois dessa jornada de exaltação e festa, "voltar", reencontrar as "galés", os patrões e as prováveis sanções, parece algo insuportável. Muitos não voltam ao trabalho. Por outro lado, operários que não tinham parado no Primeiro de Maio por sua vez entram na dança, ocasionalmente apresentam suas reivindicações com atraso. Outros ainda não exigem nada, mas declaram querer "fazer como os outros". Uma onda de greves e manifestações implanta-se nesse Primeiro de Maio, tornando maio de 1890 um mês muito agitado. 26% das greves, 58% dos grevistas de todo o ano se concentram neste único mês (contra 13% e 19% em média para os meses de maio do período 1871-1890).

Essa onda atinge particularmente o Norte têxtil, as bacias mineiras do Norte e do Sul (principalmente Gard), a periferia Norte de Paris (vidraçarias, fábricas a gás). Ela apresenta características diferentes conforme os setores, mas quase sempre se ramifica a partir do Primeiro de Maio. Aqui (vidraçarias da periferia parisiense), trata-se de um verdadeiro conflito de autoridade; os patrões querem se livrar da câmara sindical que organizou a paralisação do Primeiro de Maio, levando os operários de Aubervilliers, Pantin, Bas-Meudon em procissão até Paris, com insígnias vermelhas.[95] Entre os mineiros, incuba-se a ideia de uma greve geral corporativa, aliás pensada pelo seu congresso de Jolimont na Bélgica: daí sua receptividade ao Primeiro de Maio. De Norte a Sul, a maioria dos mineiros manifestou-se nesse dia. Se no Norte voltam rapidamente ao trabalho, em outros lugares tardam: em Saint-Eloy – Les Mines, em Ronchamp, Allier, Gard recusam-se a descer. Na bacia de Alais, arrastam as fiandeiras de seda, de início reticentes, e a agitação segue até julho, com o ar de um movimento semicamponês, de uma rebelião tantas vezes exemplificada por aquelas montanhas dos Cévennes, terra dos *Camisards*. Marius *Henri,* muito popular, herói de greves anteriores, suspenso por ameaças ao engenheiro por ocasião do Primeiro de Maio, é preso e libertado pela multidão, e refugia-se na mata. Esconde-se nas montanhas cobertas de florestas que dominam a aldeia de Lalle; "lá, ele recebe os jornais e dá as ordens. Alguns grevistas são encarregados de velar pela sua segurança, e quando um perigo qualquer parece ameaçá-lo, ele se refugia em velhas galerias de minas abandonadas onde se entoca como um coelho".[96] Reuniões clandestinas se realizam nos bosques;

Armandine Vernet, uma moça de 32 anos, mulher de mineiro, mãe de cinco filhos, muitas vezes aí toma a palavra, revelando-se excelente oradora, que sabe tocar o auditório, ela "que jamais se destacara".[97]

No Norte têxtil, é difícil o retorno ao trabalho; algumas demissões são o fogo no rastilho. Em 3 de maio, em Roubaix, cerca de 35 mil grevistas percorrem as ruas cantando; nos dias seguintes, a greve se estende às comunas vizinhas: Tourcoing, Wattrelos, La Madeleine, Hellemmes, Lannoy, Ronca, Neuvilly, Lille etc. Circulam grupos, recitando o velho refrão dos tecelões: "Se não querem nos aumentar, iremos tudo derrubar." Os grevistas são operários não especializados (unskilled) com salários medíocres; entre eles, muitas mulheres e jovens (os cerzidores) cujo ardor e impaciência explodem um pouco em toda parte. Eles foram particularmente sensíveis à onda, ao frêmito criado pelo Primeiro de Maio.

Vivem-no não só como um momento de reivindicação, mas como um começo, uma aurora, uma expectativa. "Vai acontecer alguma coisa" que transformará seu destino. Como os operários das fábricas de cobertores de Cours (Ródano) estão em greve há dois meses, o prefeito escreve em fevereiro: "Resistir mais dois meses é, no espírito de muitos desses infelizes, obter uma vitória estrondosa e a radical transformação de sua situação."[98] Esse sentimento de expectativa de um acontecimento foi notado por muitos observadores, tanto do lado operário como do lado burguês. Ao medo burguês responde a imensa esperança operária.

"Teremos uma jornada?", interrogam-se os jornais. E aqui reencontra-se a prática e a representação das "jornadas revolucionárias", essas bruscas acelerações da história quando o mundo pode oscilar. O tema do *Grande Dia*, precursor da *Grande Noite*,[99] está subjacente ao Primeiro de Maio. Ele se alimenta em fontes múltiplas, tanto religiosas como políticas. Abrindo as perspectivas do "paraíso sobre a terra", Saint-Simon escrevia em 1803: "Chegará o dia em que farei da terra um paraíso."[100] Os militantes do Primeiro de Maio têm o tom dos profetas para evocar esse "direito à felicidade", cujo reino finalmente chega.

O *Grande Dia* é também a visão de uma transformação rápida, de uma Revolução logo consumada pois inelutável, muito difundida na época, tanto entre os líderes socialistas como entre os operários,[101] reiterada nos *meetings* do Primeiro de Maio. Em Trélazé, o cidadão Brunet, marceneiro de Paris, preconiza-a para os seus camaradas de profissão; ele os exorta a parar o trabalho, a seguir em cortejo até a Prefeitura para exigir as oito horas. Se não forem atendidos, terão de "pegar em armas e explodir a dinamite as casas burguesas... Enfim chegou o momento da Revolução e o exército ficaria impassível".[102] Trecho de um discurso comum, mais ou menos violento, mil vezes repetido. Os militantes operários têm essa "loucura do futuro" pela qual se reconhecem os profetas – têm fé, em suma.

A ideia da iminência de uma grande transformação tinge esse fim de século. O pessimismo das classes dirigentes chama-a de "decadência" ou "catástrofe", o otimismo socialista denomina-a "Revolução". Não é tão simples explicar esse fenômeno de psicologia social, no qual se imbricam vários fatores. Sem dúvida o encerramento de um século leva os contemporâneos a refletir sobre o decorrer do tempo; a obra de Proust aí se enraíza. A mais curto prazo, o centenário da Revolução Francesa, comemorado com fausto, rememora as mutuações da sociedade francesa, interroga os sucessores em potencial: não é hora de entrar em cena o *Quarto Estado*? Signo premonitório, a Grande Depressão econômica não anuncia tempos novos?

Revelador pertinente das representações sociais, o Primeiro de Maio cristaliza influências múltiplas. Na confluência de várias tradições, ele se inscreve nessa perspectiva do advento que vai marcar, ainda por algum tempo, a visão operária do futuro.

É necessário, porém, que todos os operários comunguem dessa esperança. Os que se mantêm à parte da manifestação certamente são mais numerosos do que os que participam. A história do Primeiro de Maio – tal como a do movimento operário – não pode ser escrita como irresistível propagação de uma massa em fusão, como a enchente de um rio indomável alimentado por águas necessariamente afluentes. Essa visão lírica apenas excepcionalmente coincide com a realidade. Se a consciência operária sobre uma comunhão dos destinos tem algo de relativamente espontâneo, a adesão a uma identidade expressa por um ritual unitário não o é em absoluto. O ato político exterior que, com grande frequência, pretende fundá-la por decreto, pode ser sentido como uma agressão, uma intrusão na vida secreta dos grupos moldados por práticas muito antigas, sobretudo quando lhes sugerem, ou lhes impõem, modos de fazer. É preciso escrever também a indiferença, as resistências e mesmo a hostilidade que o Primeiro de Maio por vezes encontrou.

Assim, na Bretanha, cuja história sindical acaba de ser feita por Claude Geslin, o Primeiro de Maio não tem uma progressão linear, mas flutuações, até desaparecimentos, ligados principalmente à conjuntura política. As organizações operárias e socialistas se esforçarão em promovê-lo à força de circulares e instruções vindas de cima, isto é, de Paris. As palavras de ordem não correspondem às reivindicações locais, e essa paralisação imposta é tolerada com impaciência. Enfim, o cerimonial nacional praticamente não fala ao coração dos bretões. Alguns, porém, tentaram uma magnífica adaptação ao seu modo de vida. Em 1905, os militantes do Baixo Loire fretam um vapor – *La Basse-Indre* – que, todo aparelhado de vermelho, desce o Loire, de Saint-Nazaire a Nantes, embarcando em cada etapa as delegações operárias e seus estandartes, marcando cada parada como uma *via-crucis,* mas alegres, misturando os risos aos cantos da Internacional, regado a *muscadet* (vinho local com sabor de Moscatel). A chegada a Nantes, onde os camaradas aguardam no cais, é desordenada demais? Sempre em nome da respeitabilidade operária, os dirigentes da confederação intervém. "Em 1º de maio de 1907, Griffuelhes diz claramente em Saint-Nazaire que o Primeiro de Maio não deve ser um dia de festa, mas um dia de reivindicação. Terminados então os passeios pelo Loire."[103]

De modo geral, essa "festa" necessariamente ambígua, atravessada de tensões, jamais terá a popularidade do 14 de julho. Sob certos aspectos, ela mostra o relativo isolamento da classe operária na sociedade francesa e as dificuldades de uma nova cultura. É claro que nem por isso deixa de ser o rito proletário mais completo e uma apaixonante experiência de criação de uma simbologia.

NOTAS

1. Mona Ozouf, *La Fête Révolutionnaire, 1789-1799* (Paris, 1976).

2. A historiografia do Primeiro de Maio, tem sido principalmente política e factual. Tem se dedicado a destacar os papéis dos partidos e dos grupos, de preferência a fazer o estudo do seu conteúdo simbólico. O estudo pioneiro, sempre indispensável, é o de Maurice Domanget, *Histoire du Premier Mai* (Paris, 1953); ver também sua *Histoire du Drapeau rouge* (Paris, s/d). A obra de André Rossel, *Premier Mai, Quatre-vingt-dix ans de luttes populaires dans le monde* (Paris, 1977), notável fonte de documentação e principalmente de iconografia, não está isenta do primeiro tipo de preocupações citadas. Os estudos de Mona Ozouf, Maurice Agulhon (ver em esp. *Marianne au combat. L'imagerie et la symbolique républicaine de 1789 à 1880*. Paris, 1979, e o segundo volume, *Marianne au pouvoir L'imagerie et la symbolique républicaines de 1880 à 1914. Paris, 1990* a sair em breve) mostraram toda a fecundidade de uma reflexão sobre as relações entre o político e o simbólico. Eric Hobsbawm, por sua vez, iniciou-a no campo do movimento operário, "Sexe, vêtements et politique", *Actes de la recherche en sciences sociales*, n° 23 (1978) e o debate que se seguiu no n° 28 (1979), "Les fonctions de l'art". Como lhe prestar melhor homenagem do que adotando a via que ele mesmo abriu? É de se assinalar ainda a tese em curso

de Miguel Rodriguez, sobre "Premier Mai. Étude sémantique et symbolique". E, para a metodologia das manifestações, o número especial de *Ethnologie Française*, "Anthropologie culturelle dans le champ urbain". vol. 12/2 (abril-junho de 1982).

3. A. Rossel, *op. cit.*, p. 66.

4. *Le Cri du Peuple*, de Jeles Vallès, comenta-o largamente. E existem *canards* (volantes impressos) sobre os "oito mártires de Chicago", como o mencionado pelo livreiro André Jammes em seu Catálogo 241 (item n° 889).

5. Benoit Frachon, *Pour la CGT, Mémoire de lute (1902-1939)* Paris, 1981, pp. 11 e ss. "Le 1er Mai: de Chicago à mon village minier".

6. E. Levasseur, *L'ouvrier américain*, 2 v., Paris, 1898, em esp. v. 1, cap. 4; M. Dommanget, *La chevallierie du travail française*, Paris, 1967. Sobre o conhecimento que se tinha na França no final do século XIX a respeito do movimento operário americano, ver M. Debouzy, "Regards français sur les États-Unis: de l'observation à l'histoire", *Revue d'Études Américaines*, n° 13, fevereiro de 1982.

7. Delegados operários vão à Exposição de Filadélfia (1876), à de Chicago (1893); publicam relatórios nos quais analisam as condições de vida e trabalho dos operários americanos, com comparações com a situação francesa.

8. M. Perrot, "Dans le Paris de la Belle Époque: Les Apaches, premières bandes de jeunes", em *Les marginaux et les exclus dans l'histoire, Cahiers Jussieu*, n° 5, Paris, 1979.

9. A. Rossel, *op. cit.*, p. 48.

10. M. Perrot, *Les ouvriers en grève (1871-1890)*, 2 v., Paris, 1974, pp. 489 e ss., M. Dommanget, *Histoire du Premier Mai, op. cit.*, p. 65.

11. M. Perrot, *op. cit.*, p. 162.

12. M. Dommanget, *op. cit.*, pp. 28 e ss.

13. M. Perrot, *op. cit.*, pp. 283 e ss. "La durée de la journée de travail et son organisation."

14. M. Dommanget, *op. cit.*, p. 12.

15. A. Rossel, *op. cit.*, p. 84 ("Manifeste du Parti Ouvrier Français de la région du Nord") e p. 87, *Le Combat*, 29 de abril de 1890.

16. M. Dommanget, *op. cit.*, pp. 36-7.

17. M. Ozouf, *op. cit.*, p. 294.

18. *Idem*, p. 290.

19. *Idem*, p. 294.

20. M. Agulhon, *La République au village*, Paris, 1970.

21. Segundo a expressão de M. Ozouf, *op. cit.*, pp. 317 e ss.: cap. 10, "La fête révolutionnaire: un transferte de sacralité".

22. M. Abensour, "L'utopie socialiste: une nouvelle alliance de la politique et de la religion", em *Le temps de la réflexion*, n° 2, 1981.

23. M. Abensour, *op. cit.*, p. 105.

24. *Le Producteur*, v. II, Paris, 1826, p. 330. Sobre o Carnaval e a Revolução, ver Alain Faure, *Paris Carême-Prenant, Du Carnaval à Paris au XIXe siècle*, Paris, 1978.

25. Étienne Cabet, *Voyage en Icarie*, 2ª ed., Paris, 1842, p. 253.

26. *Idem*, p. 269.

27. *Idem*, p. 271.

28. *Idem*, p. 271.

29. M. Perrot, *op. cit.*, II, p. 637.

30. Citado por Dommanget, *Histoire du Premier Mai, op. cit.*, p. 67: Circular Lavigne, *Le Cri du Peuple*, 27 de janeiro de 1889.

31. Arquivos Departamentais do Loire, 10 M 87, peça 109 (Cartaz assinado: "os grupos operários adeptos da Manifestação").

32. S. Moscovici, *L'âge des foules. Un traité historique de psychologie des masses*, Paris, 1981, pp. 144 e ss.

33. Protot foi um deles. Cf. nota de rodapé, p. 133-134.

34. *Le Prolétariat*, 5 de abril de 1890.

35. Joffrin antegoza um fiasco: *Le Radical*, 13 de abril de 1890.

36. Arquivos do Comissariado de Polícia de Paris: B A/21, peça 464: cartaz de 14 de abril de 1890.

37. Arq. Com. Pol. Paris: B A/41, peça 488, cartaz dos anarquistas da 11ª e 12ª circunscrições de Paris.

38. Sobre os guesdistas e sua implantação, ver a obra fundamental de Claude Willard, *Le mouvement socialiste en France (1893-1905). Les Guesdistes*, Paris, 1965.

39. Yves Lequin, *Les ouvriers de la région lyonnaise (1848-1914)*, 2 v., Lyon, 1977. Outro exemplo: Em Roubaix (Norte, Arquivos Departamentais, M 159/2: a câmara sindical operária formou uma comissão de cinco membros, "a qual tem por missão estudar os meios a serem empregados para paralisar o trabalho no 1° de maio". Em meados de abril, o prefeito indica ao ministro do Interior um calendário inteiro de reuniões tanto em Lille como em Roubaix. Delory, militante guesdista, aí se empenha particularmente: em 13 de abril, está no bar da Harmonia; no dia 14, no bar Deseck; no dia 15, no da Glacière; no dia 19, no bar do Orphéon em Fives--Lille; no dia 21, no da Barque etc. Há reuniões de bairro todas as noites. Vê-se o papel essencial de alguns militantes. Em certo sentido, pode-se dizer que o Primeiro de Maio foi feito por um punhado de homens.

40. Gabriel Tarde, *L'opinion et la foule:* ele destaca a importância das comunicações no funcionamento da sociedade. A respeito, cf. S. Moscovici, *op. cit.*, pp. 250 e ss.

41. Jacques Rancière, *La nuit des prolétaires. Archives du rêve ouvrier*, Paris, 1981, mostra (entre outras) as formas da comunicação saint--simoniana.

42. *Le Combat...*, 1° ano, n° 1, 19 de março de 1890 – até o n° 21, dezembro de 1890 (BH, Lc2 4131).

43. Arq. Com. Pol. Paris, B A/41, peça 478 (reprodução em Rossel, *op. cit.*, p. 109).

44. Miguel Rodriguez fará uma análise sistemática do estilo e do vocabulário desses adesivos que constituem um material homogêneo, favorável a um estudo semântico. Para muitos militantes, as campanhas do Primeiro de Maio estão associadas à colagem de adesivos. Cf. B. Frachon, então estudante em Firminy, lembrando-se do Primeiro de Maio de 1906: "Todos os dias encontrávamos panfletos, adesivos que nos forneciam as palavras de ordem e os objetivos (...). Então tínhamos, para imitar os adultos, de preparar nosso material, nossos adesivos, nossos cartazes, nossas bandeiras vermelhas... Uma palavra de ordem em particular tinha chamado nossa atenção: 'Querer é po-

der. Queiramos pois a jornada de oito horas". Fizemos adesivos com essa chamada, mas havia alguma coisa que destoava nesse texto: não podíamos reclamar propriamente a jornada de oito horas quando eram apenas seis horas de aulas! Não seja por isso! Nossa palavra de ordem virou 'a jornada de quatro horas'. Íamos colar adesivos nas portas de cada sala de aula": *op. cit.*, pp. 12-3.

45. Assim procedeu o Centro Piero Goverti de Turim, com a coleção de *bandiere* (bandeiras) reunidas no Museu do Risorgimento de Turim. Ver o magnífico catálogo editado a respeito.

46. Arquivos departamentais do Ródano, dossiê do 1º de maio de 1890, série M, Relatório do Comissário especial de polícia, 29 de abril de 1890.

47. Arq. Com. Pol. Paris, B A/41 (reproduzido por A. Rossel, *op. cit.*, p. 89).

48. Arquivos Nacionais, F 12 4667, Relatório da polícia civil, Bessèges, 2 de maio de 1890.

49. Arq. Dep. do Ródano, série M, dossiê do 1º de maio de 1890, Comissário especial ao prefeito, 17 de abril de 1890.

50. Arq. Dep. do Ródano, *idem*, relatório do prefeito (Jules Gambon) ao Ministério do Interior, 1º de maio de 1890: "Hoje todo esse mundo respira."

51. Arq. Dep. do Ródano, *idem*, relatório de um agente, 1º de maio de 1890.

52. Arq. do Ródano, *idem*, relatório do juiz de paz de Thizy, 21 de abril de 1890.

53. Yves Lequin, *Les ouvriers de la région lyonnaise, op. cit.*, v. 1, pp. 94 e ss., para a situação econômica; v. 2, para o estudo do movimento anarquista.

54. H. Oeconomo, "Le Premier Mai 1906 à Paris", Universidade Paris VII, dissertação de mestrado, 1978.

55. *Le Dix-Neuvième Siècle*, 2 de maio de 1890.

56. Arq. do Norte, M 159/2, peça 3, relatório da polícia civil, 2 de maio de 1890.

57. Arq. Nac., BB 18 1816, relatório da polícia civil, 30 de abril de 1890.

58. Arq. Nac., F 12 4667, prefeito de Sarthe ao ministro do Interior, 5 de maio de 1890.

59. Arq. Nac., F 12 4667 e *L'indépendant de l'Allier*, 3 de maio de 1890.

60. Arq. Nac., F 12 4667.

61. Arq. Nac., F 12 4667, prefeito de Meuse ao ministro 5 de maio de 1890.

62. Cf. Rancière, *La nuit des prolétaires, op. cit.*; M. Perrot, *op. cit.*, pp. 450-70, "La conduite de la grève – les meneurs".

63. Arq. Dep. do Loire, 10 M 87, dossiê preparatório do Primeiro de Maio. Ata de uma reunião pública em Roanne, 30 de abril de 1890. Nessa região em crise, a tese da luta contra o desemprego está no centro da argumentação. As oito horas são necessárias em razão do progresso técnico.

64. Arq. Dep. do Norte, M 159/2, peça 2, lista das petições entregues ao subprefeito e ao prefeito.

65. *Le Combat*, 5 de maio de 1890.

66. Rossel, Premier Mai, p. 66. As exigências de proteção legal do trabalho feminino e infantil, de grande destaque em nível nacional, mal foram adotadas em nível local.

67. Oeconomo, "Le Premier Mai à Paris", acentua particularmente este aspecto. As manifestações tinham um predomínio maior em Paris do que nas províncias, onde era maior o público feminino e, portanto, com um apelo familiar. Quando as tropas dispararam sobre as manifestações em Fourmies, em 1891, as vítimas foram mulheres e crianças, pois estavam à frente da procissão.

68. APP, BA 49, sublista 11, sobre as manifestações do Primeiro de Maio nos subúrbios de Paris, traz relatórios sobre "*fêtes familiales*" referidas como *Fêtes du Travail* (Festas do Trabalho) em Adamville, Montrouge, Boulogne-Billancourt e Choisy-le-Roi, onde eram organizadas por grupos socialistas revolucionários e (com menos frequência) por seções sindicais locais.

69. Sobre este ponto, ver Hobsbawm, "Sexe, vêtements et politique"; Michelle Perrot, "Masculin/féminin dans les classes populaires urbaines au XIXe siècle", comunicação inédita apresentada à Society for French Historical Studies, março de 1982, Nova York.

70. O que não sabemos é se havia uma tendência à padronização das formas assumidas pela manifestação ou, pelo contrário, se aumen-

tou a proporção de iniciativas locais e a diversificação dos modos de expressão empregados no Primeiro de Maio. A tese de Miguel Rodriguez nos trará mais informações a respeito.

71. Perrot, *Les Ouvriers en grève*, vol. I, pp. 283 e ss.

72. M. Garmiche-Mérit, "Le Système buéton, Bué-en-Sancerrois (1900-1914)" (Universidade de Paris VII, tese de doutoramento de terceiro ciclo, 1982).

73. Sobre a resistência ao trabalho, ver Rancière, *La Nuit des prolétaires*; sobre a resistência à fábrica, ver a pesquisa inédita de Michael Seidman a respeito dos conflitos trabalhistas na época da Frente Popular.

74. Claude Geslin, "Le sindicalisme ouvrier en Bretagne avant 1914", Universidade de Paris X – Nanterre, doutorado de estado, 1982, matiza esse ponto de vista: por exemplo, no Baixo Loire, a organização do trabalho por tarefa se adapta mal à fixação de uma jornada de oito horas, e muitos operários são reticentes, e até hostis a uma tal palavra de ordem, que lhes proibiria de fazer, além do mais, horas extraordinárias.

75. *La Défense des Travailleurs de Saint-Quentin*, 4 de maio de 1890.

76. *Le Figaro*, 3 de maio de 1890: "alguns por brincadeira até caem com grandes gestos e gargalhadas ao lado das elegantes mais irrepreensíveis e das mulheres todas acetinadas". Pode-se avaliar tudo o que há de "escandaloso" nesse tratamento dado ao luxo.

77. Arq. Dep. do Loire, peça 104, peça 9: banquetes em Charlieu (45 pessoas), Saint-Denis (150 pessoas), Boishameau (15 pessoas) etc.

78. Maurice Agulhon, *La Republique au village, op. cit.*, enfatizou esse papel fundamental da *chambrée*, local de reunião tradicional dos homens, que se transformou em local político e sindical: belo caso de mutação da permanência.

79. Rosemonde Sanson, *Les 14 juillet, fête et conscience nationale, 1789-1975*, Paris, 1976, em esp. pp. 56 e ss., "la fête de la Bourgeoisie".

80. Na época praticamente não se sabe calcular uma multidão, daí as variações nos números apresentados.

81. M. Dommanget, *Histoire du Drapeau rouge*, Paris, s/d, mas por volta de 1976. O abandono, no século XX, da rosa silvestre vermelha pelo

junquilho branco coloca todo um problema de transferência simbólica; em certo sentido, isso consagra a passagem da manifestação revolucionária para a "festa do trabalho", tal como queria o remige de Vichy.

82. Miguel Rodriguez (tese em andamento) arrolou perto de duzentos slogans diferentes nos cartazes do 1° de maio de 1919.

83. *L'Indépendant du Centre*, 2 de maio de 1890. Sobre o papel eminente de Jean Dormoy para o sucesso desse Primeiro de Maio no Allier, cf. M. Dommanget, *Histoire du Premier Mai, op. cit.*, p. 78 e ss.

84. M. Agulhon, *Marianne au Combat, op. cit.*

85. Ver um exemplo de transferência iconográfica em M. Perrot, *op. cit.*, figura 9, p. 300, ilustração de "La Grève Générale", canção revolucionária de 1900.

86. M. Perrot, "O olhar do Outro: os patrões franceses vistos pelos operários", [artigo 3 desta coletânea].

87. Arq. Dep. de Bouches-du-Rhône, M6 3405.

88. Arq. Dep. de Maine-et-Loire, 71 M2.

89. Arq. Nac., BB18 1816.

90. Arq. Dep. de Isère, 75 M 2 (dossiê de 321 peças); Arq. Nac., BB 18 1816, Caso Martin (de Vienne): *Le Procès des Anarchistes de Vienne devant la Cour d'Assises de L'Isère (12 août 1890)*, Saint-Étienne, 1890.

91. Arq. Dep. de Isère.

92. Esse cartaz está reproduzido em M. Perrot, retirado dos Arq. Dep. de Isère, 75 M2, peça 187, v. 1, p. 140, figura 2.

93. *Le Petit Dauphinois Républicain*, 9 de agosto de 1890.

94. *Le Procès des Anarchistes...*, *op. cit.*, pp. 33-4.

95. Arq. Com. Pol. Paris, B A/170, dossiê sobre a greve dos vidraceiros (73 peças).

96. Arq. Dep. do Gard, 14 M 447, comissário de polícia de Bessèges, 7 de maio de 1890. I. M. Gaillard, "Le 1er mai 1890 dans le bassin houiller du Gard", *Le Mouvement Social*, n° 94 (janeiro-março de 1976).

97. Arq. Dep. do Gard, 14 M 447, ficha de polícia de 3 de junho de 1890.

98. Arq. Dep. do Ródano, série M, dossiê das greves de 1890, do prefeito ao ministro do Interior, 22 de fevereiro de 1890.

99. M. Perrot, *Les ouvriers en grève, op. cit.*, v. 2, pp. 631-2; sobre o tema da "Grande Noite", ver o estudo muito interessante de D. Seenhuyse, "Quelques jalons dans l'tude du thème du *Grand Soir* jusqu'en 1900", *Le Mouvement Social*, nº 75 (abril-junho de 1971). O autor detecta um primeiro aparecimento da expressão em 1882, a propósito dos distúrbios de Montceaules-Mines; mas "é preciso esperar 1892 para ter uma informação mais segura: é a data da criação oficial da expressão". Ela provém dos meios da boêmia jornalística e literária da capital. "É apenas em 1898-1899 que a Grande Noite passa a ser empregada num sentido revolucionário nos meios da anarquia, entre militantes e jornalistas voltados para a propaganda escrita." O autor analisa as origens religiosas e sociais do tema, sua ligação com o tema milenarista. Segundo ele, o máximo de popularidade do mito em meios operários foi atingido entre 1900 e 1920.

100. Saint-Simon, *Lettres d'un habitant de Genève à ses contemporains* (1803), citado por M. Abensour, "L'utopie socialiste", *op. cit.*, *Le temps de la réflexion*, nº 2, 1981, p. 74.

101. Sobre o milenarismo operário e socialista, cf. M. Perrot, *Les ouvriers en grève, op. cit.*, pp. 630 e ss.; *Le socialisme français et le pouvoir*, Paris, 1966 (com Anne Kriegel). E o estudo de D. Seenhuyse, citado anteriormente.

102. Arq. Dep. do Maine-et-Loire, 71 M2, peça 175.

103. Cl. Geslin, "Le syndicalisme ouvrier en Bretagne", *op. cit.*, p. 810.

PARTE II

MULHERES

6
AS MULHERES, O PODER, A HISTÓRIA

As relações das mulheres com o poder inscrevem-se primeiramente no jogo de palavras. "Poder", como muitos outros, é um termo polissêmico.[1] No singular, ele tem uma conotação política e designa basicamente a figura central, cardeal do Estado, que comumente se supõe masculina. No plural, ele se estilhaça em fragmentos múltiplos, equivalente a "influências" difusas e periféricas, em que as mulheres têm sua grande parcela.

Se elas não têm o poder, as mulheres têm, diz-se, poderes. No Ocidente contemporâneo, elas investem no privado, no familiar e mesmo no social, na sociedade civil. Reinam no imaginário dos homens, preenchem suas noites e ocupam seus sonhos. "Somos mais do que a sua metade; somos a vida que vocês passam para seu sono; e pretendem vocês dispor o plano dos seus sonhos", declara uma heroína de romance, nesse século XIX que, mais do que qualquer outro, celebrou *a Musa e a Madona*.[2]

Um tema ambíguo e atual

As representações do poder das mulheres: imenso tema de investigação histórica e antropológica. Essas representações são numerosas e antigas, mas muitas vezes recorrentes. Elas modulam a aula inaugural do *Gênesis*, que apresenta a potência sedutora da eterna Eva. A mulher, origem do mal e da infelicidade, potência noturna, força das sombras, rainha da noite, oposta ao homem diurno da ordem e da razão lúcida, é um grande tema romântico, e, em particular, de Mozart a Richard Wagner, da ópera. Em *Parsifal,* a busca da "salvação consiste em exorcizar a ameaça que a mulher representa para o triunfo de uma ordem dos homens".[3]

Na sociedade francesa do século XIX, predominam as imagens de um poder conjuntivo, circulando no tecido social, oculto, escondido, secreto mecanismo das coisas. Segundo um viajante inglês dos anos 1830, "embora juridicamente as mulheres ocupem uma posição em muito inferior aos homens, elas constituem na prática o sexo superior. Elas são o poder que se oculta por detrás do trono e, tanto na família como nas relações de negócios, gozam incontestavelmente de uma consideração maior do que as inglesas".[4] Mais prosaicamente, é a ideia muito difundida de que as mulheres puxam os fiozinhos dos bastidores, enquanto os pobres homens, como marionetes, mexem-se na cena pública. Inspiradora da decisão política, muitas vezes tomadas "sobre o travesseiro", a mulher, em si tão pouco criminosa, é a verdadeira instigadora do crime. "Procurem a mulher", dizem em coro Lombroso e Joly.[5]

As mulheres, além disso, não são exclusivamente forças do mal. São também potência civilizadora, outro tema muito antigo[6] reatualizado no século XIX pela insistência sobre a função educadora de uma criança revalorizada. As mães possuem "os destinos do gênero humano", escreve Louis-Aimé Martin numa obra com título significativo: *De l'éducation des mères de famille, ou de la civilisation du genre humain par les femmes* (Da educação das mães de família, ou da civilização do gênero humano pelas mulheres).[7] A figura obcecante da Mãe tende a absorver todas as outras.

Mas então as mulheres não deteriam *de fato* a realidade do poder? "É um sexo que se chama frágil e no entanto exerce, seja sobre a família, seja sobre a sociedade, uma espécie de onipotência tanto para o bem como para o mal", prega o Padre Mercier, cuja demonstração foi analisada magnificamente por Marcel Bernos.[8]

Observemos quão atual é essa problemática da inversão. Ela é reforçada pela importância conferida à sociedade civil e seus atores, à dimensão privada da vida. Em época de privatização, para retomar as formulações de Hirschman,[9] o polo feminino da sociedade se tornaria prioritário.

É uma ideia comum, e encontram-se ressonâncias suas entre homens de meios políticos muito diversos. "A transformação do mundo virá pelas mulheres", dizia Giscard d'Estaing,[10] reatualizando o velho mito da mulher redentora. Daí a responsabilidade nova – assustadora – das mulheres. Daí também a ideia de uma tomada do poder pelas mulheres e uma derrota dos homens, subjacente a muitos textos masculinos atuais, ou explícita em obras como *Cidade das Mulheres* de Fellini ou *Mulheres* de Philippe Sollers.

Por outro lado, a pesquisa feminista recente por vezes contribuiu para essa reavaliação do poder das mulheres. Em sua vontade de superar o discurso miserabilista da opressão, de subverter o ponto de vista da dominação, ela procurou mostrar a presença, a ação das mulheres, a plenitude dos seus papéis, e mesmo a coerência de sua "cultura" e a existência dos seus poderes. Foi o que poderia se chamar a era do matriarcado, triunfante numa certa época da antropologia feminista americana, o tempo das Amazonas de Françoise d'Eaubonne, das *Guerrières et Gaillardes (Guerreiras e levianas)* de Pierre Samuel,[11] simpática e ardente demonstração da força física das mulheres.

Certos trabalhos etnológicos, aliás absolutamente fundamentais, tendem a essa inversão. Assim são os belos livros de Martine Segalen e, em menor medida, de Yvonne Verdier.[12] Insurgindo-se, a justo título, contra a falsa visão da mulher rural oprimida, construída a partir de preconceitos por etnólogos do século XIX como Abel Hugo, Martine Segalen tende a apresentar uma sociedade sem conflito, fundada numa repartição equilibrada dos papéis, tarefas e espaços, mais complementares do que concorrentes. E o que perturba esse equilíbrio, fruto de pesos e contrapesos multisseculares, é a evolução econômica atual que, com o desenvolvimento do sistema bancário, reforça o impacto da gestão masculina. É a tese que, de modo muito mais sistemático, Ivan Illich apresenta em *Le Genre Vernaculaire* (O gênero vernacular)[13], na qual opõe a complementaridade de diferenças reconhecidas e organizadas nas sociedades tradicionais à unicidade do "sexo" econômico das sociedades industriais, ruinosa para as mulheres.

Dois estudos de Suzan Rogers[14] ilustram essa vontade de demonstração ("Female forms of power and the myth of male dominance") e, simultaneamente, a consciência ulterior dos limites e caráter variável dessa tese. Na primeira monografia, centrada sobre uma comuna do Nordeste da França, a autora insiste nos poderes informais das mulheres que controlam *de fato* a parte mais importante dos recursos e das decisões; nessas condições, a perpetuação do "mito" do poder masculino serve aos interesses dos dois "gêneros"; por trás da ficção desse poder, as mulheres podem desenvolver à vontade suas próprias estratégias. Numa segunda pesquisa, situada agora em Sainte-Foy (Aveyron), S. Rogers foi levada a matizar muito suas conclusões. Aqui, as mulheres têm muito menos poderes, mesmo informais: isso se deveria principalmente a um *habitat* muito mais disperso, que afasta as comunicações entre as mulheres, e também a regras diferentes de herança. Assim, não existe modelo geral válido para todas as sociedades rurais, e a autora conclui com a necessidade de elaborar modelos mais refinados providos de diversas variáveis. Coisa que também convida à prudência na apreciação globalizante das sociedades passadas.

Um desejo análogo de inverter as perspectivas historiográficas tradicionais, de mostrar a presença real das mulheres na história mais cotidiana, sustentou o esforço das historiadoras nesses últimos anos. Três exemplos entre outros. O sucesso dos livros de Jeanne Bourin e Régine Pernoud[15] colocou a questão do estatuto relativamente privilegiado da mulher na Idade Média. Georges Duby em particular insurgiu-se contra uma visão considerada excessivamente idílica. Em *Le Chevalier, la Femme et le Prêtre* (O cavaleiro, a mulher e o padre), ele ressalta, pelo contrário, como as mulheres se mantêm objeto do poder masculino, elemento de troca nos arranjos matrimoniais e, finalmente, muito silenciosas. "Fala-se muito. O que se sabe delas?",[16] pergunta ele em conclusão.

Estudando "as burguesas do Norte da França no século XIX", Bonnie Smith mostra a atividade multiforme das "senhoras da classe ociosa"[17] que, excluídas da empresa, tentaram reconstruir um feminismo doméstico, apoiado na casa e na religião.

O mesmo espírito percorre a *Historie sans qualité* (História sem qualidade) no qual eu, por minha vez, quis substituir a representação dominante de uma dona de casa insignificante, negligenciada e negligenciável, oprimida e humilhada, pela de uma "mulher popular rebelde", ativa e resistente, guardiã das subsistências, administradora do orçamento familiar, no centro do espaço urbano.[18]

Um procedimento idêntico anima esses textos. Ele procede por inversão, subversão dos polos; o negro se torna branco (ou vermelho, como se quiser). Ele prefere a partilha ao conflito. Insiste na existência de uma esfera, de um "mundo das mulheres" caracterizado pela sua sociabilidade, suas formas próprias de expressão, sua "cultura", em suma. Corresponde sem dúvida a uma fase de reavaliação eufórica da história das mulheres, e ao mesmo tempo à descoberta do prazer do convívio feminino.

Ele também tem seus riscos, suas fraquezas. É sistemático e dicotômico demais. Reforça a tese do "poder social" das mulheres, sustentada por quem tem a intenção de mantê-lo lá. Já que as mulheres têm tais poderes, o que elas reivindicam?

Assim, a análise do poder das mulheres também é um jogo de poder.

A questão do poder das mulheres no século XIX

Tomando o exemplo do século XIX, eu gostaria de mostrar os laços entre a formulação de uma questão e o tipo de sociedade que a produziu, em particular o tipo de relação entre os sexos que a estrutura. Deve ficar claro que não se trata absolutamente de uma história das origens. O século XIX nada inventa nesse domínio; ele apenas reformula uma questão muito antiga, na verdade eterna, reapropriando-se dela. Talvez com uma intensidade particular, na medida em que a construção das democracias ocidentais vem acompanhada, e mesmo apoiada, numa definição mais estrita do público e do privado e dos papéis sexuais.

Seria interessante comparar essa experiência a outras. Há o caso em que a exclusão das mulheres do poder político ocorre pura e simplesmente; há outros em que essa exclusão vem acompanhada por justificativas ou compensações, e outros ainda onde ela se dá em graus variados. Seria preciso examinar e comparar teorias e práticas. As mulheres e a política: é ainda um vasto campo de reflexão para nossos esforços conjuntos.

História e poder das mulheres no século XIX:
o caso Michelet

"As mulheres! Que potência!", escreve Michelet. Indivíduo e historiador, essa questão o assombra. Ele tem uma visão profundamente sexuada da história, como Thérèse Moreau mostrou num livro recente.[19] Segundo ele, a oposição entre homem/cultura e mulher/natureza domina a história das sociedades e comanda as pulsões dos acontecimentos. Profundamente ambivalente, o princípio feminino deve ser respeitado. Tanto que a natureza feminina tem dois polos: um maternal e benéfico, outro mágico, vermelho como o sangue, negro como o diabo, maléfico. Mães, as mulheres são benevolentes:

assim, em 5 e 6 de outubro de 1789, elas se conformam ao seu papel tradicional de donas de casa. "As mulheres estiveram na vanguarda de nossa Revolução. Não é de admirar: elas sofriam mais."[20] Ou ainda, na festa da Federação elas cimentam a união dos cidadãos, fazendo com que o entusiasmo da família conflua para a pátria, associando o privado ao público: "Convocadas ou não convocadas, elas tiveram a mais viva participação nas festas da Federação. Não sei em que aldeia, os homens tinham se reunido sozinhos num grande edifício, para redigirem juntos uma mensagem para a Assembleia Nacional. Elas se aproximam, escutam, entram com lágrimas nos olhos, também querem estar ali. Então releem a mensagem para elas; elas aderem de todo o coração. Essa profunda união entre família e pátria trouxe a todas as almas um sentimento desconhecido."[21] Mas renunciem elas a esse papel, queiram usurpar o poder masculino – como Catarina de Médici, encarnação do mal e da infelicidade –, deixem desencadear a violência, o gosto pelo sangue, a paixão noturna que nelas habita, e a história, tal como um rio selvagem que sai do seu leito, destruirá tudo à sua passagem.

O curso dos acontecimentos coletivos depende, como a felicidade e a paz dos lares, desse equilíbrio dos sexos. Michelet demonstra-o em diferentes fases da história da França, e mais particularmente durante a Revolução. Dominado pela lei paterna e pela autoridade real, o século XIV lhe parece uma era de progressos decisivos, pela exclusão das mulheres. No século XV, o obscurecimento do direito, a mistura dos sexos acarretam a desordem dos espíritos – a loucura de Carlos VI – e do reino. Figura masculina por excelência, Francisco I recompõe a situação; mas à sua morte, com Catarina, inicia-se um longo período de inversão dos papéis e aberrações sexuais. Assim, a mulher "desfigura a história por cem anos".

A feminilização da Monarquia, no final do século XVIII, também é a marca da decadência. Por natureza e formação, as mulheres são contrarrevolucionárias: preferem a anarquia da palavra à ordem da escritura; "aristocratas" por natureza, são hostis à igualdade. "A palavra sagrada da Nova Era – *Fraternidade* – a mulher soletra, mas ainda não lê".[22] Ela é a principal responsável pelo desencadeamento da violência: os massacres de Setembro são um sabá cruento atravessado pelo prazer das mulheres; e os homens que fazem o Terror – Marat, Couthon ou Robespierre – são "homens-mulheres". Sobretudo Marat "por temperamento era mulher e mais que mulher, muito nervoso e muito sanguíneo"; sua casa, como sua doença na pele, são femininas. Só Danton era "primeiro e acima de tudo um homem", e por isso capaz de se impor às mulheres, ao povo – que é mulher[23] –, e talvez salvar a Revolução.

Sem dúvida, jamais os papéis sexuais foram definidos com maior rigor normativo e explicativo. O poder político é apanágio dos homens – e dos homens viris. Ademais, a ordem patriarcal deve reinar em tudo: na família e no Estado. É a lei do equilíbrio histórico.

O matriarcado: um mito das origens

A questão do matriarcado está no centro das discussões antropológicas do século XIX. Françoise Picq[24] mostrou que existia a respeito um amplo consenso. Para Bachofen, Morgan, Engels ou Briffault, não há dúvidas quanto às mulheres estarem na origem do direito, o qual teriam instituído como uma barreira para se proteger da lubricidade dos homens (Bachofen). Mas para a maioria, trata-se de um estado primitivo e bárbaro. O direito materno constitui uma etapa no estabelecimento do direito, em que a filiação patrilinear marca o progresso decisivo. Para Bachofen, o direito paterno romano é um salto para a civilização. Apenas Engels destaca "a derrota histórica do sexo feminino", ligada à consolidação da propriedade privada, e vê na monogamia e sua forma moderna – o casamento burguês – a chave da opressão das mulheres. Ao contrário de Morgan, a quem tanto deve, Engels considera que essa evolução não é um progresso: em certo sentido, a idade de ouro está atrás de nós. Mas, ao mesmo tempo, ele subordina por muito tempo, na teoria e na ação socialistas, a liberação das mulheres à coletivização da propriedade.

Tudo isso já é muito conhecido para aqui insistirmos nesses pontos. No que se refere ao poder das mulheres, existem vários traços interessantes, perfeitamente enquadrados nas ideias dominantes do século XIX. Primeiramente, a potência civilizatória atribuída à mãe: Briffault, particularmente, desenvolve o tema do sedentarismo e da agricultura. A seguir, o predomínio da figura do pai, fim último desse encaminhamento teleológico, cujas vitórias nesse final de século são incontáveis e se justificam pelo interesse geral público e privado. Por fim, a inscrição na história das relações entre os sexos; elas não se radicam numa ordem natural fixa; são produto de uma evolução; a subordinação das mulheres é resultado de um processo que se poderia imaginar reversível.

Compreende-se, ao mesmo tempo, a atenção apaixonada que as feministas dedicaram a tais teorias. Em 1901, um "Grupo francês de estudos feministas" coloca a questão em sua ordem do dia e publica um folheto a respeito. Mas é sobretudo na Alemanha, em Heidelberg e Munique, nos meios intelectuais progressistas tão bem encarnados pelas irmãs Von Richthofen,[25] ligadas a Gross, Max Weber, Lawrence..., que se discute o matriarcado, e ainda as relações sexuais, a loucura, o amor livre.

Compreende-se também a nova onda de interesse que esses autores suscitaram há alguns anos entre as antropólogas feministas, que se deparavam com a lógica assexuada do estruturalismo. Mas o matriarcado se revelou um impasse. Mesmo os trobriandeses perderam sua aura.

Em contrapartida, como representação do poder das mulheres e das relações entre os sexos, esses textos conservam todo o seu sabor.

Público, privado, poder das mulheres no século XX

As fronteiras entre o público e o privado nem sempre existiram. Elas mudam com o tempo. Sua evolução, a fragilidade do seu equilíbrio, a tendência global à privatização com fases alternadas de "público" e "privado" são um dos principais temas da reflexão contemporânea, ilustrada principalmente por J. Habermas, R. Sennett, Hirschman.[26] O século XIX liberal marcaria um divisor na questão, mesmo que a "sociedade civil", entre o Estado e o indivíduo privado, continue a ser, pelo menos na França, um conceito um tanto vago.

O que aqui nos interessa é a constituição de um espaço político, em larga medida inseparável do "público", com uma dupla exclusão: os proletários, as mulheres. O Quarto Estado saberá fazer valer seus direitos melhor do que o Segundo Sexo. Os homens proletários, depois de 1848, de bom grado retomam por conta própria a postura excludente burguesa contra a capacidade política das mulheres.

Essa exclusão das mulheres pouco condiz com a Declaração dos Direitos do Homem, que proclama a igualdade entre todos os indivíduos. As mulheres não seriam "indivíduos"? A questão é embaraçosa; muitos pensadores – como Condorcet, por exemplo – pressentiram-na. Única justificativa: argumentar sobre a diferença dos sexos. É por isso que esse velho discurso retoma no século XIX um novo vigor, apoiando-se nas descobertas da medicina e da biologia.[27] É um discurso naturalista, que insiste na existência de duas "espécies" com qualidades e aptidões particulares. Aos homens, o cérebro (muito mais importante do que o falo), a inteligência, a razão lúcida, a capacidade de decisão. Às mulheres, o coração, a sensibilidade, os sentimentos.

Estereótipos gastos dos epígonos do antifeminismo? Sem dúvida, como acaba de mostrar Anne-Lise Maugue.[28] Mas também princípios de organização política enunciados pelos filósofos mais notáveis. Fichte: "Sua feminilidade proporciona preferencialmente

186 | OS EXCLUÍDOS DA HISTÓRIA

uma aptidão prática à mulher, mas em caso algum uma aptidão especulativa." Por conseguinte, "as mulheres não podem ocupar cargos públicos". Hegel fala da "vocação natural" dos dois sexos. "O homem tem sua vida real e substancial no Estado, na ciência ou em qualquer outra atividade do mesmo tipo. Digamos de modo geral no combate e no trabalho que o opõem ao mundo exterior e a si mesmo." A mulher, pelo contrário, é feita para a piedade e o interior. "Se se colocam mulheres à frente do governo, o Estado se encontra em perigo. Pois elas não agem conforme as exigências da coletividade, mas segundo os caprichos de sua inclinação e seus pensamentos."[29] Auguste Comte vai ainda mais longe, já que fala da "inaptidão radical do sexo feminino para o governo, mesmo da simples família", em virtude da "espécie de estado infantil contínuo" que caracteriza o sexo feminino. O doméstico não lhe poderia ser entregue sem controle; mas concorda-se em confiar às mulheres – dentro de certos limites – a família, a casa, núcleos da esfera privada.

O século XIX acentua a racionalidade harmoniosa dessa divisão sexual. Cada sexo tem sua função, seus papéis, suas tarefas, seus espaços, seu lugar quase predeterminados, até em seus detalhes. Paralelamente, existe um discurso dos ofícios que faz a linguagem do trabalho uma das mais sexuadas possíveis. "Ao homem, a madeira e os metais. À mulher, a família e os tecidos", declara um delegado operário da exposição mundial de 1867.

A economia política reforça essa visão das coisas, ao distinguir produção, reprodução e consumo. O homem assume a primeira e a mulher o terceiro, e cooperam na segunda. A concepção de uma economia doméstica feminina se desenha nos *tratados* do final do século XVIII e início do século XIX. Madame Gacon-Dufour, por exemplo, em seu famoso tratado de economia doméstica, dirige-se exclusivamente à *dona de casa,* encarregada do lar, enquanto as obras equivalentes dos séculos XVII e XVIII falavam do "dono de casa" como de um verdadeiro chefe de empresa rural.[30] Essa linguagem da empresa, da "ciência" doméstica e da dona de casa como uma verdadeira "patroa" se desenvolve no século XIX, tanto na Inglaterra[31] como na França. A administração do orçamento é o pivô desse novo ramo da economia política. Mais tarde, no século XX, com a eletricidade e as "artes domésticas", a dona de casa se tornará uma espécie de engenheira,[32] comandando as máquinas de uma cozinha-fábrica.

Mas esse poder também se exerce na cidade. Na esfera autonomizada da mercadoria, a mulher burguesa e mesmo operária seria soberana, decidindo as compras, a difusão do gosto, o sucesso da moda, motor da indústria essencial, o têxtil, reinando sobre o consumo. Símbolo desse poderio: a linguagem publicitária que se dirige primeiramente a ela; os Grandes Magazines, espaço feminino por excelência, seu reinado.[33]

Esposa e mãe, "divindade do santuário doméstico", como dizia Chaumette,[34] a mulher seria igualmente investida de um imenso poder social,[35] para o melhor e para o pior.

Esses são os princípios. Tal seria a norma. Mas a proliferação dos discursos, ampliada pelos fantasmas recíprocos, não poderia dar conta das práticas, muito mais difíceis (impossíveis?) de aprender. Qual era a natureza e a extensão do ou dos poderes femininos no século XIX? Como se fazia a repartição das decisões entre os dois sexos? Quais os conflitos, abertos ou ocultos, que se formaram a respeito? Só um estudo acurado, empreendido no nível do detalhe da família, da comunidade local, do Estado, permitiria talvez uma visão mais clara.

Esboça-se um triplo movimento no século XIX: relativo retraimento das mulheres em relação ao espaço público; constituição de um espaço privado familiar predominantemente feminino; superinvestimento do imaginário e do simbólico masculino nas representações femininas. Mas com algumas ressalvas preliminares. Primeiramente, nem todo o público é o "político", nem todo o público é masculino. A presença das mulheres, tão forte na rua do século XVIII,[36] persiste na cidade do século XIX, onde elas mantêm circulações do passado, cercam espaços mistos, constituem espaços próprios.[37] Por outro lado, nem todo o privado é feminino. Na família, o poder principal continua a ser o do pai, de direito e de fato. Estudos políticos recentes chegaram a demonstrar que a penetração da ordem republicana nas aldeias veio acompanhada por um reforço do poder do pai, único cidadão integral, sobre a mulher e filhos; a República triunfante tem ares romanos.[38] Na casa, coexistem lugares de representação (o salão burguês), espaços de trabalho masculinos (o escritório onde mulher e filhos só entram na ponta dos pés). A fronteira entre público e privado é variável, sinuosa e atravessa até mesmo o microespaço doméstico.

Contudo, a tripartição esboçada traça as grandes zonas de exercício do poder. A ação das mulheres no século XIX consistiu sobretudo em ordenar o poder privado, familiar e materno, a que eram destinadas. Bonnie Smith mostra como as burguesas do Norte da França, excluídas, depois de 1860, da gestão dos negócios a que até então estavam associadas, retiradas em suas belas casas doravante afastadas do perímetro da fábrica, administram seus interiores, a numerosa família e a criadagem, edificando uma moral doméstica coerente, que dá sentido às suas menores ações. A fé contra a razão, a caridade contra o capitalismo e a reprodução como justificativa fundamental constituem os eixos principais dessa moral. Essas mulheres do Norte são altamente conscientes de si mesmas; não são simplesmente resignadas ou passivas, mas tendem, pelo contrário, a erigir sua visão de mundo como julgamento das coisas. Esse "feminismo cristão", segundo a fórmula da autora, expressa-se na voz de romancistas como Mathilde Bourdon, Julia Bécour ou Joséphine de Gaulle, que compõem uma espécie de epopeia doméstica, onde se enfrentam o bem e o mal: as mulheres e os homens. Estes, pelo gosto do poder e do dinheiro, engendram o caos e a morte. As heroínas domésticas, pelos seus sofrimentos, sacrifícios e virtude, restabelecem a harmonia do lar e a paz da família. Elas têm o poder – e o dever – de agir bem.

Nos meios populares urbanos, o reforço da figura da mãe, na ausência de um pai cada vez mais distanciado pelo trabalho, vem atestado na maioria das autobiografias, como também nas monografias de família de Le Play. A administração do pagamento do marido seria em larga medida atribuída a ela, e sem dúvida é uma conquista feminina que implica poder, mas também aumento de responsabilidade e, em períodos de penúria, privação pessoal. No entanto, a persistência desse "matriarcado orçamentário" confirmou-se em nossos dias[39] como uma realidade a que se apegam as donas de casa. As mulheres do povo têm outros saberes e poderes, principalmente médicos, religiosos e mesmo culturais. Seu papel na primeira educação dos filhos, aí incluída a iniciação às letras, é considerável: a alfabetização das mulheres progrediu rapidamente nas cidades do século XIX, e a leitura privada de romances e jornais modelou seu imaginário.[40] O desenvolvimento das instituições – hospital ou escola – far-se-á geralmente no campo do seu saber empírico, e daí por vezes o sentimento de uma espoliação.

Além do lar, as mulheres agem na cidade, e o inventário de suas intervenções, formais ou informais, pontuais ou habituais, seria longa. Solicita-se cada vez mais às burguesas – as mulheres do mundo – que saiam de casa e pratiquem a caridade ou a filantropia. Assim fazem as senhoras do Norte descritas por Bonnie Smith. Mas aí se revela também o limite de sua influência. Estimuladas quando concorrem para a administração do social, suas "obras" são criticadas e até combatidas pelos patrões do Norte, que, diante da violência do movimento operário, optam por uma administração laica e republicana mais apropriada às circunstâncias, e condenam suas mães e esposas como retrógradas.

A crítica ao caráter reacionário das mulheres, aliás, é um grande tema da época. Ela funda a exigência de uma nova educação para as moças, expressa desde o final do Segundo Império pelos republicanos, notadamente os protestantes. Por volta de 1867, opõem-se Igreja e República, Monsenhor Dupanloup e os Ferry, Favre, Legouvé..., criadores do ensino secundário para moças.[41] A amplitude e a violência do conflito sugerem a importância da questão: a extensão do poder social das mulheres, mas também sua falta de autonomia.

Inexistente no nível político, forte mas contido dentro da família, o lugar das mulheres no século XIX é extremo, quase delirante no imaginário público e privado, seja no nível político, religioso ou poético. A Igreja celebra o culto da Virgem Maria, cujas aparições geram grandes peregrinações. Os saint-simonianos sonham com a salvação por obra da Mãe, vinda do Oriente. A República encarna-se numa mulher, a Marianne. Poetas e pintores cantam a mulher, na mesma proporção de sua misoginia cotidiana. Tal é Baudelaire, figura exemplar, que teme sua mãe, a terrível e deplorável Madame Aupick, despreza a tolice das mulheres de sua época e exalta "a Musa e a Madona".[42]

A mãe é o ponto geométrico desses cultos diversos que acabam por criar uma saturação insuportável, e alimentam o velho medo que os homens sentem pelas mulheres, e particularmente pela potência materna. Darien, Mauriac, André Breton são os intérpretes modernos desse terror ancestral. "As Mães! Reencontra-se o pavor de Fausto, é-se tomado como ele por uma comoção elétrica ao mero som dessa sílaba onde se ocultam as poderosas deusas que escapam ao tempo e ao espaço", escreve aquele último.[43]

No entanto, não é primariamente nessa fonte que bebe o novo antifeminismo do início do século XX, mas alimenta-se antes das conquistas das mulheres, do esboço, ainda que tímido, de uma inversão de papéis pela "mulher emancipada" que reivindica a igualdade dos direitos civis e políticos, o acesso às profissões intelectuais e recusa, justamente, confinar-se à "vocação" materna. Essa "nova Eva" (a expressão é de Jules Dubois em 1896) suscita o fervor daqueles – poucos

– que sonham com companheiras inteligentes e livres, porém mais generalizadamente o medo daqueles que temem ser desbancados[44] e veem nessa ameaça do poder feminino o risco de degenerescência da raça e de decadência dos costumes.

O caso Otto Weininger, recentemente analisado por Jacques Le Rider, mostra a extensão da reação antifeminista por volta de 1900 e a natureza de sua argumentação.[45] Daí os apelos vibrantes, vindos de todos os horizontes, à restauração da figura do pai e dos valores viris. "Nós queremos glorificar a guerra – única higiene do mundo –, o militarismo, o patriotismo, o gesto destruidor dos anarquistas, as belas ideias que matam, o desprezo da mulher. Queremos demolir os museus, as bibliotecas, combater o moralismo, o feminismo e todas as covardias oportunistas e utilitárias", proclama o manifesto futurista de Marinetti de 1909.[46] A guerra iria recolocar dramaticamente cada sexo "em seu lugar", sendo o efeito das guerras sobre as relações entre os sexos, na maioria das vezes, conservador e até retrógrado.

Para concluir, pode-se interrogar sobre a atitude das próprias mulheres, principalmente em relação ao poder político: é este que constitui o verdadeiro problema. Na França, ela não traz a marca de uma certa inibição e aceitação de fato da sociedade patriarcal? A maioria dos comentadores anglo-sexões[47] ressalta esse fato que lhes parece ligar a França às sociedades latinas. O feminismo entre nós continuaria a ser um fato "social", não político. A ideia de que a política não é assunto das mulheres, que aí elas não estão em seu lugar, permanece enraizada, até muito recentemente, nas opiniões dos dois sexos. Além disso, as mulheres tendem a depreciar a política, a valorizar o social e o informal, assim interiorizando as normas tradicionais. É, uma vez mais, todo o problema do consentimento que aí se coloca.

Na história e no presente, a questão do poder está no centro das relações entre homens e mulheres.

NOTAS

1. Partilho aqui as observações de Marcel Bernos em seu artigo, que diz respeito diretamente ao nosso tema: "De l'influence salutaire ou pernicieuse de la femme dans le famille et la société", *Revue d'Histoire moderne et contemporaine*, julho-setembro de 1982, principalmente nº 1.

2. Lassailly, *Les roueries de Trialph*, 1833, citado por Stéphane Michaud, *La Muse et la Madone. Visages de la Femme Rédemptrice en France et en Allemagne de Novalis à Baudelaire*, tese de doutorado de Estado, Paris III, 1983, tomo II, p. 559, a sair por Seuil.

3. Citado por S. Michaud, *op. cit.*, II, p. 737.

4. Citado por Théodore Zeldin, *Les Français*, Paris, Laffont, 1983, p. 403.

5. Célebres criminologistas do século XIX.

6. Desenvolvido principalmente por Jean-Louis Flandrin.

7. *De l'éducation des mères de famille, ou de la civilsation du genre humain par les femmes*, Paris, Gosselin, 1834, 2 vols.

8. Artigo citado.

9. Albert Hirschman, *Bonheur privé, Action publique*, Paris, Fayard, 1983: ele mostra na história, principalmente depois do século XVI, uma alternância de ciclos nos quais predominam ora os interesses públicos, ora os interesses privados.

10. Citado por Th. Zeldin, *op. cit.*, p. 410.

11. Pierre Samuel, *Amazones, Guerrières et Gaillardes*, Bruxelas, éditions complexe, 1975.

12. Martine Segalen, *Mari et Femme dans la société paysanne*, Paris, Flammarion, 1980; Yvonne Verdier, *Façons de dire et Façons de faire, la laveuse, la couturière, la cuisinière*, Paris, Gallimard, 1979.

13. Ivan Illich, *Le Genre vernaculaire*, Paris, Seuil, 1983.

14. Suzan Rogers, "Female forms of power and the myth of male dominance: a model of female/male interaction in peasant society", *American Ethnologist*, vol. 2, nº 4, novembro de 1975; "Rules of order: the generation of female/male power relationships in two rural

French communities", comunicação à 76ª reunião da American Anthropological Association, novembro de 1977.

15. Jeanne Bourin, *La Chambre des dames*, Régine Pernoud, *La Femme au Moyen Âge*, Paris, Stock, 1980, 1984.

16. Paris, Hachette, 1981. Subtítulo: *Le Mariage dans la France jéodale*.

17. Bonnie Smith, *The Ladies of the leisure class. The bourgeoises of Northern France in the XIXth century*, Princeton, 1981.

18. *L'Histoire sans qualité*, Paris, Galilée, 1979, obra coletiva.

19. Thérèse Moreau, *Le Sang de l'histoire. Michelet, l'histoire et l'idée de la femme au XIXe siècle*, Paris, Flammarion, 1982.

20. Michelet, *Histoire de la Révolution française*, ed. La Pléiade, I, p. 254.

21. *Idem*, I, pp. 408-9.

22. Citado por Th. Moreau, *op. cit.*, p. 170.

23. Thérèse Moreau, *op. cit.*, pp. 201-39.

24. Françoise Picq, *Sur la théorie du droit maternel. Discours anthropologique et discours socialiste*, tese, Paris-Dauphine, 1979.

25. Martin Green, *Les Soeurs Von Richthofen. Deux ancêtres du féminisme dans l'Allemagne de Bismarck face à Otto Gross, Max Weber et D. H. Lawrence*, Paris, Seuil, 1974.

26. J. Habermas, *L'Espace public. Archéologie de la publicité comme dimension constitutive de la société bourgeoise*, 1962; trad. francesa, Paris, Payot, 1978; Richard Sennett, *Les Tyrannies de l'intimité*, trad. francesa, Paris, Seuil, 1978; A. Hirschman.

27. Stephen Jay Gould, *La Mal-mesure de l'homme. L'intelligence sous la toise des savants*, Paris, Ramsay, 1983 (cap. 3, "o tamanho das cabeças... O cérebro das mulheres").

28. Anne-Lise Maugue, *La Littérature antiféministe en France de 1871 à 1914*, tese de doutorado, Paris III (sob a orientação de Mme. Fraisse), 1983.

29. Citado por S. Michaud, *op. cit.*, II, p. 815.

30. Segundo uma comunicação de Elisabeth Fox-Genovese e EHESS, primavera de 1982.

31. Katherine Blunden, *Le Travail et la Vertu. Femmes au foyer: une mystification de la Révolution industrielle*, Paris, Payot, 1982: demonstração

muito pertinente sobre o retraimento das mulheres do mundo da produção e a construção dos papéis de esposa, mãe e consumidora na Inglaterra vitoriana. Ver também Anne Martin-Fugier, *La Bourgeoise. Femme au temps de Paul Bourget,* Paris, Grasset, 1983.

32. Martine Martin, *Le Travail ménager des femmes entre les deux guerres,* tese de doutorado, Paris, VII, 1984.

33. Rasalind H. Williams, *Dream Worlds. Mass Consumption in late XIX*[th] *century,* University of California Press, Berkeley e Los Angeles, 1982.

34. Discurso de 27 Brumário, ano II, citado por S. Michaud, *op. cit.*

35. Segundo o próprio título de um livro de um discípulo de Auguste Comte, que pensa que é este o território delas: Georges Daherme, *Le Pouvoir social des femmes,* Paris, 1912.

36. Arlette Farge, *Vivre dans la rue à Paris au XVIII*[e] *siècle,* Paris, Gallimard, 1979.

37. Michelle Perrot, "La ménagère dans l'espace parisien au XIXe siècle", *Annales de la recherche urbaine,* outono de 1980, n° 9.

38. Christian Thibon, "L'ordre public villageois au XIXe siècle: le cas du pays de Sault (Aude)", comunicação ao colóquio sobre "a manutenção da ordem pública na Europa no século XIX", dezembro de 1983. E de modo mais geral o livro de Claude Nicolet, *L'Idée républicaine en France, 1789-1924,* Paris, Gallimard, 1982.

39. Andrée Michel, *Activité professionnelle de la femme et Vie conjugale,* Paris, CNRS, 1974. O estudo se dedica principalmente aos "poderes de decisão no casal" em função do *status* socioprofissional da mulher.

40. Lise Vanderwielen, *Lise du Plat Pays,* Presses Universitaires de Lille, 1983, romance autobiográfico construído como os romances-folhetins que foram a principal leitura da autora, que dá um bom exemplo, para o século XX, dessa influência da leitura sobre o imaginário.

41. A respeito, ver as obras de Françoise Mayeur, e também a tese de doutorado de Marie-Françoise Lévy, *Education familiale et Education religieuse des filles sous le Second Empire. L'enjeu du savoir.* Paris VII, 1983; ela se detém particularmente na "crise de 1867" referente ao sistema educacional feminino, publicado sob o título *De mères en filles. L'Education des Françaises (1850-1880),* Paris, Calmann-Lévy, 1984.

As MULHERES, O PODER, A HISTÓRIA | 195

42. É a mesma expressão de Baudelaire que dá o título à obra citada de Stéphane Michaud. O trabalho de Maurice Agulhon *Marianne au combat (1798-1880). L'Imagerie et la Symbolique républicaine* (Flammarion, 1979) e de Claude Quiguer, *Femmes et Machines de 1900. Lectures d'une obsession Modern Style,* de Claude Quiguer (Paris, Klincksieck, 1979) oferecem exemplos notáveis da mulher no imaginário e simbólico político, publicitário, romanesco etc.

43. André Breton, *Le Surréalisme et la Peinture,* citado por S. Michaud, *op. cit.,* p. 373.

44. Anne-Lise Maugue fez um estudo notável sobre os temas dessa literatura.

45. Jacques Le Rider, *Le cas Otto Weininger. Racines de l'anti-féminisme et de Vantisémitisme,* Paris, Presses Universitaires de France, 1982 (coleção "Perspectives critiques"). O livro de Weininger *Geschlecht und Charakter* (Sexo e caráter), publicado em Viena em 1903, é uma súmula do antifeminismo que serviu de referência a toda uma geração.

46. Citado por Fanette Roche-Pézard, *L'Aventure Futuriste, 1909-1916,* Ecole française de Rome, Paris José Corti diffusion, 1983.

47. Ver tanto o livro recente de Th. Zeldin, *Les Français, op. cit.,* cap. 25, "Pourquoi la libération des femmes progresse lentement", como o de McMillan, *Housewife or Harlot. The place of Women in French society, 1870-1940,* The Harvester Press, 1981.

7
A MULHER POPULAR REBELDE

Da História, muitas vezes a mulher é excluída. Primeiramente o é ao nível do relato, o qual, passadas as efusões românticas, constitui--se como a representação do acontecimento político. O positivismo opera um verdadeiro recalcamento do tema feminino e, de modo mais geral, do cotidiano. O austero Seignobos, grão-mestre dos estudos históricos na Universidade, põe Eva porta afora, enquanto as paredes da Sorbonne se recobrem de afrescos nos quais flutuam diáfanas alegorias femininas. "Santa Genoveva vela por Paris", "o Arqueólogo contempla a Grécia", ele abotoado até o colarinho justo do seu sobretudo, ela vaporosa em seus véus... O "ofício do historiador" é um ofício de homens que escrevem a história no masculino. Os campos que abordam são os da ação e do poder masculinos, mesmo quando anexam novos territórios. Econômica, a história ignora a mulher improdutiva. Social, ela privilegia as classes e negligencia os sexos. Cultural ou "mental", ela fala do homem em geral, tão assexuado quanto a Humanidade. Célebres – piedosas ou escandalosas –, as mulheres alimentam as crônicas da "pequena" história, meras coadjuvantes da *História!*[1]

Assim também – segunda volta da chave – os materiais que esses historiadores utilizam (arquivos diplomáticos ou administrativos, documentos parlamentares, biografias ou publicações periódicas...) são produtos de homens que têm o monopólio do texto e da coisa públicos. Muitas vezes observou-se que a história das classes populares era difícil de ser feita a partir de arquivos provenientes do olhar dos senhores – prefeitos, magistrados, padres, policiais... Ora, a exclusão feminina é ainda mais forte. Quantitativamente escasso, o texto feminino é estritamente especificado: livros de cozinha, manuais de pedagogia, contos recreativos ou morais constituem a maioria. Trabalhadora ou ociosa, doente, manifestante, a mulher é observada e descrita pelo homem. Militante, ela tem dificuldade em se fazer ouvir pelos seus camaradas masculinos, que consideram normal serem seus porta-vozes. A carência de fontes diretas, ligada a essa mediação perpétua e indiscreta, constitui um tremendo meio de ocultamento. Mulheres enclausuradas, como chegar até vocês?

Essa exclusão, aliás, não é senão a tradução redobrada de uma outra exclusão: a das mulheres em relação à vida e ao espaço público na Europa Ocidental no século XIX. A política – a direção e a administração do Estado – constitui-se imediatamente como apanágio masculino. A burguesia, falocrata de nascença, impõe aqui sua concepção dos papéis, essa rigorosa separação dos sexos que termina num enorme fosso, esse "deserto do amor" descrito por Mauriac: "Nada além disso, o sexo separa-nos mais que dois planetas."[2] Assim, o silêncio sobre a história das mulheres também advém do seu efetivo mutismo nas esferas políticas, por muito tempo privilegiadas como os locais exclusivos do poder.

O século XIX levou a divisão das tarefas e a segregação sexual nos espaços ao seu ponto mais alto. Seu racionalismo procurou definir estritamente o lugar de cada um. Lugar das mulheres: a Maternidade e a Casa cercam-na por inteiro. A participação feminina no trabalho assalariado é temporária, cadenciada pelas necessidades da família, a qual comanda, remunerada com um salário de trocados, confinada às tarefas ditas não qualificadas, subordinadas e tecnologicamente específicas. "Ao homem, a madeira e os metais. À mulher, a família e os tecidos", diz um texto operário (1867). A lista dos "trabalhos de mulheres" é codificada e limitada. A iconografia, a pintura reproduzem à saciedade essa imagem reconfortante da

198 | Os excluídos da História

mulher sentada, à sua janela ou sob a lâmpada, eterna Penélope, costurando interminavelmente. Rendeira ou remendeira são os arquétipos femininos. Votadas ao universo da repetição, do íntimo, têm as mulheres uma história?

Não pertencem elas, ao contrário, à etnologia, tão apta a descrever os feitos e gestos da vida comum? E é verdade que há aí uma contribuição, um procedimento indispensáveis. Mas também é grande o risco de encerrar uma vez mais as mulheres na imobilidade dos usos e costumes, estruturando o cotidiano na fatalidade dos papéis e na fixidez dos espaços. Visão tranquilizadora de um mundo rural sem conflitos, o folclore sob certos aspectos é a negação da história, uma certa maneira de transformar em ritos tranquilos as tensões e as lutas. No entanto, o que importa reencontrar são as mulheres em ação, inovando em suas práticas, mulheres dotadas de vida, e não absolutamente como autômatas, mas criando elas mesmas o movimento da história.

As mulheres, águas paradas

Tarefa difícil, pois os mitos e as imagens recobrem essa história com uma espessa mortalha tecida pelo desejo e pelo medo dos homens.[3] No século XIX, a mulher está no centro de um discurso excessivo, repetitivo, obsessivo, largamente fantasmagórico, que toma de empréstimo as dimensões dos elementos da natureza.

Ora a mulher é fogo, devastadora das rotinas familiares e da ordem burguesa, devoradora, consumindo as energias viris, mulher das febres e das paixões românticas, que a psicanálise, guardiã da paz das famílias, colocará na categoria das neuróticas; filha do diabo, mulher louca, histérica herdeira das feiticeiras de outrora. A ruiva heroína dos romances de folhetim, essa mulher cujo calor do sangue ilumina pele e cabelos, e através da qual chega a desgraça, é a encarnação popular da mulher ígnea que deixa apenas cinzas e fumaça.

Outra imagem, contrária: a mulher-água, fonte de frescor para o guerreiro, de inspiração para o poeta, rio sombreado e pacífico para o banhar-se, onda enlanguescida cúmplice dos almoços na relva; mas ainda água parada, lisa como um espelho oferecido, estagnante como um belo lago submisso; mulher doce, passiva, amorosa, quieta, instintiva e paciente, misteriosa, um pouco traiçoeira, sonho dos pintores impressionistas...

Mulher-terra, enfim, nutriz e fecunda, planície estendida que se deixa moldar e fustigar, penetrar e semear, onde se fixam e se enraízam os grandes caçadores nômades e predadores; mulher estabilizadora, civilizadora, apoio dos poderes fundadores, pedestal da moral; mulher-matriz, que sua excepcional longevidade transforma em coveira, mulher das agonias da morte, dos ritos mortuários, guardiã das tumbas e dos grandes cemitérios sob a lua, mulher negra do dia dos mortos...

Essas imagens povoam nossos sonhos, irrigam nosso imaginário, tramam a literatura e a poesia. Pode-se amar sua beleza, mas recusar sua pretensão de também contar a história das mulheres, mascarada sob os traços de uma dramaturgia eterna – em qualquer lugar, sempre, o coro das mulheres – e de uma simbologia congelada no jogo dos papéis e das alegorias. É preciso desprender-se delas, pois moldam a história dentro de uma visão dicotômica do masculino e feminino: o homem criador/a mulher conservadora, o homem revoltado/a mulher submissa etc. Por exemplo, a visão das mulheres como retransmissoras do poder que, no século XIX, seriam largamente responsáveis pela instauração de uma "polícia da família" (Jacques Donzelot),[4] mulheres-guardas da sociedade, parece-me profundamente contestável. Quando menos, pode-se inverter o argumento: se as mulheres eram um tal alvo para o poder, por um lado isso se deve à sua importância realmente central dentro da família e, portanto, dentro da sociedade; mas também sem dúvida por causa da sua opacidade à cultura vinda de cima, da inércia ou resistência que opunham às estratégias de dominação do povo. Mais que os homens, tragados pela fábrica e imperativos da produção, presos nas redes da modernidade, produzidos pelas instituições disciplinares – a escola, o exército – que concernem primeiramente a eles, fascinados pelo "progresso" – a escrita e a democracia –, pelas maravilhas das ciências e da técnica, pelas virilidades do esporte e da guerra; mais que eles, as mulheres, cimento do povo, sangue das cidades, foram rebeldes à ascensão da ordem industrial.

A dona de casa e seus poderes

Diferente da "caseira" (rural) e da "senhora de casa" (burguesa), a dona de casa é, na cidade do século XIX, uma mulher importante e relativamente nova. Sua relevância está ligada à da família, fundamental, velha realidade investida de múltiplas missões, entre elas a gestão da vida cotidiana. Sua novidade reside em sua dedicação quase exclusiva aos "trabalhos domésticos" no sentido mais amplo da expressão. Na sociedade dita tradicional, a família é uma empresa e todos os seus membros concorrem juntos, à medida de cada um, para a sua prosperidade. Ainda que exista uma partilha frequentemente muito acentuada dos papéis e tarefas, continua a haver uma certa fluidez nos empregos. Os trabalhos domésticos não são apanágio exclusivo das mulheres, e os homens podem ajudar; por exemplo, a preparação de certos alimentos fica a cargo deles. A indústria têxtil em domicílio teria aumentado essa fluidez: testemunhos e imagens mostram-nos trocas de papel, o homem a cozinhar ou varrer, a mulher a acabar sua peça. A unidade de lugar, associando domicílio e trabalho, produção e consumo num mesmo espaço, é favorável a essa alternância, aliás limitada. Por outro lado, o chefe da casa é o homem. O "dono de casa" – termo aparece no século XVI – designa o chefe dessa empresa que é o espaço doméstico.

A dona de casa herda suas funções. A novidade de sua posição no século XIX reside na acentuação da divisão do trabalho e na separação dos locais de produção e consumo. O homem na fábrica, a mulher em casa, ocupando-se do doméstico. Tal é o esquema típico, mesmo que nos detalhes ele se complexifique e se emaranhe. O vocabulário não se engana: a "dona de casa" do final do século XVIII eclipsa definitivamente o "dono de casa", que cai em desuso no século XIX. É às "boas donas de casa" que Parmentier se dirige em 1789, para lhes aconselhar "a melhor maneira de fazer seu pão". Ao mesmo tempo, ei-la à margem do assalariamento. Seu trabalho não é remunerado (considera-se que o é com o trabalho do pai de família). Ela não tem acesso ao dinheiro, a não ser pelos serviços miúdos que sempre se esforça em fazer caber dentro dos interstícios de tempo que lhe deixa a família: atividades comerciais – venda em bancas ou cestos, à moda camponesa, que persiste apesar de todas as regulamentações, que exigem cada vez mais alvarás e autorizações –, mas ainda mais horas de faxina para fora, lavagem de roupas, trabalhos de costura, tomar conta de crianças, recados e entregas domésticas; a entregadora de pão, figura familiar, é quase sempre uma mulher casada. As mulheres desdobram uma extrema engenhosidade para encontrar nos múltiplos comércios das cidades, onde conhecem todos os cantos, recursos complementares que empregam para completar o orçamento da família ou lhe proporcionar alguns pequenos prazeres, ou que economizam para os dias difíceis que vêm periodicamente com os meses parados. Em tempos de crise ou de guerra, essa contribuição marginal se torna essencial. As mulheres então se ativam em todos os sentidos. Nunca trabalham tanto como quando o homem está desempregado. Há uma vivência das crises e das guerras diferente para cada um dos sexos. Um tempo econômico diferente.

Apesar de tudo, a dona de casa depende do salário do seu marido. Ela suporta e recrimina isso, com o risco de ser espancada. No século XVIII, as mulheres que vão se queixar ao comissário de polícia – Arlette Farge encontrou seus depoimentos nos registros do Châtelet – reclamam que seus maridos não dão o necessário para a subsistência dos filhos. E quando a municipalidade de Paris, em 1831, em plena crise, fecha os serviços de assistência às mulheres e crianças, para reservá-los aos homens, as mães desfilam pelas ruas com seus meninos: do que viverão? Elas reclamam a entrega e administração do salário e, ao que parece, conseguem. Por volta de meados do século XIX, a maioria dos operários entrega seu pagamento às suas mulheres. Nas suas monografias de família, Le Play insiste sobre a amplitude dessa prática na França, que neste ponto opõe à Grã-Bretanha.[5] Aquela que os mineiros de Montceau, antes de 1914, chamam de "a patroa" deixa para o marido uma pequena quantia para a bebida. Tudo isso não se passa sem conflitos, cujas eclosões animam periodicamente os subúrbios, se o marido leva para o bar mais do que o necessário. Em Saint-Quentin, por volta de 1880, os taberneiros mandam construir telheiros na frente das tabernas para as mulheres que, no sábado de pagamento, esperam chorando.[6] Em Paris, "as donas de casa se põem nas janelas, descem para a soleira das portas, e às vezes, impacientes, o coração angustiado, vê-se-as ir ao encontro dos maridos, no caminho da oficina. Elas conhecem demais a prodigalidade deles, quando se sentem com alguns vinténs no bolso! (...) E na rua, vozes ralham; nas casas voam injúrias, pesadas e coléricas, mãos se erguem".[7] O dia de pagamento, acontecimento da vida popular, dia de alegria em que a dona de casa paga suas dívidas e oferece uma boa refeição para o seu mundo, dia de fúria contra os patrões injustos e os descontos arbitrários que reduzem o salário, em que muitas vezes decidem-se as greves – abastecidos, podem se manter –, é também um dia de confronto entre os sexos, onde a dona de casa se rebela contra sua tarefa impossível: sem o "tutu", dar de comer à família.

A administração do salário é, sem dúvida, uma difícil conquista das mulheres, resultado de uma luta cheia de ciladas, onde o patronato, cioso em favorecer um "bom" uso do salário, por vezes estendeu às mulheres uma mão generosamente compassiva. Como essa associação industrial do Soisonnais descrita por Le Play, em torno de 1850: "Exercendo há dois anos um benevolente patrocínio sobre a população que emprega, [ela] adotou o costume de pagar semanalmente às mulheres o salário ganho pelos seus maridos."[8] Tais são as armadilhas do salário familiar: a mulher sempre fica imobilizada. Em todo caso, a mulher do povo se mostrou mais combativa, mais prevenida que a burguesa, à qual seu marido entrega uma quantia para as despesas, para a manutenção da casa, reservando totalmente para si a direção do orçamento, no caso frequente de comunhão de bens. Em suma, a dona de casa conquistou o "direito ao salário". Ainda hoje, as operárias se atêm ao que se chamou de um "matriarcado orçamentário".[9] Este lhes impõe encargos, preocupações e mesmo privações: empenhando-se em equilibrar receitas e despesas, a mãe de família – é clássico – diminui a sua parte. Ela reserva para o pai – trabalhador "à força" – o vinho, bebida quase exclusivamente masculina, os melhores pedaços de carne, e para os filhos o leite e o açúcar. Solteira ou casada, a mulher no século XIX é uma subnutrida crônica. E na média sua despesa com roupas é menor que a do marido, ela, que dizem frívola! Administrar a miséria é, antes de tudo, sacrificar-se. Apesar disso, é também a base do poder das donas de casa, o fundamento de suas intervenções, muitas vezes estrepitosas, na cidade.

A dona de casa, tição do subúrbio

> *Se não há pão na casa, a mulher se mete. Mais próxima das coisas, mais violenta, mais rancorosa, suas fúrias têm uma paixão diferente das do seu marido: "Ah! se eu fosse o homem, iam ver. As mulheres são o tição."*
>
> Henry Leyret, *Em pleno subúrbio*, Paris, 1895

As donas de casa não fazem um orçamento propriamente dito. Para que fazer contas, num déficit perpétuo? Os ritmos do pagamento – a semana, a quinzena –, este é o seu horizonte. Mas elas vigiam os preços, atentas à menor variação, aceitando apenas as altas sazonais, ligadas à fatalidade da natureza. Em caso de preços excessivos, elas se revoltam. Os motins por alimentos, grande forma de motim popular ainda no século XIX, são quase sempre desencadeados e animados pelas mulheres. A insuficiência dos meios de comunicação, que torna cada região excessivamente dependente dos seus próprios recursos, cria nós de estrangulamento, pontos de rigidez geradores de altas de preço. Vem uma intempérie – chuvas, seca excessiva, geada precoce ou tardia –, e eis a escassez, logo explorada pelos comerciantes, camponeses ricos, moleiros e mesmo padeiros, com força suficiente para esperar, que especulam, estocando seus cereais ou seu pão, mais raramente as batatas, como títulos na Bolsa. Então as mulheres intervêm.

Sua vigilância se exerce nos mercados, grande local das mulheres. Aí fiscalizam permanentemente as qualidades e quantidades, a regularidade dos abastecimentos e o nível dos preços. Basta que se prenuncie uma falta – mercadorias que saem rápido demais, primeiros sinais de filas –, ei-las em alerta. Esboça-se uma alta, elas murmuram. O rumor aumenta nas ruas, nos pátios, nos bairros, entre as vizinhas. No próximo mercado, os preços disparam. Então as mulheres intimam os vendedores de trigo a lhes entregar o cereal ao preço habitual; se eles recusam, elas se apoderam dele, taxam-no e vendem-no pessoalmente. Se o comerciante esconde os sacos, elas atacam o açambarcador, viram as bancas, perseguem-no com seus gritos e mesmo socos até as lojas dos fundos de padeiros cúmplices. De manhãzinha, elas se concentram nas portas da cidade, para esperar a chegada das carroças e se apoderar dos sacos, que dividem junto à fonte, onde se reúnem as mulheres. Quando os mercados se esvaziam, elas espreitam os movimentos dos cereais; se corre o boato de que um carreto segue para algum lugar, elas saem, põem-se nos caminhos ou ao lado dos canais. Como estão prontas então para se amotinar, a transmitir a senha que mobiliza imediatamente a comunidade das mulheres! Elas muitas vezes levam os filhos, dando-lhes um papel: ficar de olho, levar uma mensagem, dar o sinal de alerta. As mães de família, as donas de casa mais carregadas de filhos, em aleitamento, às vezes grávidas, animam essas turbas amotinadas, mas também se veem mulheres de idade, guardiãs do mercado, jovens solteiras que sustentam pais idosos ou solitários, diaristas, remendeiras, lavadeiras de magro salário, para quem a carestia do pão é a miséria. Durante os sérios motins de 1817, várias dezenas de famílias foram condenadas, apesar de ansiosa indulgência dos tribunais pelas mães de família, à prisão, aos trabalhos forçados e até à morte.[10]

Nesses motins, as mulheres intervêm coletivamente. Nunca armadas, é com o corpo que elas lutam, rosto descoberto, mãos à frente, procurando rasgar as roupas, suprema destruição para essas costureiras, aferrando-se às insígnias da autoridade – as dragonas dos guardas –, mais interessadas em ridicularizar do que em ferir. Mas usam principalmente a voz: suas "vociferações" levantam multidões famintas. Quando lançam projéteis, são artigos do mercado ou pedras com que enchem os aventais, caso extremo. Normalmente, não destroem nem saqueiam, preferindo a venda a preço taxado. Evitando roubar, reclamam apenas o "justo preço", impondo-o pessoalmente diante da omissão das autoridades.[11] Contra os açambarcadores e os poderes inertes, elas encarnam o direito do povo ao pão de cada dia.

Tal é o cenário clássico, comum – com variantes, deslocamentos cuja trajetória certamente revelaria muita coisa sobre a evolução do papel das mulheres no seio do povo – aos motins por alimentos cujos ecos enfraquecidos ritmam o século: 1816-1817, 1828, 1831, 1839-1840 (sobretudo no Oeste), 1847-1848, 1868, 1897: últimos motins em que a carestia do pão está no centro do protesto popular. O aumento da produção, o desenvolvimento dos meios de comunicação e particularmente das estradas de ferro, as facilidades de importação puseram um termo à velha escassez. Com ela, desaparece um terreno

206 | Os excluídos da História

privilegiado de intervenção direta das mulheres: a luta pelo pão. O grande conflito moderno é a greve, mais viril do que feminino, pois ligado ao assalariamento onde, de início, a mulher tem um papel apenas secundário.

Contra o Senhor Abutre

Guardiãs dos víveres, as mulheres também são guardiãs do teto. Nas cidades populosas do século XIX, sem nenhum preparo para receber as ondas de migrações, o problema da moradia jamais foi resolvido. Solteiros, os recém-chegados se aglutinam em vagas ou quartos mobiliados, às vezes alugados por noite. Casados, eles se amontoam nos pequenos apartamentos de um ou dois cômodos de velhas casas, e mais tarde, praguejando, das vilas que detestam. A morada não é uma habitação, mas local de encontro diário da família, um abrigo variável, pois as saídas são frequentes. As classes populares ainda não lutam pela moradia, mas pelo aluguel, sempre caro demais para essas pessoas do campo acostumadas a não pagar nada pela casa e lugar. E o prazo de pagamento é um momento de conflito com os proprietários, os porteiros, seus representantes e a polícia.

Nesses confrontos com Pipelet* e o Abutre, as donas de casa desempenham um papel de primeiro plano, feito de astúcia e fuga. Quando a família não pode pagar, elas organizam essas mudanças clandestinas ditas "na surdina", pois são abafadas (em Lille diz-se "a São Pedro"). As procissões de carrinhos de mão, nos quais se amontoam os trastes da casa, animam periodicamente as ruas das grandes cidades.

A intervenção feminina em tempos de revolução pode assumir formas mais agudas. Assim, em 1848, em Paris, o povo exige a sus-

---

* Ver nesta obra o artigo 4, "Os operários, a moradia e a cidade no século XIX" e o artigo 8, "A dona de casa no espaço parisiense". (*N. da E.*)

pensão de pagamento. As mudanças diminuem, tornam-se menos furtivas, e frequentes incidentes estouram nos bairros pobres, desde a Villette até a Charonne e a Mouff. Em sua maioria, eles assumem a forma de charivaris em que as mulheres, aliadas aos marginais – por exemplo, os trapeiros – estão na vanguarda. Aos gritos de "recibos ou morte", batendo panelas e caldeirões, formam-se ruidosas aglomerações sob as janelas do "dono", para exigir recibos sem pagamento. Homens e operários parecem hesitar diante desse ilegalismo: as mulheres tratam-nos de "moleirões, injúria suprema, e se desforram insultando, ameaçando o Abutre e seu Pipelet ainda mais detestado pois mais suportado cotidianamente. "Se vocês não quiserem, sua casa será queimada, depois pilhada e demolida. Quanto a vocês, faremos com que comam palha, e os enforcaremos." "Os proprietários são todos uns patifes e canalhas. Os porteiros também são patifes. Tem se que matá-los e tocar fogo nos Senhores." Por tais feitos, várias donas de casa irão para a prisão.

No final do século XIX, os *compagnons* anarquistas convertem esse tipo de ação numa especialidade. Ao chamado das donas de casa em dificuldade, os Cavaleiros da Surdina – Pés Niquelados ou Pés Chatos – procedem à mudança clandestina. Tímidos esboços dessas lutas urbanas cujo terreno é o bairro, o consumo. O espaço da cidade pertence às mulheres e àqueles – aliás ainda muito numerosos – que não estão presos à oficina ou à fábrica 12 horas por dia, e que se sentem completamente à vontade na rua.

As mulheres contra as máquinas[12]

À luta contra a introdução das máquinas, destruidoras do modo de trabalho tradicional e portadoras de novas disciplinas, as mulheres também trouxeram toda a sua energia. Logo animam as multidões vingadoras que, na primeira metade do século, investem contra as "máquinas inglesas", com tanto mais ardor quando, por vezes, os motins por alimentos e o luddismo (expressão inglesa para a destruição de máquinas) se misturam numa mesma conjuntura de crise. Em Vienne, em 1819, quando chega a "Grande Tosadeira", destinada a substituir os aparadores manuais de lã, as donas de casa dão o sinal para a destruição, gritando: "Abaixo a tosadeira!", "A filha de Claude Tonnegnieux, açougueiro, atirava pedras nos dragões e instigava os operários com os gritos: 'Quebremos, despedacemos, ânimo!' Marguerite Dupont, fiandeira de Saint-Freny, chamou o tenente-coronel de 'bandido'. A mulher de Garanda gritava: 'É preciso quebrar a tosadeira'. Um dragão dizia ao povo da rua: 'Vamos, meus amigos, somos todos franceses, retirem-se!', e às mulheres: 'Vamos, senhoras, retirem-se, aqui não é o seu lugar. As senhoras deviam estar junto dos seus filhos!' Elas responderam: 'Não, nosso lugar é aqui', e se retiraram resmungando." Em Saint-Étienne, em 1831, elas ajudam os operários da manufatura de armas a destruir uma nova máquina para furar automaticamente os canos de espingarda, e o procurador do rei deplora: "E o que é penoso de se dizer é que entre os mais encarniçados contra a guarda nacional faziam-se notar sobretudo mulheres que, com os aventais cheios de pedras, ora atiravam-nas pessoalmente, ora davam-nas para atirar."

Não contentes em serem auxiliares, elas se insurgem contra os atentados às formas de produção doméstica a que são particularmente apegadas. Muito antes das máquinas, no tempo de Colbert, as mulheres de Alençon, Bourges, Issoudun tinham-se levantado contra o monopólio das manufaturas reais e a ameaça de uma impossível reclusão. Essas mulheres, ocupadas com seus trabalhos domésticos, recusavam-se a ficar na manufatura, passado o período de aprendizagem. Queriam fazer em casa a preciosa renda, fonte de dinheiro vivo necessário para pagar o imposto. Os motins mais graves ocorreram em Alençon, em 1665, quando um certo Leprevost decidiu forçar a questão. "Ele age com toda a insolência de um arrivista, declarou que saberia vencer as resistências e que as moças da região ainda seriam muito felizes em vir a ganhar dois vinténs por dia na fábrica. As mulheres se amotinaram em número superior a mil, perseguiram-no e tê-lo-iam matado se ele não tivesse se refugiado imediatamente na casa do intendente."[13] Foi preciso negociar e entrar num acordo com essas "boas mulheres".

Em Rouen, em novembro de 1788, suas netas boicotam a máquina de Barneville instalada no claustro Saint-Maclau, sob o patronato do cura e das freiras, e que segundo elas exige uma jornada de trabalho incompatível com os cuidados da família. Em 1791, quando se pretendeu introduzir *jennys* em Troyes, "as fiandeiras se amotinaram contra elas: foram, então, instaladas nos campos". Em Paris, durante a Revolução, as mulheres fazem um tamanho tumulto para conseguir o trabalho em domicílio que por vezes cede-se a elas: "O que há nas mulheres sobretudo é que são terríveis, e o senhor sabe, assim como eu, que há vários exemplos de revoltas empreendidas por mulheres",[14] escreve um administrador traumatizado com as lembranças de 5 e 6 de outubro de 1789, dias em que as donas de casa e as mulheres de Halle foram a Versalhes, procurar "o Padeiro, a Padeira e o pequeno Ajudante". E um outro: "Mais vale deixar as mulheres isoladas e dar-lhes trabalho para fazer em casa do que reuni-las aos montes, pois as pessoas dessa categoria são como as plantas que fermentam quando amontoadas."[15]

Graves motins eclodem em maio de 1846 em Elbeuf (a fábrica e a casa do fabricante são incendiadas), quando um industrial pretende introduzir uma máquina inglesa de triagem de lã, destinada a substituir as mulheres que, até então, faziam esse serviço em casa e pretendiam conservá-lo. Em 1848, as mulheres reivindicam a abolição do trabalho concorrente nas comunidades religiosas. Na região lionesa, onde se multiplicam os internatos de seda que, sob a direção de congregações religiosas especializadas, supervisionam as jovens camponesas, a revolta é particularmente violenta. Em Lyon, principalmente em Saint-Étienne, as mulheres tomam a frente dos cortejos tumultuados que assaltam oficinas de caridade e conventos. Aos gritos de "Abaixo os padres! Abaixo os conventos!", elas queimam urdideiras e teares mecânicos.

As mulheres pressentem nas máquinas as concorrentes não só dos seus maridos, mas delas mesmas, inimigas diretas dos trabalhos manuais a domicílio que lhes permitem completar o orçamento, mantendo um certo controle sobre o emprego do tempo. Elas veem aí o caminho para a sua reclusão. As donas de casa praticamente não apreciam a fábrica. Elas conhecem a sua servidão. E a condição de operária só será revalorizada no início do século XX como uma contraposição aos abusos do *sweating system* (trabalho a domicílio enquadrado dentro da indústria de confecção), ligados em grande parte aos ritmos impostos pela máquina de costura. E é ainda toda uma história de um sonho subvertido. Inicialmente objeto de desejo por parte das mulheres, que nela viam o meio de conciliar suas tarefas e talvez ganhar tempo – a Singer faz bater muitos corações –, a máquina de costura assim se converteu no instrumento de sua servidão: a fábrica em domicílio. Nesse caso, é preferível a outra.

Iniciadoras de motins, as mulheres, além disso, estão presentes na maioria dos distúrbios populares na primeira metade do século: motins florestais onde as mulheres defendem o direito à madeira, tão importante quanto o pão para os pobres, motins fiscais, distúrbios urbanos de todos os tipos, pequenos choques com a guarda montada ou a polícia nas grandes revoltas que pontilham o século. É verdade que muda a forma de sua participação: de iniciadoras passam a auxiliares. Ao se militarizar, a revolução se torna masculina, e relega as mulheres às gazes ou aos fornos. Na Comuna, por exemplo, só são toleradas como enfermeiras ou cantineiras. Se querem carregar armas, têm de se vestir de homens. À frente das manifestações ou desfiles, elas se congelam como símbolos. E se a República se encarna numa Marianne, sem dúvida é uma última maneira de transformar a mulher em objeto.[16]

A natureza da participação da mulher está na imagem, em correspondência com seu lugar real na cidade. Onde está o "povo", a mulher está energicamente presente, como bem sentira Michelet. Nas classes, em contrapartida, ela tem mais dificuldade em encontrar seu estatuto, pois as classes são estruturadas em torno de elementos que não lhe são familiares: a produção, o salário, a fábrica. Na cidade dos bairros, elas estão extraordinariamente presentes.

A dona de casa no espaço da cidade

As pequenas dimensões da moradia urbana reduzem a pouca coisa o que se pode fazer nela. O "trabalho doméstico" não é "fazer faxina" por dia, mas fazer suas compras, preparar as refeições – cozinhar é um meio de aproveitar matérias-primas baratas e duras –, ocupar-se da roupa, cuidar das crianças. Assim se desenha o tempo das mulheres – um tempo picotado, mas variado e relativamente autônomo, no polo oposto ao do tempo industrial – e seu espaço: não "o interior" da casa, que para elas ainda não existe, mas o exterior. Depois que os homens vão para os canteiros de obras, para as oficinas, a rua pertence a elas. Ela ressoa com seus passos e vozes.

O que impressiona de imediato é a espantosa fluidez das mulheres do povo nessas cidades ainda pouco compartimentadas. "A mulher como deve ser", descrita por Balzac, espectador fascinado e nostálgico do quadriculado que a conveniência burguesa converteu em cidade, possui uma postura afetada e um itinerário preestabelecido.[17] Ela cobre seu corpo segundo um código estrito que a cinge, espartilha-a, vela-a, enluva-a da cabeça aos pés. E é longa a lista dos lugares onde uma mulher "honesta" não poderia se mostrar sem se degradar. A suspeita persegue-a em seus movimentos; a vizinhança, espiã de sua reputação, até seus criados a espreitam; ela é escrava mesmo em sua casa, que lhe designa o salão. Sua liberdade, ela tenta reconquistar na sombra e dentro de um código de sinais sofisticados – cartas com a ponta dobrada, mensagens levadas, lenços caídos, lâmpadas acesas – que se chama de astúcia feminina. É certamente a mais prisioneira das mulheres.

A mulher do povo tem mais independência nos gestos. Seu corpo se mantém livre, sem espartilho; suas saias largas prestam-se à fraude: antigamente, as mulheres fingiam estar grávidas para passar com o sal na frente dos coletores da gabela, como a seguir fazem com as alfândegas e as fronteiras. Arquétipo da mulher-esconderijo: a avó que, nas primeiras páginas do romance de Günther Grass, *O Tambor*, abriga sob suas saias um fugitivo procurado pela polícia. A dona de casa anda "com a cabeça descoberta" (as regateiras da praça lançam às clientes rabugentas demais: "não é porque você tem um chapéu", distintivo da burguesia), indiferente à moda e seus mandamentos que tiranizam as mulheres da "classe ociosa",[18] quase nem se preocupando com um asseio que fica particularmente difícil com os problemas de se conseguir água. Ela tem gesto e revide rápidos. É uma mulher explosiva, cujas reações são temidas pelas autoridades.

Para essa eterna catadora de coisas, a cidade é uma floresta onde ela desenvolve sua incansável atividade, sempre em busca de uma oportunidade de alimento ou combustível (as crianças também passam muito tempo a catar esterco para o lume). Ela esquadrinha, furta, revende, rainha dos pequenos ofícios e do comércio miúdo parisiense que, aliás, masculiniza-se progressivamente ao longo do século. Fora do mercado, verdureiras com cestos, vendedoras de hortaliças, floristas... sulcam a cidade, expondo ao longo da rua ou da calçada sua *"toilette"** de legumes, frutas, flores, coisa alguma. Em tempos de crise, as mulheres conseguem alguns recursos vendendo até suas roupas velhas, e defendem cada centímetro do seu direito de montar banquinhas, contra as regulamentações cada vez mais

---

* Pedaço de pano no qual artesãs ou vendedores embrulhavam suas mercadorias. (*N. da E.*)

draconianas dos delegados de polícia que se inquietam com tais aglomerações sem controle. As mulheres deslizam, insinuam-se por todos os cantos, com maior densidade em torno dos mercados e locais de água, e predileção pelas margens dos rios, populosos e populares, seguindo seus cursos com uma geografia ainda bastante flutuante. Para elas, nada de sagrado; não hesitam, por exemplo, em atravessar com seus cestos as igrejas em sua celebração matinal. A tal ponto que, por volta de 1835, o regulamento da paróquia de Santo Eustáquio, em pleno centro dos Halles, ordena expressamente aos porteiros da igreja "reprimir os que provocam tumulto na igreja; impedir que se entre com pacotes ou alimentos; não tolerar pessoas com papelotes, às quais devem aconselhar *suavemente* a sair por alguns minutos para se apresentarem com mais decência".[19] Suavemente, tanto se teme o estrépito de suas vozes!

Elas correm, as mulheres, e como correm. Mas também esperam, já com paradas obrigatórias cuja lista aumentará ao longo do século, com o maior peso dos deveres maternos – a escola, várias vezes por dia, quando se torna imoral e perigoso deixar as crianças irem sozinhas –, e a complicação dos equipamentos urbanos. Pouco a pouco, as perambulações das donas de casa deixarão de ir à deriva, para se converter em itinerários mais rígidos, canalizados pelas lojas, pelos equipamentos coletivos, pelos horários da escola e da fábrica, unanimemente harmonizados pela "boa hora", a da estação. A tudo isso as donas de casa por muito tempo serão rebeldes.

Detenhamo-nos por um momento em um ponto alto da sociabilidade feminina, que desempenha papel tão grande na vida do bairro. O lavadouro é lugar ambivalente, rico de incidentes entre as próprias mulheres, cuja violência muitas vezes toma livre curso, para o escândalo daqueles que, em nome da respeitabilidade, recusam às mulheres o direito à raiva, aos gritos, à briga; lugar de conflito, igualmente, entre as mulheres e o poder que se irrita com essas explosões e ainda mais com o tempo perdido das mulheres. Quando se instalam, no Segundo Império, lavadouros compartimentados para evitar que se puxem os cabelos e discutam, as donas de casa protestam e boicotam. Tem de se renunciar a eles.

É que o lavadouro é para elas muito mais do que um lugar funcional onde se lava a roupa: um centro de encontro onde se trocam as novidades do bairro, os bons endereços, receitas e remédios, informações de todos os tipos. Cadinhos do empirismo popular, os lavadouros são também uma sociedade aberta de assistência mútua: se uma mulher está num "atoleiro", acolhem-na, fazem uma coleta para ela. A mulher abandonada pelo seu homem merece no lavadouro, onde a presença masculina se reduz a meninos importunos, uma simpatia especial. Uma criança abandonada certamente aí encontra uma mãe, como conta o romance popular de Cardoze, *La Reine du Lavoir* (*A Rainha do Lavadouro*, 1893). Os lavadouros são locais de feminismo prático. As mulheres aí vêm várias vezes por semana, duas ou três em média, e frequentemente várias vezes por dia, no caminho da escola. A cada ano, a Serração da Velha (na metade da Quaresma), festa das lavadeiras, atrai toda a população do bairro para a escolha da Rainha. É a vitória da lavadeira sobre a peixeira, soberana do Carnaval? Em meados do século, a Serração da Velha supera a Terça-Feira Gorda, entre as festividades urbanas.[20]

No lavadouro, enfim, por vezes esboçam-se formas de organização originais. As lavadeiras profissionais estão entre as assalariadas mais turbulentas, prontas para a aliança e a greve, tanto em Paris como no interior, profundamente mescladas às febres da cidade. Em 1848, as lavadeiras parisienses formaram uma associação, lançaram cooperativas e, principalmente em Bondy, acolheram em suas fileiras as mulheres – muitas vezes prostitutas – saídas da prisão de Saint-Lazare, assim como os militares fugidos da prisão militar de Saint-Germain-en-Laye, que, a favor da Revolução, tentam viver de outra forma. Apaixonante e breve experiência. Suficiente para suscitar a irritação do poder.

Napoleão III, que outrora fugira da prisão dentro de um carro de lavanderia, saberá como são perigosos esses lugares? Seu reinado inicia o grande desmantelamento dos barcos-lavadouros que invadem a circulação fluvial e a implantação de lavadouros em terra firme, cada vez mais distantes do centro da capital, tal como a clientela popular expulsa pela haussmannização para a periferia.

Mais numerosos, mais regulamentados, os lavadouros se tornam a alavanca de uma campanha de higiene em que a limpeza é apresentada como irmã da moral: "A limpeza não é apenas uma condição de saúde; ela contribui também para a dignidade, a moralidade humana, ela torna saudável, ela embeleza o mais pobre reduto, a mansarda mais miserável, e pressupõe entre as famílias, mesmo as mais indigentes, *o sentimento da ordem, o amor à regularidade* e uma luta enérgica contra a ação dissolvente da miséria."[21] Trélat, o alienista, célebre autor de *La Folie Lucide* (*A loucura lúcida*, 1861), é um dos relatores.

Lavar, se lavar, sempre mais. Mas também ganhar tempo, esse tempo que as donas de casa prodigalizam, mas que "poderiam empregar em outra coisa mais frutiferamente", escreve Barberet, que calcula o número de horas gastas e seu equivalente monetário: em Paris, de 30 a 35 milhões de francos por ano. Atração para uma reflexão sobre o tempo e o valor do trabalho doméstico, o lavadouro também é o canal para a sua mecanização. Depois de 1880, cria-se uma verdadeira indústria de lavanderia, com grandes instalações modernas para a lavagem a vapor, onde o trabalho é concentrado, dividido, ordenado, hierarquizado, com um pessoal reduzido e masculinizado. Os homens controlam as máquinas e as mulheres conservam os serviços manuais subordinados. Sem dúvida diminui o esforço físico, mas como sempre ao preço de um maior controle. O lavadouro torna-se menos acessível, menos feminino, menos livre, menos engraçado. Bombardeiam-se as donas de casa com prescrições, criticam-se suas práticas: é preciso pôr de lado a escola e a tábua, lavar cientificamente. O que às vezes era prazer, pretexto para o encontro, vira dever pesado, necessidade codificada. Decididamente, o lavadouro não é mais o que era!

A dona de casa, guardiã do subúrbio

A dona de casa é a alma do bairro e, por isso, núcleo de uma cultura popular original que se opõe ao modernismo unificador. Muitas vezes fez-se das mulheres as agentes modeláveis das modas novas. Hoje em dia, a publicidade assalta-as e tenta agradá-las para melhor governá-las. Antigamente, as seduções do vendedor ambulante ou da loja não tinham a força de envolvimento da mídia. Muito pelo contrário, a mulher do povo urbano aparece como trama das tradições dos migrantes e, na medida em que a autonomia cultural é uma prova de independência, fermento de contrapoder.

Na Paris do século XIX, os que chegam se agrupam por bairros, onde a unidade é dada pela casa-pátio, sobrevivência da quinta aldeã. As mulheres reinam nesses pátios superpovoados onde, nos dias de festa, flutua o cheiro das cozinhas regionais. As refeições familiares são a ocasião para o "falar regional". O operariado elevou à dignidade de "mães" essas mulheres estalajadeiras que hospedam os "passantes", informam-nos sobre as possibilidades de emprego, servem-lhes de secretárias, tesoureiras, única mulher – é verdade – admitida ao banquete corporativo anual. Enquanto se cria uma "grande cozinha" burguesa, masculina, açucarada e gordurosa, ciosa em afirmar pela sua riqueza a ruptura com o rústico, as mulheres cozem lentamente as receitas provincianas. Os *chefs* zombam do conservadorismo das cozinheiras. O conflito das cozinhas é simultaneamente cultural e sexual.

As mulheres são senhoras das panelas e da conversa. Boatos, rumores, novidades são trocados nas escadas, pátios, fontes, lavadouros, em todos os locais de comércio semeados ao longo das ruas, antes de serem fechados em lojas. Por volta de 1840, as leiteiras se instalam todas as manhãs nas entradas das garagens. "Enquanto o comerciante de vinho vê chegar ao seu estabelecimento uma multidão de fregueses habituais masculinos, atraídos pela isca de um copo de vinho branco, de um gole de aguardente ou de um jornal, a população feminina se comprime em volta da leiteira. Lá está instalado o entreposto das novidades do dia e dos falatórios do bairro. A senhora do primeiro foi espancada pelo marido; o homem do botequim faliu; a filha dos inquilinos do quinto é cortejada por um estudante; o gato da porteira morreu de indigestão; o padeiro foi convencido a vender com peso falso; o serralheiro voltou para casa bêbado..."[22] La Bédollière esboça a dualidade dos espaços: de um lado, na taberna, os homens, o vinho, a política (o jornal); de outro, na rua, as mulheres, o leite, os episódios corriqueiros. Mas por trás do insignificante, essa fala das mulheres mantém toda uma rede de comunicações horizontais que escapa aos ouvidos do poder. Enquanto os homens, os primeiros a se alfabetizar, são apanhados pelas redes de um texto que inicialmente chega-lhes de cima e gradualmente os modela e os normatiza, as mulheres, com seus falatórios, mantêm a independência do povo.

A fala das mulheres conserva grande liberdade de expressão; resiste à polidez, à afetação recatada à Luís Filipe. A sexualidade não as assusta, e tampouco a escatologia. As conversas de lavadouro aterram os filantropos. Contida nos subúrbios, regulada nos mercados, essa fala livre, viva e densa, explode na cidade nos dias de Carnaval, festa do insulto e da piada.[23] Descrevendo por volta de 1846 a cela comum das mulheres na cadeia de Paris, Alhoy e Lurine se espantam: "Todas essas boêmias (eles falam em sentido figurado) cantam com vozes roucas, praguejam com vozes desagradáveis, dançam com tamancos, falam de amor blasfemando, traduzem a poesia em gíria, parodiam a justiça, zombam da polícia correcional, brincam alegremente de tribunal, pelourinho e guilhotina ao som de uma nova cantiga romântica. Comparada às celas das mulheres, a dos homens mereceria um atestado de bom comportamento e bons costumes."[24]

Pela sua irreverência, ironia e espontaneidade, a fala das mulheres é prenhe de subversão. Ela conserva esse no-que-me-diz-respeito, essa distância que permite que os humildes preservem sua identidade. Resgatem sua memória. É também pelas mulheres – mulheres crepusculares – que se transmite, muitas vezes de mãe para filha, a longa cadeia de histórias de família ou aldeia. Enquanto a escola, as formas modernas de organização, o próprio sindicalismo constroem histórias oficiais, depuradas e acabadas, as mulheres guardam o traço do que se gostaria de recalcar. Para escrever a história popular da Revolução Francesa, Michelet interrogava as mulheres. Foi principalmente através delas que a gesta dos *Camisards* conservou-se no coração das Cévennes. As lembranças da escravidão, abolida apenas em 1888, persistem entre o povo brasileiro através das velhas avós. E os pesquisadores de história oral conhecem por experiência própria a diferença entre a relação dos homens e a das mulheres com o seu passado: homens mudos, que esqueceram quase tudo o que não tem ligação com a vida do trabalho; mulheres faladoras, a quem basta apenas deixar vir a onda de lembranças, por pouco que se as interrogue a sós: o homem habituou-se demais a impor silêncio às mulheres, a rebaixar suas conversas ao nível da tagarelice, para que elas ousem falar em sua presença.

Resistência do imaginário

Calar as mulheres. Civilizá-las. Ensiná-las a ler. Mas o imaginário feminino se esquiva, recusa-se a se deixar colonizar pela via da ciência e da razão. Leitoras de romances populares, as mulheres fazem o sucesso de Eugène Sue e de todos aqueles autores baratos aos quais Alfred Nettement e Charles Nisard censuram a libertinagem e a constante indisciplina.[25] Dar boas leituras às mulheres passa a ser tema do regime imperial. A criação do *Petit Journal* em 1863, as facilidades que lhe são concedidas (isenção do controle prévio) para permitir que, servido pelas Messageries Hachette e pela estrada de ferro, ele chegue antes de todos os outros, são uma tentativa bem-sucedida de colonizar o imaginário do povo. Trata-se de substituir pelo folhetim periódico – e decente – as brochuras aleatórias do vendedor ambulante submetido aos riscos da viagem a pé. O estrondoso sucesso do *Petit Journal* (um milhão de exemplares por volta de 1900) em larga medida deve-se à atração dos seus folhetins sobre suas "fiéis leitoras". No entanto, olhando-se mais de perto, ele só conseguiu dar certo ao se adaptar ao gosto delas. Definitivamente, o folhetim só é moralista pelo seu final, que exclui os casamentos desiguais, faz com que os usurpadores morram, devolve o filho aos seus pais legítimos e desmascara os falsários. Suas peripécias, cheias de som e fúria, refletem uma violência singular.[26]

Seria preciso falar ainda da cultura do corpo. Antes de serem as auxiliares reverentes, ansiosas e sempre culpabilizadas dos médicos, as mulheres do povo, pelo contrário, foram suas principais rivais e continuadoras de uma medicina popular, cujas virtudes hoje em dia tende-se a revalorizar. Elas empregam todos os recursos de uma farmacopeia multissecular, conhecem mil maneiras de aliviar os pequenos males cotidianos que tantas vezes desarmam a medicina douta. Olhando-se de perto, esses "remédios populares" certamente revelariam um real saber dos sofrimentos do povo, preocupado em evitar despesas, mas também em conservar sua autonomia corporal e em subtrair-se ao olhar médico, esse olhar que ausculta, mede, classifica, elimina e, para terminar, envia-se para o maldito hospital.[27]

Calar as mulheres

Essa cultura cobre o povo como uma carapaça isolante e ao mesmo tempo protetora. Dissonante em relação ao discurso do progresso, ela é perigosa não só por ser sempre capaz de alimentar uma resistência, mas ainda mais por manter na dissidência um povo "selvagem" subtraído às miras do poder. Daí a irritação que se manifesta cada vez mais contra o "atraso" das donas de casa e a vontade de educá-las.

A separação dos sexos na cidade a redução dos espaços mistos são um dos caminhos da ordem que suspeita das promiscuidades duvidosas. Dorothy Thompson mostrou como, no final do século XVIII, as mulheres inglesas sentam-se com os homens, seus companheiros, nas tavernas, *inns* ou *ale houses,* bebendo e cantando com eles e tomando parte das discussões políticas. A voz das mulheres ressoa nos motins radicais do início do século. A seguir, eis que as notam, olham-nas, dizem-lhes para se sentar, *autorizam-nas* a tomar a palavra: assim é nas primeiras assembleias cartistas. Finalmente, por volta de 1850, os *pubs* se tornam locais puramente masculinos, onde as mulheres não são admitidas, ao mesmo tempo excluídas das *trade-unions* que aí realizam suas reuniões.[28]

Com modalidades diferentes, o mesmo movimento de retração verificou-se na França. A alegre liberdade das tavernas com música e dos bailes de estacada com danças descabeladas – "lá, dançam sem sapatos e girando sem cessar homens e mulheres que, ao cabo de uma hora, levantam tanta poeira que no final não se os vê mais", escreve Sébastien Mercier a respeito do baile de Vaugirard[29] – cede lugar a posturas mais afetadas nas quais se inscreve a história da dança. A não mistura rigorosa do Cercle* Bourgeois impõe seu modelo às associações populares. Na Baixa Provença, por exemplo, as *Chambrées,* antiga forma de reunião plebeia, expulsam as mulheres aos poucos, já que elas não votam. O sufrágio universal acentuou a tendência de separação entre os sexos, na medida em que a educação política do povo pelo direito de voto por muito tempo só se dirigiu ao homem.[30] Ora, o sindicalismo funciona pelo modelo parlamentar.

---

* Clube exclusivamente masculino, cuja existência na França é imputada à implantação de costumes ingleses (*N. da E.*).

Em Roubaix, em Lille, por volta de 1880, os estatutos das câmaras sindicais estipulam que qualquer mulher que quiser tomar a palavra deve apresentar uma solicitação por escrito, por intermédio de um membro de sua família! Mesmo nos sindicatos mais feminilizados, como o dos Fumos, que contam com excelentes oradoras, é muito raro ver uma mulher ocupar a tribuna.

Outro exemplo, extraído das *Mémoires de Léonard* (Memórias de Leonard), de Martin Nadaud (1895; reedição Hachette por M. Agulhon, 1977), permitirá compreender esse silenciamento das mulheres, até nas aldeias, pela modernidade masculina e urbana. Quando os pedreiros da Creuse, perto do inverno, voltam à região, aureolados pelo prestígio de Paris, a visão de sua bolsa cheia de dinheiro vivo traz lágrimas às mães, seus presentes encantam as moças, seus relatos fascinam os que ficaram: quer-se saber mais. E sua fala jovem e masculina, na qual brilham as luzes da capital, reduz ao mutismo as velhas mulheres guardiãs da memória – como Fouéssoune, curandeira e médica da aldeia –, cujos contos embalavam os serões. Aos poucos elas se retiram para a sombra, tristes e silenciosas.

Práticas femininas e sindicalismo

O movimento operário, mesmo fazendo o elogio da dona de casa, prefere-a em casa e desconfia de suas intervenções intempestivas. Isso se vê bem nos motins contra a carestia de 1911. Quando os laticínios e alguns artigos de mercearia, no verão de 1911, começam a subir de preço, as donas de casa do Norte da França se agitam como faziam outrora pelo pão. Os incidentes começam nos mercados da região de Maubeuge, estendem-se por todo o Norte mineiro e têxtil e multiplicam-se, um pouco por todos os lados, de Saint-Quentin a Creusot, para chegar aos portos industriais do Oeste. De modo geral, o perfil dos motins é industrial: as mulheres do operários são o motor do movimento. Elas se manifestam cantando "a Internacional da manteiga a 15 vinténs" e se organizam em "Ligas de Donas de casa" para obter das municipalidades a taxação dos produtos. A seguir, estouram greves espalhadas, os operários – seus maridos – imitam-nas; há confrontos violentos e mortes. Diante delas, porém, o sindicalismo se divide. Alguns veem na ação massiva e "espontânea" das mulheres um "movimento magnífico", próprio exemplo de ação concreta, popular, democrática, capaz de sacudir os operários "frouxos" e fatalistas diante da alta dos preços. Mas a maioria teme a violência desse "movimento curioso", a fugacidade de tais chamas de cólera, a efemeridade das ligas, e sonha em transformá-las num movimento "viril", consciente e organizado: "o sindicalismo deve erguer o povo à possibilidade de uma revolta máscula". Em diversos locais, os militantes tentam converter as ligas em "sindicatos de donas de casa", ensinar às mulheres os méritos da organização permanente, tomar o movimento nas mãos para educá-lo, canalizá-lo. No ano seguinte, no congresso da CGT no Havre, defende-se a "educação da dona de casa para a melhor utilização do seu orçamento e a aquisição de noções de higiene alimentar".[31]

Esse episódio ilustra um dos numerosos mal-entendidos que, no início do século XX, separam o sindicalismo e o movimento das mulheres. O sindicalismo recusa as formas de expressão das mulheres como selvagens, irresponsáveis, pouco adequadas à dignidade dos trabalhadores. Em Montceau-les-Mines, durante a grande greve de 1899, as mulheres vão em procissão até Châlons, para solicitar audiência ao subprefeito, e quando este, pouco disposto a recebê-las, aparece na varanda, elas se viram e, num movimento conjunto perfeito, que supõe conivência, mostram-lhe o traseiro. Inversão, derrisão: armas clássicas das mulheres. Esse episódio, transmitido pela tradição local, chocou a respeitabilidade sindical que o apagou dos seus relatos. Outro exemplo ainda: em Vizille, durante a longa greve das tecelãs em seda (cem dias de 1905), as mulheres organizam charivaris noturnos; armadas com panelas e utensílios de cozinha, elas escarnecem dos patrões, do prefeito e seus ajudantes, por vários dias seguidos, na mais franca alegria, como antigamente, junto com os jovens da aldeia, faziam para os velhotes tolos que casavam com moças novas. Até o dia em que os socialistas da cidade, temendo ao mesmo tempo os confrontos com as forças da ordem e o ridículo, pedem-lhes que se abstenham e recorram a outras formas de ação, mais decentes. A greve não podia ser uma festa.

Um ideal conjugado de virilidade e respeitabilidade fez recuar a rusticidade camponesa, as truculências populares e as formas de expressão femininas que frequentemente lhes dão continuidade. Entre o sindicalismo e as mulheres, há mais do que um problema de falta de organização: um conflito sobre os modos de intervenção e expressão, recobrindo uma diferença de cultura e vida. Nesse momento da história, os homens são mais políticos, as mulheres mais "folclóricas", no sentido profundo do termo, e em nome disso são afastadas, recusadas pela modernidade.

As mulheres não são passivas nem submissas. A miséria, a opressão, a dominação, por reais que sejam, não bastam para contar a sua história. Elas estão presentes aqui e além. Elas são diferentes. Elas se afirmam por outras palavras, outros gestos. Na cidade, na própria fábrica, elas têm outras práticas cotidianas, formas concretas de resistência – à hierarquia, à disciplina – que derrotam a racionalidade do poder, enxertadas sobre seu uso próprio do tempo e do espaço. Elas traçam um caminho que é preciso reencontrar. Uma história outra.

Uma outra história.

NOTAS

1. É possível notar como fato sintomático que o primeiro número de uma nova revista, *L'Histoire* (Seuil), abre com um artigo de George Duby sobre "La femme médiévale".

2. *Le désert de l'amour,* ed. La Pléiade, p. 769.

3. Ver *Mythes et Représentations de la Femme au XIXe siècle, Romantisme,* Paris, Champion, 1976, e a reflexão de C. Clément e H. Cixous, *La jeune née,* Paris, 10-18, 1975.

4. Jacques Donzelot, *La police des familles,* Paris, Minuit, 1977. *A Polícia das Famílias,* Rio de Janeiro, Graal, 1980.

5. Le Play, *Les Ouvriers Européens,* segunda série, v. 1, 1879, pp. 270 e ss.: "Les travaux des femmes". As monografias de família que se encontram em *les Ouvriers Européens* e *Les Ouvriers des Deux-Mondes,* apesar de sua ideologia conservadora, são algumas das raras fontes descritivas sobre o trabalho doméstico e os poderes da dona de casa na França do século XIX.

6. Jules Simon, *L'ouvrière,* Paris, 1861.

7. Henry Leyret, *En plein Faubourg (Moeurs ouvrières),* Paris, Charpentier, 1895, p. 50.

8. Le Play, *Les Ouvriers Européens,* v. VI, "Bordier du Laonnais", p. 110.

9. Andrée Michel, *Activité professionnelle de la femme et vie conjugale,* Paris, C.N.R.S., 1974, p. 84.

10. O estudo do papel das mulheres nos motins por alimentos nunca foi feito sistematicamente. Aqui me baseio num exame parcial dos dossiês de arquivos referentes aos motins de 1816-1817, Archives Nationales, F 11 722-736 e diversos dossiês de BB 18.

11. Retomam-se aqui observações de E. P. Thompson, "The moral economy of the English crowd in the eighteenth century", *Past and Present,* 1971 (71-136).

12. Para mais detalhes, ver M. Perrot, "Os operários e as máquinas na França durante a primeira metade do século XIX", [artigo 1, desta coletânea].

13. Segundo E. Levasseur, *Histoire des classes ouvrières en France avant la Révolulion,* Paris, Guillaumin, 1859, v. 1, pp. 203 e ss.

14. Tuetey, *L'assistance publique à Paris pendant la Révolution,* v. II, p. 401.

15. *Idem,* v. II, texto de julho de 1790, p. 594.

16. M. Agulhon, "Un usage de la femme au XIXe siècle: l'állégorie de la Republique", em *Mythes et Représentation de la Femme, op. cit.*, e seu livro *Marianne au combat*, Flammarion, 1979.

17. Balzac, *Scènes de la vie privée*, v. II, 1842. "Autre étude de femme".

18. Veblen, *Théorie de la classe de loisir*, 1899: excelentes observações sobre o papel do consumo "de ostentação" da esposa na burguesia e seu papel, em suma, de "mulher de porcelana".

19. La Bédollière, *Les Industrieis. Métiers et Professions en France*, Paris, 1842, p. 3.

20. Alain Faure, *Paris Carême-Prenant. Du Carnaval à Paris au XIXe siècle*, Paris, Hachette, 1978, pp. 133 e ss.

21. J. Barberet, *Monographies professionnelles*, v. 1, Paris, Berger-Levrault, 1886, p. 280.

22. La Bédollière, *op. cit.*, p. 27.

23. A. Faure, *op. cit.* Sobre a linguagem das peixeiras, ver pp. 65 e ss.

24. Alhoy e Lurine, *Les prisons de Paris*, 1846, p. 5.

25. A. Nettement, *Études critiques sur le feuilleton-roman*, 1847, em esp. v. II, p. 442, carta a "La femme d'intérieur",

26. Segundo as pesquisas de Evelyne Diébolt e sua tese sobre os folhetins do *Petit Journal*.

27. Numerosas observações sobre esse assunto em Le Play. A mulher do carpinteiro de Paris "se acredita experimentada em certas práticas da medicina comum, e trata pessoalmente das indisposições que ocorrem na família. Confiante nas ideias higiênicas de um clínico popular, ela usa largamente água sedativa e preparações canforadas (...) A maioria dessas práticas de higiene, muito habituais em outras regiões, encontra-se comumente entre as mulheres de operários parisienses, que normalmente assumem na família as funções médicas e assim transmitem entre si um certo número de receitas tradicionais": *Ouvriers des Deux Mondes*, v. 1, 1858, p. 31.

28. Dorothy Thompson, "The missing presence. The withdrawal of Women from working-class organization in the Early Nineteenth Century", inédito, parcialmente retomado em J. Mitchell e A. Oakley, *The rights and wrongs of women*, Nova York, Penguin Books, 1976.

29. *Tableaux de Paris,* 1783; sobre as tavernas com música, ver o estudo de Jacques Rancière, "Le bon temps ou la barrière des plaisirs", *Révoltes Logiques,* nº 7, primavera-verão de 1978.

30. Maurice Agulhon, "Histoire et ethnologie: les Chambrées en Basse Provence", *Revue Historique,* abril-junho de 1971.

31. Sobre esses motins, o livro de Emile Watelet, *Les récents troubles du Nord de la France* e sobretudo J.-M. Flonneau, *Crise de vie chère. Réactions populaires et réactions syndicales,* tese de mestrado, Paris, 1966 (inédita), resumida em "Crise de vie chère et mouvement syndical", *Le Mouvement social,* julho-setembro de 1970.

8
A DONA DE CASA NO ESPAÇO PARISIENSE NO SÉCULO XIX

A dona de casa, nas classes populares urbanas do século XIX, é um personagem maior e majoritário. Majoritário por ser a condição do maior número de mulheres que vivem maritalmente, casadas ou não (sendo o casamento, aliás, o estado civil mais generalizado), principalmente quando têm filhos. O modo de vida popular pressupõe a mulher "em casa", o que – veremos – não significa absolutamente "no interior do lar": há uma forte resistência da classe operária ao trabalho externo das mulheres casadas, sobretudo nas cidades, que não são necessariamente industriais.[1] Maior, porque a dona de casa de fato tem muitos poderes, de natureza diferente dos poderes dos homens, passando por redes de sociabilidade informal onde justamente o espaço tem grande participação.[2]

A dona de casa está investida de todos os tipos de função. Primeiramente, dar à luz e criar filhos que leva consigo e, a partir do momento em que sabem andar, acompanham-na por toda parte. A mulher e seus filhos são figuras familiares profusamente reproduzidas pela iconografia da época. Muito cedo, aliás, as crianças circulam sozinhas e juntam-se a bandos de moleques no pátio ou na rua. Segunda função: a manutenção da família, os "trabalhos domésticos", expressão que tem um sentido muito amplo, incluindo a alimentação, o aquecimento, a conservação da casa e da roupa, o transporte de água etc. Tudo isso representa idas e vindas, tempo, *trabalho* considerável. A sociedade do século XIX não poderia crescer e se reproduzir sem esse trabalho não contabilizado, não remunerado da dona de casa. Finalmente, ela se esforça em trazer à família, unidade econômica fundamental na vida popular, recursos monetários, marginais em períodos normais, às vezes com um destino especial (complemento para os pequenos gostos, diversões ou melhorias no alojamento...), vitais em caso de crise, que sempre acarreta um aumento da atividade feminina, já que é preciso compensar o salário periclitante do pai de família.[3] Esse "salário de trocados" provém essencialmente de atividades no setor de serviços: faxina, lavagem de roupas, entregas (a entregadora de pão é um exemplo dessas mulheres de recados, e as crianças são de preferência puxadores de carrinhos, outra forma importante de transporte das mercadorias); mas também o pequeno comércio das mulheres com bancas ou das vendedoras em domicílio de artigos variados; finalmente, cada vez mais – e é uma ruptura radical na utilização do espaço –, o trabalho em domicílio. Contra tudo e contra todos, a dona de casa tenta manter esse papel monetário que desempenhou na sociedade tradicional: trazer dinheiro para o lar.

A maioria dessas tarefas implica deslocamentos. A dona de casa de alguma forma se desdobra na cidade do século XIX. Emprego do tempo significa uso do espaço, e é dele que eu gostaria de falar. É claro que o que vale para a mulher do povo não vale para a burguesa. Ao nível das classes, os usos sociais da cidade se diferenciam muito claramente. As mulheres burguesas têm um modo de circulação muito mais precocemente rígido, uma relação interior/exterior muito regulada, um ritual de "saída" e de recepção muito refinado que funda toda a distinção de "a mulher como deve ser" (Balzac). Esse modelo, muito importante, não é meu propósito agora.

A cidade: um espaço sexuado

Seguem-se algumas observações rápidas sobre a evolução do uso sexuado do espaço urbano, principalmente em Paris, no século XIX. A sociedade dita "tradicional" tinha elaborado uma estruturação bastante acentuada dos espaços masculinos e feminino, correspondendo, de maneira sutil, às tarefas e representações ligadas a cada sexo. A exposição do Museu das Artes e Tradições populares sobre *Marido e mulher na sociedade tradicional* mostrava-o bem, assim como o recente livro de Martine Ségalen.[4] O forte impulso urbano dos anos 1760-1830, o afluxo dos migrantes, o desequilíbrio dos sexos (homens em quantidade, menos mulheres – e concentradas em bairros diferentes, o que aumenta a disparidade) embaralham os esquemas da sociedade rural. Eles não são esquecidos, pois as pessoas têm uma memória e procuram recriar na cidade o seu espaço vital. Para uma etnologia urbana ainda muito nova, esta é, aliás, uma via de pesquisa muito instigante: em que se transformam os usos e costumes transportados pelos migrantes?[5] Seja como for, parece ter havido nessas cidades populosas um período de fusão, de relativa incerteza onde as coisas são mais fluidas, as fronteiras – sociais, sexuais – mais indefinidas. *Le Paisan Parvenu (O camponês que ascendeu)*, de Marivaux, poderia ser a sua figura simbólica. Aríete Farge, em seu livro *Vivre dans la rue à Paris au XVIII siècle (viver na rua em Paris no século XVIII)*,[6] descreveu muito bem essa situação que se prolonga pelo século XIX.

Os locais mistos, a indiferenciação do público e do privado caracterizam esse uso da cidade, onde as mulheres fazem parte integrante. Fluida, a dona de casa circula por tudo, instala-se em qualquer lugar, para como quer. Esbraveja-se contra ela, que não sabe se desviar nem se afastar, que invade a calçada, principalmente em tempos de crise. Com efeito, um dos meios de conseguir recursos para as pessoas do povo é se fazer de *camelô*: alguém se apropria de um trecho de rua, aí estendendo, por exemplo, um pano, e expõe objetos a venda –

produtos artesanais, mercadorias compradas a baixo preço (alguns dizem que são roubadas...) no mercado, coisas pessoais até as mais miúdas. As mulheres aí se sobressaem. Os pequenos ofícios, os pequenos comércios são seu quinhão.

A segregação sexual do espaço é relativamente pouco marcada. As descrições de época mostram-no. Sébastien Mercier, o célebre autor de *Tableaux de Paris* (*Quadros de Paris*), teve inúmeros imitadores, menos brilhantes, menos acurados; torna-se um gênero onde floresce o estereótipo. Ainda assim. Veja-se Jouy e seus *Hermites* (*Eremitas*): ele descreve uma taverna onde se canta, situada do outro lado das barreiras, de alfândega para pagar o vinho a preço menor:[7] "Essas reuniões de artesãos são, no mais das vezes, festas de família. Aí tudo é público. O pai, a mãe, os filhos se reúnem para comer uma caldeirada de peixe ou um guisado de coelho, que se evita de lhes mostrar o couro, no meio de outras vinte famílias que os mesmos prazeres atraem para os mesmos lugares. O vinho de Brie e Suresnes corre à larga, bebe-se, ri-se, canta-se, embebeda-se, e a mulher, que em geral para exatamente no grau de lucidez de que precisa para levar de volta o marido, não o força porém a deixar a mesa, a não ser quando o dinheiro já se esgotou completamente. Pagas todas as contas, a família põe-se a caminho e, com grande intimidade, desafinando uma cantiga popular, torna a descer pela meia-noite ao subúrbio do Temple e volta para casa, onde no dia seguinte não encontrará..." etc. (Aqui, o pequeno dístico habitual sobre os operários despreocupados que preferem a fruição imediata, em vez da poupança, e são totalmente imprevidentes.)

Essa mistura dos sexos nos prazeres também se encontra em certos trabalhos, por exemplo nos canteiros de trabalhos públicos. Assim, depois da Revolução de 1830, o governo de Luís Filipe abre canteiros de terraplanagem para dar trabalho aos desempregados. As mulheres vão até lá, acompanhadas pelos filhos: elas manejam a pá, o enxadão... E quando o governo toma uma resolução dizendo que só os homens serão admitidos àquele trabalho, as mulheres não entendem. Elas vão se manifestar diante da Prefeitura, para perguntar por que não as admitem: no campo, elas usavam a pá, o enxadão. E então?

Nas ruas, as mulheres sabem se manifestar. Elas conduzem os motins por alimentos, ligados à carestia do pão, tão frequentes pelo menos até 1848, os charivaris contra os proprietários responsáveis pelo aumento dos aluguéis, elas que são as administradoras do lar, as guardiãs do orçamento. Elas se associam aos homens durante as jornadas revolucionárias que pontilham o século, presentes sobretudo em 1830, como aliás os filhos, esses "moleques" de Paris que geraram Gavroche. Em 1848, elas são mais tímidas: zomba-se das Vesuvianas, ou milícia feminina. Em 1871, elas ajudam como cantineiras ou atendentes de ambulância. As que querem lutar vestem-se de homem, como Louise Michel: "Essa questão idiota de sexo estava acabada", suspira ela, nostálgica, em suas *Memórias*. Seria possível seguir, pelo roteiro das "jornadas" parisienses, a evolução dos papéis masculino/feminino.

As classes dominantes, principalmente as autoridades urbanas (administradores do Sena, delegados de polícia), denunciam cada vez mais essa confusão tão vergonhosa para as transações econômicas e a ordem pública. Bufões, músicos ambulantes, camelôs são a obsessão de Gisquet, delegado de polícia de 1831 a 1836, cujas *Memórias* (1840) apresentam um testemunho sobre essa incessante batalha pela ordem na rua.[8] Essa racionalização da cidade, em que a haussmannização é uma das expressões mais vivas,[9] faz-se por circulação dos fluxos e especialização dos espaços, diversificados, funcionalizados.

A distinção entre público e privado implica uma segregação sexual crescente do espaço. Uma das suas chaves talvez seja a definição do espaço público como espaço político reservado aos homens. A burguesia daquela época exclui da política os operários e as mulheres. E os operários, quando reivindicam o acesso à esfera política, reproduzem o modelo burguês, excluindo as mulheres. Através da coisa pública, dos assuntos políticos, desenha-se um mundo da sociabilidade masculina – uma "civilização do café" (Philippe Ariès) – de onde as mulheres estão excluídas.

Esse fenômeno de exclusão progressiva foi bem descrito para a Inglaterra por Dorothy Thompson.[10] Ela mostra como, nos *pubs* e *inns* (tavernas) ingleses do final do século XVIII e início do século XIX, os homens e mulheres estavam juntos, cantando, reivindicando, preparando as manifestações, e como aos poucos a presença das mulheres se torna marginal, inabitual, e depois francamente excepcional. Para elas, fica cada vez mais difícil tomar a palavra: elas têm de passar pelo intermédio de um homem, e depois, a partir de 1840 e do cartismo, desaparecem totalmente, e o *pub* inglês vira um lugar exclusivamente masculino.

Em sua tese sobre *Les débits de boisson en France, 1870-1920 (Os consumos de bebida na França, 1870-1920)*, Jacqueline Lalouette desvenda uma evolução análoga, com grandes diferenças entre as regiões rurais – aqui, o Finistère – e as zonas industrializadas – o Norte –, onde a segregação é muito mais intensa, como se se tratassem de estágios diferentes de evolução.[11]

A circulação das coisas e das pessoas é cada vez mais regulada. De modo geral, a vagabundagem regride. Ela se torna quase inacessível às mulheres. As teorias antropológicas da segunda metade do século XIX, além disso, desenvolvem o tema da mulher sedentária, civilizadora, conservadora, em oposição ao homem nômade, guerreiro, caçador, predador, mas também descobridor e criador. É o caso de teóricos do matriarcado como Bachofen, Morgan ou Briffaut, ou ainda de criminologistas como Lombroso. Anedota significativa narrada pela *Gazette des Tribunaux* (24 de novembro de 1869): um pai de família vem procurar seu filho, preso por vagabundagem, pela sétima vez: com 15 anos, ele está vestido de menina – o que não deixa de ser suspeito – e é detido como tal, em companhia de um rapazinho. O pai: "Não consigo segurá-lo em casa. Ele sempre encontra um jeito de escapar. Eu achava que tinha encontrado uma ótima ideia *ao vesti-lo de menina,* dizendo a mim mesmo: *'Isso vai impedi-lo de vagabundear!'* (grifo meu). Ah, pois sim! Vocês veem! Ele escapou a mesma forma. No ano passado, fiz com que ficasse um mês na Roquette; não adiantou de nada. Tem que vagabundear...". Ao mesmo tempo, vê-se a extrema importância da indumentária, demarcação social e sexual, e a razão pela qual, quando as mulheres querem sair de sua condição feminina, algumas se vestem de homem: George Sand, é claro, mas também Rosa Bonheur para pintar, ou Louise Michel para combater. Mas isso sempre é visto como uma transgressão.

Paralelamente a esse retraimento da mulher real, desenvolve-se uma ampliação de imagens. A mulher *enfeita* a cidade, como enfeita a casa (retratos de mulheres, quadros de mulheres, fotos de mulheres), as igrejas (culto de Virgem Maria). Visualmente, a mulher está tanto mais presente quanto existe a tendência de limitar seu papel e sua presença por outras vias. Essa compensação pela imagem, tão marcada na estatuária e na iconografia de 3ª República, atinge seu apogeu na *art nouveau (modern style),* literalmente obcecado pelo rosto e corpo femininos.[12] Na idade do século XIX, a mulher é o espetáculo do homem.

Espaços femininos

Essa evolução geral se faz lentamente, e a mulher do povo se mantém muito presente na cidade do século XIX. De forma alguma encerrada no interior do lar, já que ele praticamente não existe no que se refere a ela. As *Monographies de famille (Monografias de família)* de Le Play e sua escola, sob esse aspecto, são de uma precisão notável (apesar do que se possa pensar, por outro lado, sobre a sociologia de Le Play: é uma outra questão). Elas apresentam a composição das moradias, suas dimensões, sua capacidade cúbica de ar, a natureza e a disposição da mobília, o material de que é feita, os elementos de decoração (imagens, fotografias), o inventário dos utensílios de cozinha etc. Infelizmente, essas monografias só se iniciam por volta de 1855, isto é, na segunda metade do século. Através dessas descrições, percebem-se moradias extraordinariamente pequenas e entulhadas: na maioria das vezes uma peça, no máximo duas, onde se amontoam sete ou oito pessoas, às vezes mais. Ocasionalmente, há aí móveis de grande estorvo, mesas ou armários de madeira de árvores frutíferas, que os migrantes trouxeram como herança da sua região rural, mas na maioria das vezes não há nada, a não ser colchões e algumas panelas ou caçarolas de barro: a população ainda é extremamente móvel, mudando "na surdina" se não puder pagar no prazo; tem-se de conseguir levar às pressas tudo o que se possui nesses carrinhos de mão que sulcam as ruas dos bairros pobres por volta do dia 8 de cada mês, desprezando Abutre e *Pipelet*.[13]

Nessas moradias, evidentemente não há cozinha, mas apenas um meio de aquecimento que permite cozer os alimentos: forno de chaminé no inverno, estufa a lenha no verão. No apartamento haussmanniano burguês, há uma dicotomia entre os aposentos de recepção que dão para a rua e a cozinha que dá para o pátio, no final de um longo corredor que marca toda a distância entre a decoração e seu avesso, o limpo e o sujo, os senhores e os empregados, e a dupla circulação pela "grande escada" e a escada de serviço. O imóvel burguês comporta toda uma estruturação das relações sociais e sexuais que Zola, em *Pot-Bouille* (*O passadio*), descreveu admiravelmente. A casa burguesa é um microcosmo onde os observadores (por exemplo *Jouy*, em *L'Hermit de la Chaussée d'Antin* (*O eremita da calçada de Antin*) e os romancistas praticam cortes verticais, abrindo essas intimidades fechadas pelas paredes do privado.

Não existe nada disso entre as classes populares. A habitação não é, ou mal chega a ser um interior, mas sim um ponto de reunião:

aí se dorme, aí se come, e muitas vezes até no almoço, por ser mais econômico. Mas, excetuados esses momentos – e salvo o caso ainda muito importante da moradia do artesão, que serve de oficina –, todo mundo está em outro lugar: na fábrica, no pátio, na escola, na rua. Para a dona de casa, a escada, o patamar e as vizinhas, o pátio e os locais de água são pontos cardeais. Para ela, a rua não é apenas um corredor de circulação, mas também um meio de vida que, por exemplo, deve lhe fornecer matéria para o aquecimento. Coletora incansável, a cidade sob seus passos é como a floresta de antigamente, onde ela recolhia feixes de lenha e tantos outros elementos para a subsistência.

A cidade aos poucos se quadricula em espaços masculinos, femininos e mistos. Estes podem ser espontâneos ou organizados, e o seu estudo é particularmente interessante para apreender as relações entre os sexos. Exemplo mais cabal do local de encontro organizado: o bordel, que Alain Corbin mostrou em sua evolução e variedade.[14]

Outro exemplo: o baile, ponto alto da sociabilidade – popular, burguesa, aristocrática – do século XIX. Públicos, privados, improvisados, organizados, temporários, permanentes etc., há um número considerável de bailes. O baile tem múltiplas funções: reagrupamento das comunidades étnicas (os naturais de Auvergne e os da Bretanha têm seus bailes), profissionais (principalmente na época do *compagnonnage),* de bairro.

Mas o baile é sobretudo um local de aculturação à cidade e de encontro entre os sexos. Parece que os migrantes chegados à cidade tinham um prazer extraordinário em dançar, com um entusiasmo, uma expressão do corpo tida como muito chocante pelos observadores burgueses. Há uma domesticação progressiva da dança e do baile, que tende a afastar progressivamente os corpos, com a difusão de danças provenientes da sociedade dominante nos bailes populares – não sem resistência a esses modos novos. Ao contrário, a burguesia procurava se "envilecer" com empréstimos feitos aos bailes populares. Nesse domínio, a difusão dos modelos culturais não se faz em mão única.

Local de encontro entre os sexos separados pela cidade, o baile é um lugar de busca e desejo, carregado de desafio, de paixão que muitas vezes geram rixas e explosões de brutalidade. Nos bairros populares, as saídas de baile são momentos de temida violência.

Como local de confronto entre as classes e os sexos, na cidade do século XIX, o baile merece atenção.[15]

Nos meios populares, a mulher é o "ministro das finanças" da família. Ela gere o pagamento que seu marido lhe entrega, não sem conflito: o pagamento é momento de tensão nos bairros, as donas de casa temem que ele seja desfalcado pela taverna. Se se trata de uma conquista feminina, é também uma carga pesada: com a soma que lhe é confiada, a mulher tem de alimentar a família, ela é responsável pela sua subsistência. Daí um sentimento de culpa se não o consegue e o fato, muitas vezes assinalado, de se privar em tempos de penúria.

A função comercial da mulher, tanto no nível da compra como da venda, desenha uma geografia que se inscreve no espaço dos mercados de todos os tipos. O século XIX tende a limitar, a especificar os locais de comércio, a construir mercados *cobertos* (galerias, passagens, e depois grandes lojas), a fazer com que os comerciantes e as mulheres entrem em lugares fechados. A tendência das mulheres é oposta: vender por toda parte, ao ar livre. Veja-se a respeito a descrição que La Bédollière, *Les Industriels* (Os industriais, 1842), faz sobre a banca da leiteira que, toda manhã, instala-se sob os pórticos ou marquises. "Enquanto o comerciante de vinho vê chegar ao seu estabelecimento uma multidão de fregueses habituais masculinos, atraídos pela isca de um copo de vinho branco, de um gole de aguardente ou de um jornal, a população feminina se comprime em volta da leiteira. Lá está instalado o entreposto das novidades do dia e dos falatórios do bairro: 'a senhora do primeiro foi espancada pelo marido', 'o homem do botequim faliu', 'a filha dos inquilinos do quinto é cortejada por um estudante', 'o gato da porteira morreu de indigestão', 'o padeiro foi convencido a vender com peso falso', 'o serralheiro voltou para casa bêbado ontem à noite' etc. Os mexericos, as suposições, as atribuições malignas são trocados com vivacidade, e sua provisão está longe de se acabar quando a da leiteira já terminou." A dicotomia estabelecimento/rua, vinho/leite, fala/jornal e masculino/feminino estruturam tantos discursos que não é possível deixar de se indagar sobre seu grau de realidade. Pode-se, contudo, pensar que há aí uma descrição concreta de um lugar de sociabilidade em torno da leiteira, essas "Perrettes de periferia",* como frequentemente são chamadas.

Progressivamente, esse movimento de troca entra nas lojas: as bancas desaparecem, e hoje vemos morrer as últimas verdureiras ambulantes. As *lojas* se tornam um grande local de encontro das mulheres, mas entre o espaço da leiteira, a céu aberto, que abocanha o espaço público, e o estabelecimento da padeira (o padeiro está no amassadouro) ou do dono da mercearia (por que este, em maioria, é um papel masculino? A função, exclusivamente comercial, demanda mais capitais e está associada à venda de produtos mais "viris": vinho, especiarias...?), as diferenças são gritantes: organização e circulação mais rápida dos fluxos, constituição de verdadeiras clientelas com suas hierarquias, relações de dependência fundadas sobre o crédito, muito importante no que diz respeito à alimentação naquela época etc.

Os *grandes magazines,* local de mulheres, do desejo controlado das mulheres, apresentam uma decifração muito interessante no plano da organização espacial, com seu jogo complexo de olhares, de gestos codificados. No início, o pessoal de serviço é masculino,

---

* Da fábula de La Fontaine: *Perrette et le pot au lait;* corresponde em português à *A moça e o pote de leite* (N. do E.)

a clientela é feminina. Quando o pessoal se feminiliza (sob esse aspecto, o papel da greve dos empregados de 1869, em que os vendedores se mostram muito resistentes, pois têm quarto na cidade: a direção prefere moças que o próprio estabelecimento aloja, como domésticas), a fiscalização, de perfil marcadamente militar, continua a ser exclusivamente masculina, e a vigilância da vida privada, através de inspetores, é muito acentuada. Sob o ângulo do consumo, o grande magazine desempenha um papel motor nas necessidades e gostos, e mesmo na educação da limpeza (a obsessão pelo branco, enfatizada pelas exposições de artigos brancos). É um ponto alto de delinquência feminina; o roubo em grandes magazines, grande tema da literatura judicial, substitui a antiga delinquência florestal, também ela muito tipicamente feminina. O grande magazine representa uma verdadeira inversão em relação ao mercado de alimentos, onde as donas de casa no século XIX, com sua vigilância, exerciam um controle real, fundamento do seu poder de intervenção na cidade.[16]

Outros pontos de convergência das mulheres: os equipamentos coletivos – hospitais, igrejas, creches, escolas, cemitérios... –, porque correspondem a tarefas femininas. Maternas: as mulheres levam os filhos à creche ou à escola. De atendimento: elas vão visitar os doentes no hospital. Funerárias: as mulheres, de maior longevidade, cuidam dos túmulos, velam os mortos. Para essas mulheres móveis, fluidas, são pontos de ancoragem, de espera que balizam os trajetos, pontuam o emprego do tempo. Também meios de disciplina dos gestos e comportamentos: como nas creches, aliás pouco numerosas antes de 1850. Quando uma mulher leva seu filho à creche, não a deixam entrar e trocam imediatamente as roupas da criança, suspeita de estar suja e ser um vetor de epidemias. Através do filho, educa-se a mãe, e este é um outro aspecto da penetração das instituições na vida das mulheres.

Mulheres no lavadouro

O lavadouro está no ponto de intersecção de duas grandes tarefas femininas: a água, a roupa de casa. O século XIX é uma civilização da roupa de casa e do vestuário ligada à primeira revolução industrial: a têxtil. A roupa de casa, valor de uso, em certo sentido é um capital. A formação de enxoval de casamento das mulheres é uma poupança, e os armários cheios de roupa de casa são um sinal de riqueza. A parte do vestuário aumenta nos orçamentos operários: "ter boas roupas de casa", "roupas de casa brancas", expressões populares que indicam uma certa prosperidade e autorrespeito.[17]

No campo, as lavagens são relativamente raras, mensais e até sazonais: muitas vezes dão lugar a festas familiares. Na cidade, é impossível, por falta de espaço. A lavagem da roupa de casa burguesa ocupa um exército de lavadeiras especializadas (70 mil no final do Segundo Império), mulheres livres, fortes, independentes, muito presentes na vida e nos movimentos populares, onde muitas vezes são a alma que os animam. A lavagem da roupa de casa se insinua entre o emprego do tempo semanal das donas de casa: "Elas vêm, depois de levar os filhos à escola, passar duas ou três horas, várias vezes por semana, segundo as necessidades da casa", escreve em 1888 um observador[18] que acha que é um grande tempo perdido. Os lavadouros são uma instituição tardia. Na Paris do século XIX, lava-se em toda parte onde exista água, estende-se em qualquer lugar: nas janelas, nos pátios, nos terrenos baldios, as roupas de cama, mesa e banho flutuam ao vento. As margens do Sena são um mundo muito vivo de lavadeiras e descarregadores.

Pouco a pouco, em virtude da circulação dos fluxos e da especialização dos espaços que caracterizam esse ordenamento que é a urbanização, criam-se locais específicos: de início, os barcos-lavadouros, primeira delimitação, às margens do Sena, de um perímetro da lavagem. Existem 64 deles por volta de 1880, mas já estão em diminuição, devido ao crescimento do tráfego fluvial e a expulsão das classes pobres para a periferia, não sem resistência por parte dos donos dos barcos, apoiados pela sua clientela. Manifesta-se a vontade de ficar no centro.

Em compensação, as autoridades criam lavanderias públicas, ou lavadouros em terra firme, os quais se pretende converter no eixo de uma política de higiene. Os urbanistas se inspiram em modelos ingleses. Em 1853, Napoleão III chega a subvencionar engenheiros britânicos, para organizar um lavadouro-modelo nos bairros do Templo. Era uma lavanderia magnífica, com dissociação das operações, uma circulação racionalizada, pequenos compartimentos autônomos para que cada lavadeira pudesse lavar sua roupa sem tagarelar com a vizinha: "Que suplício para nossas operárias francesas não poder conversar com suas vizinhas, primeira grande causa do insucesso dessa experiência na França", escreve Barberet. Com efeito, as donas de casa boicotaram o lavadouro do Templo, que rapidamente faliu e foi demolido. Esse episódio mostra o que elas esperam do lavadouro, local de encontro das mulheres entre si. Para esses sociólogos da época que por vezes se mostram ser os romancistas, os lavadouros constituem um observatório privilegiado do mundo feminino, grande tema também para os pintores impressionistas. Zola, em *L'Assommoir* (*A taberna*), apresentou uma pintura épica sobre eles, centrada na violência feminina, em grande consonância com esse grande *roman noir* do alcoolismo e da miséria operária. A descrição de Cardoze, *La Reine du lavoir* (A rainha do lavadouro),[19] é mais amena e talvez mais cotidiana. É um romance-folhetim como então se apreciava, vendido em fascículos por um vintém, fartamente ilustrado; está construído num duplo registro: a intriga romanesca, muito complicada, com uma inevitável história de um filho encontrado (o abandono da criança: realidade e obsessão da época) e as descrições muito realistas do lavadouro, centro da intriga. O folhetim assim mescla o imaginário e a reportagem da vida cotidiana. A esse duplo título, ele pode ser uma fonte preciosa para o historiador.

O lavadouro de que fala Cardoze fica perto da rua de Rivoli. Ele descreve o lavadouro em repouso, "como um campo adormecido". Ele mostra a imensa peça, dividida em "batedouros", grandes tábuas onde as mulheres batem a roupa de casa, com o batedor que simboliza o ofício. Cada uma em seu lugar, uma por bacia: os instrumentos podem ser individuais. O "campo" se anima quando chegam as lavadeiras. Elas pertencem a três categorias: as lavadeiras profissionais que lavam para as burguesas, as donas de casa que lavam suas próprias roupas, e uma categoria intermediária, as por peças, que lavam para si e tiram alguns trocados lavando algumas peças para uma comerciante ou uma vizinha. Essa mistura, rara, de estatutos diferentes é fonte de inquietação para as autoridades, que desconfiam das lavadeiras profissionais e sua influência sobre as outras mulheres. Passam-se muitas coisas nesse lavadouro. Primeiramente, em nível sonoro: no início, todas estão muito ocupadas, só se ouve o barulho dos batedouros; depois, o ritmo diminui, e começa-se a ouvir a conversa de uma mulher com sua vizinha; a seguir, as vozes se tornam mais altas, fala-se de uma tábua para outra, e o concerto das vozes tende a superar o barulho dos batedores. O lavadouro tem seus ritmos: pausa do café, quando os cafeteiros ambulantes ou pasteleiros vêm reconfortar as donas de casa; pausa do meio-dia, quando as mulheres vão ao refeitório, para comer o lanche rápido que trouxeram ou consumir a refeição, bastante barata, que lhes é oferecida. Elas falam (do bairro, dos acontecimentos), ocupam-se dos filhos pequenos que às vezes trazem, deitando-os nas bacias, como se fossem berços.

A circulação externa é intensa. Na pausa do meio-dia, chegam vendedores ambulantes que oferecem todos os tipos de mercadorias, o "tirador de fotografia" que propõe um pagamento semanal: "semelhança garantida", diz ele, "só se paga depois de ter verificado por si mesma que não falta nenhum detalhe de sua pessoa. A fotografia que eu entrego é uma reprodução exata da natureza". Mas, ao mesmo tempo, ele tira um álbum de modelos, mostrando "atrizes de teatro e mundanas famosas com as roupas leves da sua profissão. Essa pose aqui, por exemplo, lhe ficaria muito bem". Assim se operam a difusão das modas e a encenação da vida cotidiana.

Vêm também as cartomantes, as leitoras da sorte que, conforme o preço pago, tiram maior ou menor número de lances, e em casos excepcionais usam o tarô. Vêm enfim, quase diariamente, os cantores ambulantes, entre os quais muitos ganham a vida, dizem-nos, indo de lavadouro em lavadouro: eles apresentam os novos sucessos, cantam a pedidos os refrãos que todo mundo trauteia (evidentemente, gostariam de conhecê-los); ao meio-dia, eles ritmam a dança das mulheres entre si, essas mulheres que tantos testemunhos nos dizem o quanto gostam de dançar (frustração do casamento: não dançar mais).

Local de intensas trocas, de trabalho e de prazer, o lavadouro também é um local de solidariedade e ajuda mútua: aí se trocam as receitas, os endereços úteis (as parteiras discretas), faz-se a coleta para a mulher em dificuldades, seduzida ou abandonada. As mães solteiras, um tanto rejeitadas dentro da sociedade, encontram uma certa proteção nessas comunidades de mulheres, a quem o hábito da infelicidade torna compreensivas. Além disso, a lavadeira tem na cidade uma fama ambígua: às vezes é considerada como prostituta ou realizadora de abortos, em certa medida é a intermediária entre as mulheres "respeitáveis" e as mulheres marginais; ela conhece os segredos, os lados ocultos. Portanto, no lavadouro, existe uma moral de mulheres, feita de fatalismo e pragmatismo, que protege as que "erraram". Fato simbólico: no romance de Cardoze, uma criança abandonada (ele encontrará a mãe no final do romance!), ao invés de ser enviada para a Assistência, local temido, é adotada pelas mulheres do lavadouro, como se o lavadouro fosse um mãe coletiva.

244 | Os excluídos da História

O lavadouro é um espaço de liberdade que pode se prestar a uma organização cooperativa. Em 1848, algumas mulheres, libertadas quando o povo abriu as portas da prisão Saint-Lazare, a partir da noite de 24 de fevereiro, entre as quais certamente estavam antigas prostitutas, reúnem-se e organizam em Boulogne-sur-Seine uma oficina de lavadeiras, onde também se encontram alguns soldados fugidos da penitenciária militar de Saint-Germain-en-Laye. A experiência é interrompida pela polícia, a oficina é fechada no final de abril, as mulheres são reconduzidas a Saint-Lazare, para aí cumprir o resto de suas penas. Não é menos significativo que essa tentativa de mudar de vida tenha assumido a forma de um lavadouro.[20]

Nessas circunstâncias, não admira que, na segunda metade do século XIX, a Serração da Velha, festa das lavadeiras, substitua o Carnaval agonizante no cortejo das festas populares, consagrando o lavadouro como ponto alto do bairro e do folclore urbano.[21]

O lavadouro, escola de mulheres

Ambivalência das coisas: o lavadouro também é, sem dúvida alguma, uma tentativa de disciplinar essas mulheres rebeldes que são as donas de casa do século XIX, ainda tão pouco policiadas.[22] Educação da limpeza através da concorrência do "sempre mais branco". Educação da ordem. Educação cívica também: sob a 3ª República, a bandeira tricolor de metal na entrada das lavanderias municipais assinala os benefícios da democracia. Aliás, pode-se fazer o mesmo tipo de reflexão em relação às fontes: a regulamentação do horário e da água foram dois meios de pôr ordem na cidade. As municipalidades republicanas, a partir dos anos 1880, assumem a distribuição da água, que faz parte do seu programa. Com grande frequência, junto às fontes construídas pelas municipalidades, há um busto da República que o vincula visivelmente à condução de água. Vindo à fonte, as mulheres veem a República – uma mulher e a instância política.

Esse esforço de organização é visível na estrutura mesma do lavadouro, que reproduz a grande divisão sexual dos papéis: no subsolo, a cor, o fogo, os homens; no térreo, o branco, a água, as mulheres – e que dispõe as mulheres em filas, como na escola, como no exército. Também é sensível na presença do mestre de lavagem, forma de controle imposta a essas aglomerações femininas que não deixavam de inquietar numa época em que se teme os perigos da promiscuidade: Le Play fala do inconveniente que as lavanderias públicas representam, "aglomeram as mulheres em grande quantidade e subtraí-las à tutelar influência do lar doméstico"; pessoalmente, ele deplora "essa nova invasão da indústria manufatureira sobre os trabalhos domésticos".[23]

Como um capitão de navio ou um comandante de batalhão, o mestre de lavagem pode remediar o problema. Cardoze nos mostra a abertura, muito ritualizada, do lavadouro: as mulheres que esperam e repreendem o mestre, cujo pequeno atraso significa autoridade: A função do mestre é dupla: técnica – ele deve aconselhar as mulheres na escolha das lixívias, a ordem das operações, ensiná-las a lavar racionalmente; disciplinar – ele vela pela harmonia, pela calma, pela polidez, pela própria linguagem: "Vocês não ouvirão mais falar desses diálogos realistas e pouco acadêmicos entre donas de casa e lavadeiras profissionais: o mestre de lavagem ou o gerente intervém e fá-las cessar imediatamente."[24] Como essas mulheres não deixavam de revidar, o mestre de lavagem com certa frequência era colocado em seu devido lugar.

Enfim, é através do lavadouro que se farão as primeiras tentativas de racionalização desse modo de produção que se manteve largamente autônomo: o trabalho doméstico. A relação das donas de casa com o tempo e o espaço é ao mesmo tempo fragmentado e fluido, no polo oposto do modelo industrial. Por volta de 1880, alguns começarão a dizer que as mulheres perdem muito tempo em idas e vindas, e que poderiam utilizá-lo de outra forma. Barbaret calcula em 35 milhões de francos o custo anual da lavagem de roupa de casa em Paris, entre os quais ele atribui 7 milhões ao trabalho das donas de casa que "não contam seu tempo, mas que no entanto poderiam empregá-lo em outras coisas de modo mais frutífero".[25] Ele preconiza o desenvolvimento de uma verdadeira indústria de lavanderia, mecanizada, em grandes estabelecimentos com uma rigorosa divisão do trabalho. De fato é criada, e nesses estabelecimentos as máquinas são confiadas aos homens; as mulheres se ocupam da triagem e da manutenção: a bem dizer, não lavam mais. Quanto às donas de casa, daqui por diante são excluídas. Inúmeros cartões-postais mostram essas fábricas de lavagem que não têm mais nada a ver com os lavadouros tradicionais. Aí, as mulheres perderam toda a soberania.

Assim, o lavadouro é uma experiência histórica onde se pode ler uma prática feminina do espaço e do tempo, e simultaneamente a forma como ela foi excluída.

Notas

1. Sobre esses problemas, ver *Travaux de femmes dans la France du XIX*[e] *siècle*, número especial do *Mouvement social*, outubro-dezembro de 1978, em esp. o estudo de Louise Tilly e Joan Scott, *Women, Work and Family*, Holt, Rinehart e Winston, 1978, mostra bem a importância fundamental da economia familiar para compreender a evolução e as formas do trabalho feminino no século XIX.

2. Este texto, ressaltando-se seu caráter inconcluso, corresponde a uma comunicação apresentada em Lyon, em março de 1979, no colóquio sobre a sociabilidade urbana. A parte que se refere aos lavadouros foi publicada sob o título "Femmes au lavoir", sob forma ligeiramente diferente, no número especial de *Sorcières*, sobre *la Saleté*, n° 19, janeiro de 1980.

3. A entrega dos filhos a uma ama ocorre principalmente entre as mulheres de artesãos ou comerciantes. Sobre essas questões, cf. Anne Martin-Fugier, "la Fin des nourrices", *Travaux de femmes..., op. cit.*

4. *Mari et Femme dans la société paysanne*, Flammarion, 1980.

5. É um dos temas de reflexão propostos pelo próximo colóquio de antropologia urbana, previsto para março de 1981, no Museu das Artes e Tradições Populares.

6. Coleção "Archives", Gallimard, 1979.

7. Jacques Rancière, "Le Bon Temps ou la Barrière des plaisirs", *Révoltes logiques*, nº 7, primavera-verão de 1978.

8. M. Perrot, "la Fin des vagabonds", *L'Histoire*, nº 3, julho de 1978.

9. Jeanne Gaillard, *Paris, La Ville, 1852-1870*, Honoré Champion, 1977.

10. Dorothy Thompson, "The Withdrawal of the Women in 19th Century England", artigo inédito.

11. Defendida em Paris I, dezembro de 1979, datilografada.

12. M. Perrot, "De Marianne à Lulu: les images de la femme", *le Debat*, nº 3, julho de 1980 – a respeito dos livros de M. Agulhon, *Marianne au combat. 1789-1880. L'imagerie et la symbolique républicaine*, Flammarion, 1979, e de Claude Quiguer, *Femmes et Machines de 1900. Lectures d'une obsession modern style*, Klincksieck, 1979. Ver também a tese inédita de Anne-Marie Fraisse-Faure, *La femme monumentale* (sobre a estatuária comemorativa em Paris no século XIX), Universidade Paris VI, 1978.

13. Designação popular do proprietário e do porteiro. (M. Perrot, "Os operários, a habitação e a cidade no século XIX" [artigo 4 desta coletânea].

14. *Les Filles de noce. Misère sexuelle et prostitution au XIXe siècle*, Aubier, 1978.

15. François Gasnault, *les Bals publics à Paris. 1830-1880*, tese da École des Chartes, 1979, inédita.

16. Sobre os grandes magazines, cf. Bernard Marrey, *les Grands Magasins, Des origines à 1939*, Picard, 1979; F. Parent-Lardeur, *Les Demoiselles de grands magasins*, Éditions Ouvrières; Claudie Lesselier, "l'Employée de grands magasins", *Travaux de femmes...*, *op. cit.*, sobre a delinquência, dissertação de mestrado inédita de Isabelle Varda, *la Délinquance féminine de grands magasins, 1880-1914*, Paris VII, 1979.

17. Parcialmente retomado de *Sorcières*, nº 19, "Femmes au lavoix".

18. J. Barberet, *le Travail en France. Monographies profissionnelles,* v. 1, 1886, monografia "Blanchisseurs, Buandiers et Baigneurs". O outro estudo essencial é o de Moisy, *Les Lavoirs de Paris,* 1884.

19. Rouff, Paris, 1893.

20. M. Perrot *et al., l'Impossible Prison,* Seuil, 1980, p. 286.

21. Alain Faure, *Paris Carême-Prenant, Le Carnaval à Paris au XIXe siècle,* Hachette, 1977.

22. Sobre este tema, ver M. Perrot, "A mulher popular rebelde", [artigo 7 desta obra].

23. Le Play, *les Ouvriers européens,* 2ª série, v. 1, p. 349 (sobre a lavagem e as mulheres).

24. Barberet, *op. cit.,* p. 269.

25. Barberet, loc. cit.

PARTE III

PRISIONEIROS

9
DELINQUÊNCIA E SISTEMA PENITENCIÁRIO NA FRANÇA NO SÉCULO XIX

Hoje, avançamos a passos de gigante na rota do progresso; punir não deve ser mais o único objetivo do direito penal: mais previdente, e ao mesmo tempo mais humano, ele deve não só procurar obter a reparação devida à sociedade, através da punição do culpado, mas ainda aplicar-se em lhe devolver membros que possam servi-la utilmente.

(Doutor Vingtrinier, médico-chefe das prisões de Rouen, *Des prisons et des prisonniers*, 1840, p. 215)

Boas ações dos filantropos e moralizadores: dois rapazes morreram em Rouen, na penitenciária, em consequência de uma punição bastante curiosa que consistia em fazê-los ficar de pé vários dias seguidos dentro de uma caixa de relógio (talvez para lhes ensinar como o tempo era precioso); sua falta foi ter rido durante a lição, ter rido! Além disso, são confiados a patifes que os enrabam.

(G. Flaubert, "Carta a Ernest Chevalier, Rouen, 9 de abril de 1842", em *Correspondence*, Paris, Gallimard, Col. Pléiade, v. I, p. 100

Depois do asilo, eis que a prisão, gêmea sua, torna-se o objeto de uma história cada vez mais assombrada pelo lado sombrio das sociedades: doença, loucura, delinquência, parte exógena de nós mesmos, espelho quebrado que nos devolve nossa imagem, experiência-limite (Michel Foucault) em que se lê de outra maneira uma cultura, mas tanto quanto nos densos maciços dos fatos majoritários.[1]

253

Nesta história, o século XIX ocupa um lugar privilegiado. Tal como uma vaga de *roman noir*, um duplo movimento o percorre: de início, ampliação do código e, portanto, do delito. No despontar do século, o Código Napoleônico estabelece "a regra do jogo na paz burguesa";[2] mas ele se complica sem cessar. As sociedades industriais, intensificando as relações entre os grupos, multiplicam normas e interdições; sob muitos aspectos constrangedoras e repressivas, elas codificam tudo e, ao mesmo tempo, fabricam delinquentes. Ver quando, como, por quais motivos, sob quais impulsos, a árvore relativamente simples do código originário se ramifica até esse luxuriante arvoredo atual, empreender em suma a história econômica e social do direito e da jurisprudência, é o que me parece ser um primeiro eixo de reflexão.

A ampliação da prisão é correlata, visto que o encarceramento funda a organização penitenciária contemporânea. O Antigo Regime certamente conhecera os cárceres, mas antes depósitos, despejos, locais de passagem do que de permanência e penitência, parênteses para outras penas ou outros lugares: o encarceramento não constituía a pedra angular da repressão. "Inventando a liberdade" (Starobinski), a Revolução simultaneamente gera seu contrário. Fazendo da pena privadora da liberdade o ponto de sustentação do sistema penal, ela tece as primeiras malhas dessa imensa rede – casas de justiça, de detenção, de correção, centrais, departamentais... – que aos poucos iria recobrir todo o país. História dramática e profundamente contraditória. Feita para punir, mas também para reintegrar os delinquentes à sociedade, "corrigir os costumes dos detentos, a fim de que seu retorno à liberdade não seja uma desgraça nem para a sociedade, nem para eles mesmos",[3] a prisão acaba por excluí-los. Desde os meados do século XIX, a amplitude da reincidência, que atingirá no final do século mais de 50% dos liberados, leva o inquieto governo a adotar, através da lei de 1854, o modelo inglês antes depreciado: a deportação para o ultramar. A Terceira República vai além. A lei Waldeck-Rousseau de 1885, ao instaurar o desterro das várias vezes reincidentes, expulsa do território os "irrecuperáveis". A prisão fracassa, a exclusão triunfa.

Nesse percurso, o historiador do século XIX encontra um terreno razoavelmente atravancado. Uma criminologia antiga e prolífica,[4] de que precisa tomar conhecimento, mesmo que seja para deixá-la de lado: fontes abundantes, mas assimétricas tanto em sua natureza – impressos inúmeros, escassos arquivos[5] – como no seu âmbito, prolixas sobre o delito, sobre a instituição penitenciária, infinitamente mais taciturnas sobre os prisioneiros, tudo isso trama um discurso criminal e penal cuja própria elaboração forma um véu de ocultamento, um discurso de onde os prisioneiros estão ausentes. Sobre estes, poucos testemunhos. Em algumas centenas de textos, mal posso enumerar uma dezena que seja obra deles. E ainda se trata de prisioneiros "honrados", políticos ou devedores, pessoal da prisão de Sainte-Pélagie, raramente do direito comum. E que moderação em seus objetivos! Um deles, que pinta sem concessões "o interior das prisões" (1846),[6] no entanto não reivindica sua abolição; arrependido, esse convertido sugere apenas algumas reformas que permitem que a prisão cumpra seu papel. Os verdadeiros rebeldes são raros; pelo menos não escrevem.

Convém indagar as razões desse silêncio, imposto e às vezes escolhido. Uma tripla muralha cerca os prisioneiros: em primeiro lugar, o analfabetismo sempre mais acentuado que o da população total (mais 10 ou 15%). No entanto, no último quartel do século XIX, a difusão da instrução modifica as relações dos prisioneiros com a escrita. H. Joly insiste sobre "o número considerável de malfeitores que, com uma instrução rudimentar e sem a mínima pretensão à literatura profissional, sentem a necessidade de compor para sua satisfação pessoal: eles escrevem esboços de dramas ou versos",[7] e também autobiografias, das quais H. Joly pôde consultar algumas, hoje em dia impossível de se encontrar, talvez perdidas para sempre. Pois a instituição opõe um segundo e temível obstáculo: ela recusa a palavra e esconde o escrito, quando não o destrói, nos obscuros arquivos que só podem ser abertos após um século. Por fim, a vergonha social, o estigma infligido pela prisão recalcam o testemunho. Desde 1840, Frégier fala da "aversão inveterada em todas as classes da população em relação aos libertos".[8] Num mundo hostil, somente os grandes revoltados, ou os grandes condenados, ousam falar. Os outros, a massa dos reclusos, enterram-se no silêncio: quando libertados, só têm uma obsessão: fazer esquecer o passado, para serem "aceitos".

Esses prisioneiros, desaparecidos de sua história, têm de ser rastreados no que se diz deles. A resistência que encontra o sistema penitenciário em seu estabelecimento dá uma certa medida da sua história. Resistência às exortações: os reclusos "fazem caretas logo que os eclesiásticos viram as costas".[9] Resistência ao trabalho, a que demonstram, segundo Moreau-Christophe, "uma profunda aversão".[10] "Encaram até com uma espécie de piedade os que trabalham", observa Barbé-Marbois, ao visitar em 1821 as prisões de Calvados e da Mancha;[11] e evoque-se Mathurin Bruneau, célebre mitômano encerrado em Mont-Saint-Michel, a quem privam de fumo de mascar para forçá-lo a ir para a oficina: "Antes, ele estragava de propósito a madeira que lhe davam para fazer tamancos; agora ele os faz dos bons".[12] Na Petite Roquette, prisão para jovens, "um menino de 14 anos, da categoria dos delinquentes, preguiçoso, descuidado, tendo horror ao trabalho, resistindo a todos os meios empregados para forçá-lo a ele e criar-lhe o gosto, gabou-se junto aos seus camaradas que se mutilaria, para ser dispensado daí por diante de qualquer ocupação. Ele manteve a palavra e resolutamente cortou fora o indicador da mão direita. Essa ação merecia um castigo...":[13] o isolamento total é o que consegue com sua recusa.

Pois, mais que tudo, o silêncio e a solidão suscitaram o pavor. Contra eles, para manter a comunicação a qualquer preço, os prisioneiros inventaram expedientes: uma gíria dissimuladora, "o verbo

256 | Os excluídos da História

convertido em forçado" (Victor Hugo), uma extraordinária arte do signo ludibriando todas as vigilâncias.[14] À pavorosa reclusão auburniana, geradora de loucura, a maioria prefere a prisão de forçados, a qual, do fundo de suas celas, eles chegam a celebrar como um paraíso perdido! "Em Toulon, trabalhava-se duro, isso é verdade, mas bebia-se firme, e podia-se conversar e rir à forra", declara nostálgico um antigo forçado, transferido para uma prisão suíça de tipo filadelfiano.[15] A passagem ruidosa da leva de acorrentados, de forma alguma arrependidos, até contestatários, indigna Bérenger, o inventor do veículo celular.[16] A terrível e mortal viagem, com efeito, continuava a ser o instrumento e como que o símbolo de uma contrassociedade que o cárcere de forçados tolera e a prisão dissolve. O terror à reclusão na central era tal que muitos procuravam agravar seus crimes, para se tornarem forçados.[17] E quando foi instaurada, em 1854, a deportação colonial para as longas penas, viram-se multiplicar nas prisões os atos de delito, principalmente os incêndios, com vistas a se conseguir a transferência para Caiena. Tanto que uma lei, votada em 1880, estipulou que, nesses casos, as penas seriam cumpridas "na mesma prisão onde o crime foi cometido".[18] A prisão do Antigo Regime, frequentemente mal fechada, às vezes deixava escapar seus hóspedes.[19] No final do século XIX, coberta de lei, cercada de muros, ela se fecha cada vez mais. A ela não se escapa, assim como dela não se evade. E sem dúvida é de se atribuir a diminuição das tentativas de evasão ao poder de dissuasão do impossível.[20]

Repressões

Resta a revolta coletiva, sobre a qual sabe-se muito pouco. O inventário da série F 16 menciona, sob a Restauração, um número bastante grande de petições, reclamações de detentos, complôs abortados. A carência dos arquivos, a seguir, estabelece uma calma provavelmente enganadora. Vários autores falam de agitações periódicas, quase cíclicas, rapidamente sufocadas por guardas vigilantes, muitas vezes militares.[21] Moreau-Christophe evoca "os complôs, os estragos, os motins, as revoltas cuja frequente repetição torna tão penosos os deveres dos que estão encarregados de preveni-los".[22] Nada, porém, de preciso que alcance a dignidade do acontecimento: antes vago ruído de fundo, rumor abafado, distante, talvez extinguindo-se, sem que se saiba se esse silêncio se deve à força do encerramento, à resignação do lado de dentro ou à indiferença do lado de fora. Terão ocorrido muitos movimentos análogos aos de 1885, iniciados nas oficinas de trabalho de Gaillon (Eure), espalhados para numerosas centrais, suficientemente importantes, massivos, comprovados para que a imprensa lhes dê atenção?

Sobre todas essas formas de resistência – passiva, ativa, individual, coletiva –, como também sobre os modos de adaptação, submissão e até integração (em que medida o sistema consegue impor seus valores, no mínimo culpabilizar?), a prisão de antigamente é singularmente discreta. No entanto, é a vida real, cotidiana desse grupo – os prisioneiros que nos interessa captar, no nível mais oculto, através e para além das da serenidade e das convenções do discurso penitenciário. Sabe-se como é ilusória, para os povos ou grupos, a ausência de uma história manifesta, ausência apenas de traços visíveis que seriam revelados por uma pesquisa mais aprofundada.

CRIME, DELITO E DISCURSO PENAL NO SÉCULO XIX

*Uma fonte fundamental: o Cômputo Geral da
Administração da Justiça Penal (B.N. Lf 107, 6, 4°)*

Anual desde 1825, ininterrupta até nossos dias, fundamento de todos os estudos criminológicos, é uma grande série quantitativa, como podem desejar os historiadores de hoje. Esboçada no século XVIII, relançada pelo primeiro cônsul (circular de 23 de janeiro de 1801),[23] ela toma forma sob a Restauração, inquieta com o grande aumento da delinquência nos anos 1815-1818, que também esteve na origem da Sociedade Real das Prisões (1819). Obra de Guerry de Champneuf, diretor dos Assuntos Criminais, e de Arondeau, chefe de gabinete no Ministério da Justiça, ela se dirige aos magistrados e aos "homens que gostam de meditar sobre as matérias penais". Filha das Luzes, ela se propõe "esclarecer a Justiça" e ao mesmo tempo fundar uma verdadeira ciência moral: "O conhecimento exato dos fatos é uma das primeiras necessidades da nossa forma de governo: ela esclarece as deliberações; simplifica-as; dá-lhes bases certas, substituindo pelas luzes positivas e seguras da experiência a vagueza das teorias."[24]

Cada volume anual comporta duas partes: um relatório geral destacando as grandes constatações, muito precioso para o estudo dos conceitos e inquietudes dominantes; uma série de quadros referentes aos fatos criminais (Tribunais Penais, de longe os mais desenvolvidos, tribunais correcionais e alçada dos tribunais de simples polícia, com estatísticas muito sumárias). O aperfeiçoamento do *Cômputo,* que se pode seguir a cada ano, mostra as preocupações do Estado. Por volta de 1830-1835, contudo, o quadro está praticamente fixado.

Além da enumeração dos diversos crimes e delitos, encontram-se três grandes categorias de dados: *1. Sobre os acusados:* idade, sexo (1826), estado civil, domicílio, local de nascimento grau de instrução (1828), profissão segundo uma nomenclatura detalhada, agrupada em nove classes (1829), residência em comuna rural ou urbana (1830), estatuto segundo três distinções (assalariado, por conta própria, ocioso) (1831). As tabelas cruzadas entre natureza dos delitos e características dos acusados multiplicam-se incessantemente. *2. Sobre os reincidentes:* as informações, numerosas desde 1826-1828, tornam-se cada vez mais densas, na proporção da ansiedade que alimentam. 3. Enfim, todo um conjunto de quadros trata do funcionamento da Justiça: absolvição e condenação segundo a natureza dos crimes, a situação dos acusados, os departamentos etc.; a natureza das penas, duração; casos adiados, circunstâncias atenuantes (admitidas a partir de 1832). Esses dados se aplicam inicialmente apenas aos acusados; na segunda metade do século, estendem-se aos indiciados, mas de modo mais sumário, devido ao seu grande número (até 200 mil indiciados, contra apenas alguns milhares de acusados).

São fornecidas inúmeras outras informações, ora regularmente – estatística dos motivos aparentes dos crimes, falências, suicídios... –, ora mais esporadicamente – pecúlio dos liberados, à sua saída, pelos trabalhos feitos na prisão, estatística dos roubos cometidos no departamento do Sena (natureza e valor dos objetos roubados, local dos roubos, momento da ocorrência, seus meios...) etc. À margem, às vezes leem-se anotações que dão o que pensar: "Três jovens de uma mesma aldeia, ligados por amizade, tinham feito o projeto de assassinar suas amantes e se suicidar em seguida; apenas um o executou; é seu cúmplice que figura aqui."[25]

A partir de 1850, recapitulações decenais acompanham as contas anuais. Algumas abarcam períodos mais amplos, em particular o de 1880 (t. LV), especialmente útil, visto que recobre 1826-1880, com cartas e diagramas preparados para a Exposição penitenciária (sic) de 1879.

Essa série, considerada como um modelo notável e imitada no estrangeiro, hoje em dia curiosamente esquecida, alimenta no século XIX inúmeros comentários. Sobre ela apoia-se a primeira "ciência moral", brilhantemente ilustrada pelos trabalhos de Guerry, *Essai sur la Statistique morale de la France* (*Ensaio sobre a estatística moral da França*), 1833, e de Quételet, que desde 1826 atribui grande importância ao uso das estatísticas judiciárias, às quais consagra um livro inteiro em seu famoso tratado *Sur l'homme et le développement de ses facultes, ou Essai de physique sociale* (*Sobre o homem e o desenvolvimento de suas faculdades, ou Ensaio de física social*).[26] O *Cômputo Geral* atinge seu rendimento máximo numa criminologia que se tornou autô-

260 | OS EXCLUÍDOS DA HISTÓRIA

noma (sobretudo H. Joly,[27] G. Tarde). Serve de matéria-prima para os célebres trabalhos de Durkheim (O Suicídio, 1894: "Duas leis da evolução penal", em Anné Sociologique, 1901). Ao recorrer a ele, por sua vez, o historiador arrisca-se pois a percorrer uma trilha batida!

Todavia, ele desconfiará da criminologia um tanto peremptória e triunfante da era cientificista. Para Guerry, Joly e seus sucessores, não há dúvidas de que existem "fatos criminais". Consideram os dados do Cômputo tão absolutos que utilizam a estatística dos acusados e indiciados, não para o estudo dos crimes e delitos, o que no limite seria legítimo, mas também para o dos criminosos e delinquentes. A distinção, atualmente corrente, entre criminalidade aparente (acusados, indiciados), legal (condenados) e real ainda não os preocupa.

Uma utilização puramente positivista do Cômputo daí por diante não é mais possível. Não existem "fatos criminais" em si mesmos, mas um julgamento criminal que os funda, designando ao mesmo tempo seus objetos e seus atores; um discurso criminal que traduz as obsessões de uma sociedade. Toda a questão é saber como ele funciona e muda, em que medida exprime o real, como aí se operam as diversas mediações.

As sugestões de uma leitura global

O Cômputo é um imenso campo oferecido à sagacidade dos pesquisadores. Pode-se tentar captar uma visão de conjunto considerando, por exemplo:

1. A nomenclatura dos crimes e delitos e suas mutações. A lista dos crimes muda pouco. À grande divisão clássica de crimes contra a pessoa crimes contra a propriedade, acrescentam-se a partir de 1850 duas subdivisões: crimes contra a ordem pública, crimes contra a moral, em plena expansão.

Pelo contrário, a lista dos delitos se enriquece constantemente, por correcionalização de fatos antes classificados como crimes, e mais ainda por acréscimo novos. A partir do Segundo Império, proliferam os delitos econômicos (referentes aos cheques, sociedades, empréstimos), delitos "astuciosos" que assinalam o aparecimento de uma delinquência de "colarinho branco". Na mesma época, o policiamento das tavernas se complica; o delito de embriaguez, inventado em 1873, traduz-se no ano seguinte em 4 mil inculpações novas. Em 1880, 60.714 pessoas são citadas perante os tribunais (polícia simples ou correcionais), por contravenções ou delitos dessa ordem; muito menos do que na Inglaterra, onde ressalta o *Cômputo,* haveria 172.589.

De modo geral, o Código funciona por acréscimos, que provocam imediatamente uma inflação da delinquência. As retrações são muito mais raras. É preciso verdadeiramente uma transformação importante ou um longo desuso para que uma medida legislativa suprima um delito. No *Cômputo* de 1880, os magistrados pedem que se elimine dos delitos o empréstimo a juros, cuja legitimidade é defendida por diversos projetos de lei. Os tribunais há muito tempo só reprimem a agiotagem muito excessiva. Que finalmente absolva-se o capital!

2. A curva dos delitos e dos crimes: qual é o significado dos crescimentos e decréscimos? Eis dois exemplos contrários. A curva dos *delitos florestais* conta toda uma história: em média 135 mil indiciados por ano, em 1831-1835; trata-se, é verdade, de um máximo ligado à crise,[28] enquanto, 1.798 indiciados em 1910. No início do século XX, a floresta deixou de ser a tradicional reserva alimentar dos tempos de penúria e direitos comunais. A elevação do nível de vida rural, e sem dúvida também um recuo das práticas de recoleta, ligado a uma ocupação mais densa do solo e a uma apropriação mais rigorosa, contribuem para explicar o fato. Ato outrora eminentemente popular e coletivo, delito feminino por excelência (ainda em 1860, as mulheres fornecem 1/4 dos indiciados), a caça clandestina torna-se um gesto solitário, transformação que encontra eco na literatura. Dos *Paysans (Camponeses)* unidos e na ofensiva de Balzac ao Raboliot marginal e acuado, descrito por Maurice Genevoix na Sologne das grandes

reservas de caça burguesas, a trajetória é exemplar. Mas também o decréscimo da delinquência seguiu os patamares traçados pelo Código. Em 1835, a administração das Águas e Florestas admite a transação para todos os delitos florestais cometidos nos bosques do Estado e das comunas: queda imediata do número dos indiciados. Contudo, em 1851-1855, ainda são 75 mil. Então intervém a lei de 18 de junho de 1859, estendendo o direito de transação a todas as categorias de florestas. A regressão, daí em diante, é rápida e contínua, trazendo consigo uma boa parte da delinquência feminina.

Pelo contrário, roubos e questões de costumes descrevem curvas ascendentes, e mais particularmente os crimes e delitos contra as crianças. Em 1850, o *Cômputo* lança um grito de alarme: os infanticídios aumentaram em 49% de 1826 a 1850, os abortos em 50%, ao passo que as violações e os atentados ao pudor na pessoa de crianças com menos de 16 anos triplicaram. A recapitulação de 1880 vai além, e consagra longos desdobramentos à pesquisa das "causas", atribuídas principalmente às promiscuidades da cidade e da fábrica. Em 1876-1880, contam-se *791* casos de ultrajes ao pudor em crianças, contra apenas 136 em 1828-1830, sendo que o aumento da idade-limite da infância legal (11, 13 e depois 16 anos) explica em parte tal inflação. Os crimes propriamente ditos regrediram depois da metade do século:

	INFANTICÍDIOS	ABORTOS
1831-1835	471	41
1851-1855	—	172 (máximo)
1856-1860	1.069 (máximo)	—
1876-1880	970	100

O Ministério Público se inquieta com esse recuo das inculpações, como também com seus altos índices de absolvição. Como se a sensibilidade da época estivesse mais atenta à virtude do que à vida...[29]

3. As modalidades da repressão e sua evolução fornecem um conjunto de sugestões interessantes. Em primeiro lugar, quem acusa? Cada vez mais o Ministério Público. Na alçada correcional, 30% dos casos são apresentados por ele em 1831-1835, e 89% em 1876-1880. O aumento dos delitos de rebelião e sobretudo desacatos aos funcionários, sempre com poucas absolvições, indicam igualmente um reforço da Justiça como aparelho de Estado.

No mesmo sentido segue a tendência à redução do papel do júri, considerado excessivamente indulgente, principalmente na punição dos crimes contra pessoas: ela se opera pelo processo de correcionalização, cuja aparente brandura recobre a preocupação com uma maior eficácia. Trata-se de enfraquecer os Tribunais Penais e ao mesmo tempo "resgatar por um pouco de indulgência as oportunidades demasiado numerosas de impunidade" (*Cômputo* de 1880).

Com efeito, os magistrados se mostram mais rigorosos. Instrumentos dóceis nas mãos do Estado, não são mais no século XIX portadores das Luzes. É significativo ver a parte relativamente pequena que tomaram na reforma carcerária, como na investigação social em geral, ao contrário dos médicos, muito mais abertos, e com os quais frequentemente entram em conflito. Opuseram, por exemplo, uma viva resistência à lei de 30 de junho de 1838, que dava aos médicos das prisões o direito de transferir os detentos alienados, ainda tão numerosos nos estabelecimentos penitenciários. Por muito tempo recusaram-se a admitir a loucura entre as circunstâncias atenuantes. O doutor Vingtrinier deplora a atitude deles: "É um erro que a magistratura se recuse a acolher, ou acolha com repugnância as observações psicológicas e médicas que os médicos às vezes fazem à justiça. 'Falou-se na defesa, dizia um juiz-presidente do tribunal penal, de não sei que doença encontrada nas regiões tenebrosas da ciência moderna, para desculpar o crime.'"[30] Os magistrados não admitem a concorrência derrisória, e no entanto fundamental, do asilo. Certamente têm suas dúvidas, que ecoam na jurisprudência, suas crises de consciência, como em 1846-1848: o *Cômputo* de 1850 deplora sua falta de firmeza, já que em 72% dos casos abrandaram as penas. "Essa indulgência excessiva provoca um inquérito do qual resultaram as leis de 4 e 9 de junho de 1853."[31] Mas essas vacilações, que traduzem a perturbação da consciência social, parecem bastante raras. Defensores serenos da ordem burguesa, os magistrados merecem as caricaturas de Daumier e os sarcasmos do jovem Flaubert.[32]

Os índices de condenação e absolvição conforme a natureza dos delitos ou dos delinquentes, a aceitação das circunstâncias atenuantes, a natureza e a duração das penas infligidas constituem outros tantos indícios mais ou menos diferenciados sobre a sensibilidade penal de uma sociedade, pelo menos daquela que julga. Sob esse aspecto, a história da repressão ao aborto seria rica em informações sobre a atitude das populações perante a vida. Ela mostra o caráter tardio da reprovação suscitada por um ato que, sem dúvida, era largamente absolvido pelo malthusianismo ambiente, e o papel decisivo, para a formação de uma nova "moral", dos meios dirigentes preocupados, no último terço do século, com o despovoamento da França.[33] Com efeito, se o aborto é então um crime passível de julgamento penal, o pequeno número de casos e o alto índice de absolvições sugerem uma certa indiferença. Em 1830, quatro acusadas, três absolvidas; em 1834, em oito casos, cinco são inteiramente recusados, e em doze acusadas há cinco absolvições. De 1831 a 1880, o índice de absolvição é de 40% para o conjunto dos abortos, aos quais se concede em 78% dos casos o benefício das circunstâncias atenuantes. O *Cômputo* de 1880 se queixa da frouxidão do júri, agora que "há um certo número de anos as práticas abortivas têm sido exercidas com uma habilidade escandalosa" (p. XV). Ao infanticídio rural, cometido em 52% dos casos por mulheres analfabetas, ele opõe o aborto urbano (60% dos casos) realizado por mulheres mais preparadas (apenas 29% de analfabetas), portanto mais perversas. Ele exige mais severidade. Nos anos seguintes, sob a pressão do Ministério Público, alguns processos retumbantes, sem dúvida destinados a sacudir a letargia da opinião pública, mostram por ocasião das audiências a diversidade das percepções morais. Cobrindo o caso de Louviers, o repórter do *Temps* se espanta com "a ousadia" do abortador que:

> confessa sem restrições seu vergonhoso ofício... Estende-se complacentemente sobre os menores detalhes. Conta como lhe veio a ideia, ao visitar os museus de anatomia nas feiras da região. Gaba sua habilidade adquirida por uma longa experiência. Compara seus preços com os dos seus confrades. Alega que médicos, farmacêuticos, ervanários, fazendo justiça à sua incontestável superioridade, forneciam-lhe clientes homens e mulheres. Depois dele, ouvem-se maridos que declaram ter levado suas mulheres ao seu gabinete. Explicam esses procedimentos, alguns dizendo que eram guiados pelo desejo de poupar às companheiras os sofrimentos da gravidez, outros que obedeceram ao temor de serem expostos à miséria, deixando que a família aumentasse... Todos esses acusados, camponeses ou operários de fábricas, parecem surpresos ao serem incriminados por atos que lhes parecem muito naturais.[34]

Defasagem exemplar que se encontra em todas as páginas da história judiciária e que ilustra o caráter factício ou ao menos eminentemente social do Código, expressão das exigências, permanentes e moduladas de um grupo.

A delinquência e seu discurso

1. A estatística dos *crimes e delitos* contabiliza uma dupla obsessão: proprietária e sexual.[35] Desde 1825, o público dos tribunais penais se decompõe assim: 29% acusados de crimes contra a propriedade. As proporções se invertem ao longo do século em favor dos primeiros, em consequência da correcionalização crescente dos segundos. Na alçada correcional, de 1830 a 1880, os roubos aumentaram em 238%,

as fraudes em 323%, os abusos de confiança em 630%. As modificações de procedimento, portanto, não devem mascarar a realidade da regressão do homicídio e o enorme inchamento de todas as formas de delitos contra a propriedade.

Sua natureza tende a se modificar. O delito rural continua a ser predominante até por volta de 1840. O roubo reina sozinho em meados do século, atingindo seu máximo correcional entre 1851-1855 (24 mil casos, 42 mil indiciados). Enquanto diminuem os roubos nas igrejas e nas grandes estradas, estes, apanágio de jovens que ainda sonham com Mandrin, crescem todas as formas de roubos urbanos: roubos domésticos, severamente reprimidos, fantasma dos burgueses de Balzac[36] ou de *Pot-Bonille,* rivalizados a partir de 1850 pelo roubo de balcão, que recrudesce com o fascínio exercido pelos Grandes Magazines sobre o público feminino;[37] miúdos furtos de objetos – a vitrina sempre cobiçada inaugura muitas carreiras delinquentes[38] – mas, cada vez mais, roubos de dinheiro, pequenas somas surrupiadas, as únicas que estejam ao alcance da mão.[39] "O ladrão à americana (quando numa dupla, um faz papel de rico e ingênuo) e o *pickpocket* (batedor de carteira) tendem a substituir o assaltante."[40] Entretanto, a "gatunice de alimentos", na origem de tantas inculpações de crianças ou vagabundos,[41] esboça o horizonte medíocre de uma sociedade de penúria, a existência de uma fome marginal, mas persistente.

A partir dos anos 1860, o roubo é superado pelos delitos "astuciosos", manipulação de contabilidades, tráficos de influência, agiotagem, abusos de confiança, praticados a portas fechadas e cortesmente, frutos sutis da astúcia dos negócios, no sentido próprio do termo: "finezas de citadinos". "A difusão da riqueza, o espírito de cobiça que se desenvolveu consideravelmente, os jogos da bolsa etc. poderiam bastar para explicar esse aumento", comenta o *Cômputo de 1880* (p. LXIII).

Assim, bem mais que o assassino, o ladrão e ainda mais o fraudulento constituem à preocupação desses tempos de acumulação capitalista. O paralelo entre o assassino ingênuo, impulsivo, mas no fundo bom, das zonas rurais e dos departamentos meridionais, e o perverso das regiões industriais, das grandes cidades do Norte-Nordeste, apegado às coisas, é aliás um tema corrente na literatura criminologista.

> Os atentados contra a propriedade... longamente premeditados e incessantemente renovados, demonstram uma preocupante perseverança no mal, e supõem tanto a depravação como a covardia: jamais despertam simpatia alguma. O trapaceiro, o falsário, o falido fraudulento dos nossos departamentos setentrionais que, com maneiras polidas e instrução variável, consome friamente a ruína de vinte famílias de que tomou a confiança, é, ao nosso ver, mais vil, mais imoral do que o habitante iletrado das nossas províncias do Sul que, numa rixa, espanca seu adversário ou lhe provoca a morte.[42]

O júri ratifica esse julgamento: em 1825-1830, absolve 50% dos crimes contra a pessoa e apenas 31% dos crimes contra a propriedade.[43]

O assassinato reina soberano no *roman noir* "gótico" e numa literatura folhetinesca, onde ele constitui seu principal mecanismo, marcada até o início do século XX pelo cunho de uma rara violência, como que recalcada no imaginário popular. Mas essa literatura, tão importante para apreender opiniões e representações,[44] não deve porém iludir. A passagem de uma criminalidade da violência para uma criminalidade da astúcia, evidenciada por Ferri, iniciada no século XVIII,[45] prossegue no século XIX, na longa duração, através das flutuações ligadas às crises econômicas e políticas. A industrialização não inverteu a tendência, pelo contrário. Sua violência é de outra ordem.

Em inflação galopante, os crimes e delitos "contra a moral" referem-se sempre à sexualidade: identidade bem notável. Algumas cifras ilustrarão seu crescimento:

		1826-1830	1876-1880
Tribunal Penal	Crimes contra os costumes	305	932
	Atentados ao pudor em crianças	136	791
Correcional	Ultrajes públicos ao pudor	302	2.572
	Adultérios*	53	131

* Cifra média anual dos casos.

Nesse grande século recalcado, as estatísticas judiciárias dão uma certa medida da repressão sexual, da qual a prisão castradora oferece uma imagem intensificada. Os textos penitenciários transbordam de ansiedade fálica; a promiscuidade sexual, a masturbação noturna, responsabilizada pela palidez dos detentos, a homossexualidade assombram um discurso aguilhoado pelos terrores puritanos da carne. Sobretudo a pederastia é reprovada, como antecâmara do crime. Segundo H. Joly, os "antifísicos" *(sic)* são delinquentes em potencial. Concentracionária, a moral das prisões redobra a coerção do exterior: "os atentados à moral são severamente punidos, particularmente o *roubo* e os *ultrajes ao pudor*. Os ladrões têm a cabeça raspada, são postos em grilhetas e usam um boné verde no qual está inscrita a palavra *ladrão*". Às vezes, ela consegue essa culpabilização tão buscada pelos sistemas educacionais: "Para outros crimes, o diretor evita a ostentação, tanto quanto possível, por medo de fazer com que surja a ideia; se no entanto o acontecimento se difundiu, a pena do culpado, quase toda moral, consiste mais na humilhação a que é exposto do que no leve golpe que deve receber de cada um dos detentos do seu bloco."[46]

2. Ao fixar a norma, o Código designa ao mesmo tempo *os desviantes*. Sobre eles, o *Cômputo Geral* fornece informações desiguais, muito mais completas para os acusados do que para os indiciados,

e comentários que dão uma primeira aproximação sobre a suspeita e a indulgência.

A primeira criminologia baseia-se em duas ideias fundamenteis: a constância e a regularidade do "fato" criminal, cujo retorno poderia ser previsto anualmente, pois obedece a leis (cf. Guerry, Quételet); a existência de uma "inclinação ao crime" mais ou menos impositiva, indo da ideia de "perversidade inata", que culminará no "criminoso nato" de Lombroso, à das influências do meio. Se há a inclinação, quais são pois os declives mais abruptos? Em suma, o que é que arrasta ao crime? O discurso, lá no alto, indaga-se e tateia, deixando entrever seus pressupostos nos entrelaçamentos das hipóteses, que aqui apenas evocaremos, em seus balbucios.

Uma primeira direção é geográfica. Ela procura determinar o espaço criminal francês, esboça uma cartografia. Guerry, que pode ser considerado o pai da cartografia social, opõe uma França do roubo, a do Norte-Nordeste, mais delinquente do que criminal, a uma França do Sul, brutal contra a pessoa, mas respeitosa em relação à propriedade. A Córsega, violenta mas virtuosa, contrasta com o Norte e, evidentemente, Paris, capital da perversidade. A que atribuir essa dicotomia? Sem dúvida a um desenvolvimento desigual, que os economistas da época percebiam muito claramente.[47] Guerry observa, por seu lado, a coincidência entre os departamentos com maior contribuição industrial e aqueles onde florescem os roubos. "É possível, escreve ele, que os departamentos onde se encontram as fortunas mais consideráveis sejam precisamente aqueles onde a miséria é ao mesmo tempo mais profunda para uma certa parcela da população".[48] tema recorrente na economia política cristã, aristocrática e rural (Moreau-Christophe, Velleneuve-Bargemont...), assim como da economia crítica (Buret, por exemplo). Mas ele acentua também o papel das "influências naturais que mal se parecem perceber [e que] no entanto atuam com não menos poder". Sobre seu mapa da criminalidade, Guerry traça uma linha indicando o limite da cultura das oliveiras... Enfim, ele invoca as redes complexas de costumes que tecem as regiões, "a diferença de organização adquirida ou primitiva que, apesar da regularidade das nossas novas divisões administrativas, ainda faz com que se reconheçam no reino como que várias nações distintas cada qual com sua linguagem, seus costumes, seus hábitos, seus preconceitos de tradição" (p. 40), assim esboçando o projeto de uma antropologia criminal.

Uma segunda direção, muito insistente, é de ordem biológica. Ela incrimina as estações (o verão, estação do crime, o inverno, estação do roubo), a idade, o sexo, esmaga os jovens e inocenta a mulher. O *Cômputo* de 1836 observa que 53% dos acusados têm menos de 30 anos, e preconiza "procurar para combatê-los as causas que incitam tão poderosamente ao crime numa época da vida em que todos os recursos honestos parecem se oferecer por si sós aos que querem aproveitá-los" (p. VII).[49] Os jovens de 16 a 21 anos formam 11% dos delinquentes em 1831-1835 e 14% em 1876-1880. O relatório de 1909 estabelece em 3%, isto é, o triplo do índice médio, o índice de criminalidade dos de 18/21 anos. O medo do jovem invade essa sociedade em envelhecimento, tanto mais que, sendo ladrões na proporção de 581 para 1.000 indiciados (estatística de 1876-1880), esses jovens ameaçam principalmente a sacrossanta propriedade. Lauvergne fala da "canalha dos pequenos ladrões de 18 a 25 anos", "verdadeiros fermentos de corrupção".[50] Para conter essa ameaça juvenil e infantil foram tomados todos os tipos de medidas coercitivas, capítulo essencial e prolífico da história penitenciária. Hesitantes entre o patronato exterior, tímido esboço de um regime de semiliberdade, a reclusão celular total, realizada em Petite Roquette por volta de 1836, e envio para colônias agrícolas (tipo Mettray), eles contribuem definitivamente para encerrar cada vez mais a juventude vagabunda. Em 1826-1830, 98 jovens são postos anualmente em reformatórios; em 1871-1875, são 2.813. Também a população desses estabelecimentos não para de aumentar: 5.293 por volta de 1840, mais de 22 mil vinte anos depois.

A mulher, pelo contrário, seria "não punível", como escreve Michelet? Na balança da Justiça, ela pesa cada vez menos:

% de mulheres citadas	1826-1830	1876-1880	1902
em tribunal penal	19	16	14
em tribunal correcional	22	14	—

E esse decréscimo não é apenas relativo, mas absoluto (-28% na alçada correcional de uma ponta a outra do século), em parte ligado à retração dos delitos florestais e de subsistência, grande tarefa da mulher dona de casa e nutriz. Criminosa ou delinquente, a mulher além disso se beneficia de uma ampla indulgência, sensível em elevadas porcentagens de absolvições, inclusive para infanticídios e abortos. Concedem-lhe facilmente circunstâncias atenuantes: hesita-se em condená-la à morte (entre 1876 e 1880, entre sessenta execuções, nenhuma mulher).

É que a mulher parece pouco ameaçadora. De resto, sua criminalidade responde à sua fragilidade. Ela tem como centro a casa, sua ou dos seus patrões, como alvo a criança indefesa ou o velho impotente, como armas o fogo, ou melhor, o veneno. "Um pouco de arsênico numa xícara de chá, uma caixa de chocolates envenenados, eis aí crimes femininos", declara Hercule Poirot.[51]

O crime, o delito são assuntos de homens, atos viris cometidos na selva das cidades. Seu esvanecimento nesse teatro será o índice de uma submissão, de uma moralização ampliada da mulher? Ou uma certa forma de afastá-la para os bastidores? Essa indulgência, no fundo, não será suspeita? Recusar à mulher sua estatura criminal não será ainda uma maneira de negá-la?[52]

Além disso, a literatura criminológica não a inocenta por isso. Ela se compraz em sublinhar o caráter astuto, perverso de sua criminalidade. "Os crimes nos quais a proporção das mulheres é mais elevada não são os que supõem menos imoralidade, mas os que exigem mais dissimulação e astúcia do que força e audácia, e que se cometem no círculo das relações domésticas e familiares."[53] "O mau direcionamento dos afetos naturais e a vivacidade dos sentimentos a que a mulher frequentemente deixa-se arrastar parecem ser para ela a causa mais comum dos atentados contra pessoas, atentados cuja natureza é em seguida determinada pela sua fragilidade", escreve Guerry.[54] Segundo Lucas, "a criminalidade da mulher é mais perigosa do que a do homem, porque é mais contagiosa, da mesma forma que sua moralidade é talvez mais útil, porque é mais expansiva".[55] Todos insistem em seu papel oculto, subterrâneo, nos crimes masculinos:

> quase sempre essa criminalidade tinha a mulher como origem ou objeto.[56] "A maior parte do tempo, é por elas que se rouba, e elas sabem disso; mas fingem ignorá-lo. Esse gênero de cumplicidade é o mais sutil e o mais perigoso de todos para a sociedade... A ferocidade [da mulher] ultrapassa a do homem. Mas o que aparece sobretudo nas causas criminais é o refinamento de crueldade e perfídia com que a mulher lentamente saboreia sua vingança, a arte que tem em fazer com que outro execute seu crime."[57]

Ainda em nossos dias, "o detento partilha da crença popular de que é ela a instigadora do crime, a causa de todas as suas desgraças".[58] A mulher, gênio maligno do homem: a literatura criminal participa do mito da eterna Eva.

Migrações e cidades desde logo são suspeitas. O *Cômputo* indaga desde 1828 se os acusados deixaram seu departamento de origem, desde 1830 se moram numa comuna rural ou urbana. O Corrèze tranquilo

DELINQUÊNCIA E SISTEMA PENITENCIÁRIO NA FRANÇA NO SÉCULO XIX | 273 e o Sena tão depravado sustentam as duas extremidades da corrente criminal. O material, no entanto, oferece uma certa resistência: para 1831-1880, 68% dos acusados nasceram no departamento onde cometeram o ato, e o peso das cidades só predomina no início do século XX:

Acusados com domicílio em	1840-1850	1851-1860	1876-1880	1902
comunas rurais	59%	56%	61%	40%
comunas urbanas	37%	39%	49%	60%

O *Cômputo* de 1860 não deixava de concluir sobre "a feliz influência da vida dos campos na moralidade". Tese clássica, contestada pelos industrialistas e pelos que consideram as cidades como centros das luzes e da instrução popular, mas retomada no século XIX por toda uma corrente de reforma penitenciária (por exemplo Léon Faucher, Doutor Ferrus) e mais amplamente social (como de Gérando, de Morogues, Villeneuve-Bargemont, Huerne de Pommeuse),[59] que repete, segundo Delille, o poeta da fisiocracia: "Quem faz amar os campos, faz amar a virtude." "Na arte do crime, como em todas as outras, é na cidade, e sobretudo nas grandes cidades, que se vem a se aperfeiçoar", escreve Lucas, que opõe a "raça urbana" hábil e corrompida aos "pobres camponeses". Além disso, as cidades alimentam menos os tribunais penais do que o sórdido tribunal de polícia correcional: antros do roubo e do vício, mais astuciosas do que criminosas, elas seriam responsáveis pelas principais formas da delinquência moderna. Paris, que sozinha fornece, por volta de 1880, um décimo dos casos correcionais, merece menos sua sombria reputação literária de capital do crime do que a fama de uma Babilônia da carne e do dinheiro. Além disso, os "parisienses" formam a aristocracia das prisões: "quando se quer citar entre os detentos a população de elite em matéria de criminalidade, quem se nomeia?

Os detentos, de Paris. O detento de Paris é um tipo. Em todas as prisões do reino, não só conserva seu nome, pois em toda parte ele se chama e se faz chamar *Parisiense,* mas ainda conserva seu caráter, sua influência e até seu procedimento e sua postura... Entre mil, os senhores reconhecerão o Parisiense pelo seu bamboleio que faz dele o *fashionable* das prisões. Mas qual é então o segredo do seu renome nas prisões? Não é que as organizações parisienses sejam naturalmente mais inclinadas ao crime; mas é que em nenhum lugar a má educação das prisões consegue se exercer com tanta força em sua ação, com tanta habilidade em seu ensino, com tanta riqueza em suas tradições, com tanta variedade em seus meios."[60]

A partir dos anos 1880, aflora uma nova suspeita: a do estrangeiro. O *Cômputo* de 1880 compara o índice de criminalidade dos estrangeiros (38%) ao dos franceses (12%), O de 1894 monta um quadro resumido da delinquência estrangeira para os últimos vinte anos; o mesmo em 1902: nessa data, 7% dos acusados são de origem estrangeira, com os italianos à frente. Signo de uma ansiedade que só aumentará nos anos seguintes.

Mas eis enfim aqueles que as evidências acusam: o pobre e, particularmente, o operário. Eles enchem as prisões a tal ponto que passam a ser concebidas para eles, em função do seu nível econômico e cultural. "O regime alimentar, escreve Faucher, será o que deve ser se se tomar por base o da família nas classes laboriosas, detendo-se a um grau um pouco inferior."[61] Seguir a evolução da ração alimentar do prisioneiro permitiria apreciar a evolução do mínimo considerado vital. E Lucas observa que as populações industriais do Norte da França, "habituadas a respirar os miasmas das oficinas se aclimatam mais facilmente" ao encarceramento do que as rurais do Centro ou do Sul.[62] A fábrica, de alguma forma, preparou-as.

Mais biológico ou moral do que econômico, o discurso criminal atribui a este último fator um papel apenas secundário. No entanto, reconhece-lhe várias formas de impacto. Conjuntural:

o *Cômputo* de 1880 constata a coincidência entre os impulsos de delinquência e a carestia dos cereais (p. VIII). "A miséria levou ao roubo uma série de infelizes operários." Ele admite que as "diversas crises comerciais e industriais" têm alguma relação com o intenso desenvolvimento da mendicância e da vagabundagem.[63] Estrutural: o assalariamento alimenta a criminalidade; em 1832, 59% dos acusados trabalham para terceiros. Criadora de coisas, a indústria leva ao roubo (matérias-primas, objetos) e, pelas suas promiscuidades, à degradação sexual: atribui-se-lhe a principal responsabilidade nos atentados ao pudor das crianças. O operário substitui o empregado doméstico na categoria das personagens perigosas; embora em 1880 represente apenas 26% da população, ele fornece 34% dos acusados (exploradores do solo: 39%, mas 53 no país). O *Cômputo* de 1902 estabelece sua supremacia criminal: 47% dos acusados provêm da indústria e dos transportes, ferroviários e doqueiros carregando o fardo de uma nova violência meridional. Os "diaristas urbanos", mão de obra sem profissão, não qualificados (ou desqualificados), seriam no começo do século XX os grandes abastecedores da prisão: um subproletariado, em suma, distinto dos "operários honestos" e capazes.

Esse deslizamento do sentido traduzirá uma transformação social real? Em todo caso, ele sugere um endurecimento das atitudes. Na primeira metade do século XIX, acontecia aos reformadores e filantropos advogar pelas "classes inferiores", mostrar na precariedade da condição operária uma fonte de delinquência.[64] Mais tarde, em nome de uma hipotética igualdade de oportunidades oferecida pela instrução, insiste-se ora numa "perversidade inata", ora sobre a responsabilidade individual dos delinquentes. A vagabundagem é, em grande parte, "um estado desejado". A exposição de motivos da lei Waldeck-Rousseau sobre a deportação dos reincidentes estigmatiza "essa falange de desclassificados voluntários, cavalheiros de indústria inconfessável".[65] Texto significativo de uma sociedade em vias de racionalização e que não pode mais tolerar esses desperdiçadores de tempo que são os marginais. Para esses "rebeldes a todo tipo de trabalho"[66] – tal é a definição dos reincidentes –, não há senão uma solução: a exclusão.

A interferência mútua do "discurso" e do "fato" criminais constitui toda a dificuldade de um tal estudo. Ambos constituem o real, e certamente é inútil perguntar, tanto se sobrepõem, qual é anterior. Portanto, para o historiador, há um duplo obstáculo a ser evitado: o estudo positivo das estatísticas criminais, e o estudo puramente ideológico do Código e seu funcionamento. Pois se o delito é o Código, este é em si mesmo a expressão de outra coisa: expressão de um grupo social às voltas com uma realidade que tenta dominar e ordenar, sem dúvida, mas também expressão da magistratura, do Estado, das opiniões etc. A tarefa do historiador seria, pois, a de se deter nas transformações e seus processos, para aí tentar apreender o papel das diversas instâncias e de todas as suas mediações.

A PRISÃO, SISTEMA DE EXCLUSÃO SOCIAL

> Se se encontrasse um meio de dominar tudo o que pode acontecer a um certo número de homens, de dispor tudo o que os cerca, de modo a operar sobre eles a impressão que se quer produzir, de se assegurar de suas ações, de suas ligações, de todas as circunstâncias de sua vida, de modo que nada pudesse escapar nem contrariar o efeito desejado, não se pode duvidar de que um meio de tal tipo seria um instrumento muito enérgico e muito útil que os governos poderiam aplicar a diferentes objetos da mais alta importância. J. Bentham, *Panoptique,* Paris, Imprimerie Nationale, 1972.

Entre 1780 e 1820, elabora-se um novo modelo da prisão, do qual o *Panóptico* de Bentham oferece uma das expressões mais perfeitas. Convertida no centro irradiador do sistema penitenciário, na própria medida em que a pena privadora de liberdade constitui o essencial, a prisão assume uma tripla função: punir, defender a sociedade isolando o malfeitor para evitar o contágio do mal e inspirando o temor ao seu destino, corrigir o culpado para reintegrá-lo à sociedade, *no nível social que lhe é próprio*. Como, sob quais influências – religiosas, econômicas – estabeleceu-se esse protótipo das instituições totalitárias é uma questão muito ampla que não abordaremos aqui,[67] limitando-nos a evocar as grandes fases da história francesa da prisão no século XIX, seu funcionamento, a ambiguidade dos seus resultados.

As grandes fases do sistema penitenciário na França

1. De 1815 a 1848, a era da *prisão triunfante*.

Os teóricos não têm nenhuma dúvida sobre seu valor repressivo e educativo. Eles discutem apenas (com paixão) o melhor tipo de prisão a ser adotada. Auburn, com o isolamento celular à noite e o trabalho coletivo e silencioso durante o dia, cujo principal defensor é Charles Lucas e o arquiteto Baltard?[68] Ou Filadélfia, que prevê o sistema celular completo, de dia e de noite, cujos apóstolos são Beaumont e Tocqueville, Bérenger, o inventor do veículo celular, Frégier, Moreau-Christophe, e cujo construtor é Blouet?

Os partidários de Auburn predominam claramente até cerca de 1835. Mas o aumento da reincidência suscita as primeiras dúvidas. Critica-se a ingenuidade dos filantropos da Sociedade Real das prisões (criada em 1819). "A prisão, pode-se dizer, não é mais uma pena; ela oferece ao criminoso um asilo, uma existência, uma segurança, simpatias e aprovações que a sociedade lhe recusa", escreve Demetz.[69] É preciso punir com rigor: "A justiça penal é portanto uma vingança social; a vingança social, uma legítima satisfação; a satisfação, uma expiação; a expiação, uma dor *real* do corpo e do espírito", responde Moreau-Christophe, o grande bardo da cela. A Academia de Medicina traz sua caução, certificando que o isolamento total não provocaria a loucura (Doutor Lélut). Toda uma série de medidas marca os progressos das prisões celulares,[70] até a apresentação, em 1844, de um projeto de lei que previa a generalização do sistema celular que, ao que parece, teria se efetivado sem a Revolução de 1848.

2. O grande medo de 1848. O Segundo Império reprime e deporta.

O programa celular era muito oneroso. Desde os anos 1840, vivas críticas tinham-se levantado contra a ineficácia e o custo elevado das prisões. Segundo Vingtrinier (1840), "hoje em dia rir-se-ia de um homem que falasse em melhorar fisicamente o destino dos prisioneiros. Eles já estão bem demais, gritar-lhe-iam"; ele fala de um "câncer social" que custa 13 milhões por ano.[71]

A comoção de 1848 só podia reforçar essas críticas. As jornadas de junho encheram as prisões, que então atingiram suas maiores lotações: 50 mil reclusos, torrente ameaçadora que aos proprietários parecia pronta a rebentar sobre seus bens. O *Cômputo* de 1850 reflete esse medo, estende-se mais demoradamente sobre os reincidentes e vitupera contra a culposa indulgência dos magistrados. "Subitamente", escreve Blosseville, ardoroso defensor da deportação para as colônias, "a opinião pública se agita com uma espécie de compreensão repentina dos perigos da sociedade ameaçada pelo número sempre crescente dos criminosos libertados e reincidentes... Logo se formou uma voz unânime na imprensa consagrada à defesa da civilização para incentivar o governo a dispersar, a eliminar a associação ameaçadora de 50 mil ladrões profissionais, arregimentados em nossas prisões sob o pretexto de corrigi-los, punindo-os em comum."[72]

Na história da repressão, o Segundo Império marca um incontestável endurecimento. Ele reforça consideravelmente as forças policiais e a guarda civil, mais que duplicadas desde 1830: "muito poucas infrações da lei escapam hoje da ação da justiça repressiva".[73] Ele recompõe uma "repressão enfraquecida" *(sic)* repreendendo os magistrados e reduzindo o papel do júri através da transformação do processo criminal em processo correcional. Acima de tudo, institui o registro criminal. No domínio carcerário, abandona o sistema celular, considerado dispendioso e ineficaz (circular Persigny de 1853). Pela lei de 30 de maio de 1854, ele opta resolutamente pela deportação: os trabalhos forçados serão feitos em "colônias penais transatlânticas"; os forçados libertos, com a expiração do prazo da sentença, deverão residir nas ditas colônias por um tempo igual ao de sua condenação, se tiver sido inferior a oito anos, e *por toda a sua vida*, se exceder a esse tempo. Logo se vê um salto no número de condenações com mais de oito anos, destinadas a ativar a deportação definitiva: de 55% entre 1836 e 1845, elas passam para 66% entre 1855 e 1860.

Essa vitória de Caiena é o próprio símbolo do fracasso da prisão.

3. A Terceira República ou as repressões múltiplas.

Em 1873-1875, um grande inquérito parlamentar tenta questionar o sistema penitenciário. Será a influência da corrente aristocrática e cristã, nesse inquérito encarnado pelo conde d'Haussonville? De qualquer forma, a lei de 1875 restaura o sistema celular, como o mais favorável à recuperação dos culpados. De 1872 a 1908, serão construídas sessenta prisões desse tipo.

Mas por outro lado, a Terceira República mantém e reforça a deportação, aplicando-a aos vários reincidentes. O *Cômputo* de 1880 expressa uma grande consternação diante da amplitude da reincidência, que representa 50% dos acusados (até 70% nos crimes contra a propriedade) e 41% dos indiciados. Esses reincidentes "são rebeldes a todo tipo de trabalho; portanto, pareceria conforme aos princípios que, em consequência, aumentasse a severidade em relação a eles; infelizmente, é o contrário que ocorre". O Estado, portanto, deve se substituir à excessiva indulgência da magistratura. "A premência de uma repressão enérgica em relação aos reincidentes incorrigíveis é pois evidente."[74] A lei Waldeck-Rousseau de 27 de maio de 1885 institui, com efeito, a deportação dos reincidentes reiterados para as colônias penitenciárias. De 1886 a 1900, 9.978 deportados ainda foram evacuados. Trata-se de um verdadeiro expurgo, devendo "desembaraçar as prisões departamentais dos seus hóspedes habituais e permitindo reformá-las" em celas destinadas aos "arrependidos".[75]

O sistema penitenciário parece então ter se desviado profundamente de suas intenções iniciais. Longe de reintegrar, ele expulsa, evacua, suprime os irrecuperáveis. Mas ao mesmo tempo revela talvez sua finalidade oculta e verdadeira: defender a sociedade industrial burguesa fundada sobre a propriedade e o trabalho. A prisão é a ilusória válvula de segurança dessa sociedade.

A prisão, fator de exclusão

O século XIX criou o "frio penitenciário". Pouco a pouco, ele edifica a prisão de hoje.

No interior da prisão, o sistema visa a destruir qualquer comunidade, a impedir qualquer forma de sociabilidade, a fim de submeter o recluso às influências exclusivas do alto e impedir "o contágio do vício", essa cólera.

Ele se funda primeiramente na "classificação". É preciso separar os sexos, "que os dois sexos nunca se vejam, nunca se ouçam, nem sequer assistam em comum, ainda que sem se ver, ao ofício divino".[76] Obcecados pela sexualidade, os teóricos penitenciários têm a respeito uma imaginação delirante, doentia. Lucas fala do "abrasamento dos sentidos pela presença das mulheres", que provoca "chamas devoradoras... emanações de amor". "Tudo arde de coquetismo e lubricidade."[77] Separar-se-ão as idades (16 anos, limite da infância). Cindir-se-ão as moralidades: Lucas preconiza doze blocos diferentes exclusivamente para os preventivos, fundando-se na natureza da prevenção.[78] A triagem será feita conforme a natureza e a duração das penas, segundo o grau do corretivo (blocos de punição, de experiência, de recompensa) etc.

O isolamento total do indivíduo é a consequência lógica dessas subdivisões ao infinito. O detento deve em primeiro lugar romper com sua antiga identidade; suprimem-lhe o nome: "ele perde seu dome ao entrar e é designado apenas por um número, a fim de não deixar traços de sua passagem na casa".[79] Ele é submetido ao silêncio absoluto; não só não poderá conversar com seus vizinhos, como é preciso impedir que o ouçam: "É necessário que o arquiteto invente e realize o meio de absorver inteiramente o som na separação celular."[80] Só os gritos atravessarão, pois não é mau que sinta medo: "Nós queremos que os detentos não possam se ouvir a falar; mas não pretendemos que não se ouçam a gritar."[81] No sistema celular completo (filadelfiano), a própria visão dos companheiros lhe será interdita. Daí os procedimentos de rara complexidade para os passeios, os exercícios escolares e principalmente a missa. Frégier preconiza uma "capela com compartimentos e uso rigoroso do capuz". Se é impossível, bem! que se suprima a missa. A Igreja católica bem que dispensa os doentes do ofício divino: os prisioneiros não são doentes? Frégier, admirador da Petite Roquette, gostaria que as crianças que aí estão "encerradas em celas" se servissem do capuz em todos os seus deslocamentos: "Esse disfarce não teria nada que pudesse entristecer sua imaginação, quando soubesse o motivo."[82]

Aos que alegam que essa solidão enlouquece, a Academia de Medicina traz o desmentido de sua autoridade. E ademais, diz Blosseville, um sistema eficaz pode muito bem custar alguns loucos a mais...

Esse isolamento deveria permitir uma reeducação integral do culpado, subtraído às suas antigas relações, submetido de corpo e alma à autoridade penitenciária, a esse olhar central, único, de Bentham, que não se sabe se é Deus ou a consciência. Aliás, é o homem interior que a pedagogia penitenciária pretende mudar, persuadida corretamente da força das ideologias. "Em nossa época de civilização, tanto dentro como fora das prisões, é muito menos na força material do que na força moral que a ordem encontra seu mais poderoso apoio", escreve Lucas, que gostaria de substituir os muros pela ação psicológica.

Educar o prisioneiro é ensinar-lhe a limitar suas necessidades: "O maior serviço a se prestar às classes inferiores é determinar o predomínio das necessidades essenciais sobre as necessidades acessórias";[83] forçá-lo a adquirir novos hábitos, "o hábito laborioso e o hábito econômico" (poupança), constrangendo-o ao trabalho, pivô do sistema, e a um rigoroso emprego do tempo. A esse respeito, as prisões elaboram regulamentos com uma minúcia maníaca, derrisão desses longos dias vazios, cronometrados quase que aos minutos: Lucas prevê sete minutos para "as necessidades imprevistas"; e os regulamentos de oficina, projetando o sonho de uma disciplina industrial perfeita, preveem os mínimos gestos.[84] O trabalho tem suas sanções: abaixo de um certo limiar, a comida será reduzida "até chegar à ração de pão, que será a única a se manter intacta e irredutível";[85] acima dele, retirar-se-á uma parte para o prisioneiro, sob a forma de "pecúlio", ou ainda de uma cota diretamente utilizável, principalmente na famosa "cantina", objeto de grandes controvérsias entre os reformadores. Uma sábia dosagem de "punições-recompensas" ainda hoje funda essa disciplina infantilizante.

Quanto à instrução, limitar-se-á às noções elementares de leitura, escrita e contas. Seu excesso seria pernicioso. Convém não "abrir à criminalidade os recursos da inteligência". A prisão de Melun, cujo grau de instrução é o mais elevado, não é a que tem o índice de reincidência mais elevado? Também a maioria dos diretores interrogados em 1834 declaram-se firmemente hostis à organização de um ensino primário. "Na educação das classes superiores, a inteligência é fim e meio; mas é preciso evitar tratar as classes inferiores, que têm de prover às primeiras necessidades da vida, como as classes superiores, que não precisam absolutamente se preocupar com isso. Entre as classes inferiores, trata-se apenas da instrução profissional, moral e religiosa necessária à educação das necessidades e das paixões. Acrescentar a instrução intelectual, querer, como se diz, provocar e operar sua emancipação intelectual, é oferecer-lhes o incentivo e a atração da ciência, sem lhes dar ao mesmo tempo os recursos e os lazeres necessários para chegar até ela."[86] Não é bom instruir o povo, mas é preciso adaptá-lo às normas da sociedade industrial nascente: ordem, trabalho, sentido do tempo, poupança, respeito à propriedade. No despontar do século, num desses textos cujo único valor é sua ingenuidade, Barbé-Marbois nos revela seu assombro perante a "selvageria" dos prisioneiros de Coutances, onde está de visita: "Esses homens, brutos como selvagens, também raciocinam quase como eles; 'Nós nascemos para viver, e tudo o que é necessário à vida nos pertence' (...). É preciso que a sociedade tenha feito grandes progressos para que a propriedade seja respeitada. É preciso ensinar aos pobres que não têm propriedades que o trabalho pode proporcioná-las e que é o único meio de torná-los proprietários por sua vez."[87] Eis aí toda a moral das prisões.

Esse discurso ideal está muito longe da prática real, que deveremos um dia descrever, no concreto cotidiano. Em lugar desse indivíduo regenerado, sóbrio, submisso, trabalhador, com que sonham os textos, é um homem destroçado em seus mecanismos físicos e morais, profundamente desadaptado, que sai da prisão, isto quando ela não o destrói. A alta taxa de mortalidade nas prisões é denunciada por inúmeros médicos.[88] O próprio Lucas gostaria que nenhuma sentença de reclusão excedesse a dez anos: ele admite que é mais fácil viver vinte anos nos trabalhos forçados do que seis anos na central. A prisão mata.

Ela estigmatiza. Bentham preconiza que, nas camisas dos detentos, coloquem-se mangas de comprimento diferente: o bronzeado desigual, em caso de fuga, permitirá reconhecê-los. Nicole Gérard contou a dificuldade de vestir, depois de "sete anos de penitência" (título do seu livro), as roupas trazidas à chegada, cujo anacronismo indicava sua entrada na prisão.

Marcado em seu corpo, o liberto está sujeito pela sua situação penal à vigilância policial. Em 1810, fixam-lhe o domicílio; em 1832, certas regiões (Paris, Lyon, Bordeaux, as grandes cidades) lhe são interditas e seu passaporte é carimbado. Em 1850, ei-lo dotado de um registro criminal.

Todos os testemunhos concordam: há extrema dificuldade em se conseguir trabalho. "A partir do momento em que o véu que encobria sua condição de liberto é rompido, todos o evitam ou fogem dele; se trabalha numa oficina, os que um momento antes tratavam-no como camarada não toleram mais sua presença em meio a eles a não ser com impaciência e aflição; não só não é mais seu companheiro de trabalho, como também não é mais seu igual, seu semelhante. Não haverá ordem e harmonia na oficina enquanto não tiver sido expulso", escreve Frégier.[89] E mais: "Como se sabe, existe na França uma repulsa inveterada em todas as classes da população em relação aos ex-detentos."[90]

Homem da ordem, Frégier se alegra com tais comportamentos. Mas seu comentário não é isolado. Ele coloca a questão – fundamental – da relação entre o interior e o exterior das prisões. Por onde passam, na sociedade francesa, as fronteiras da respeitabilidade? Quais são, particularmente, a atitude e o sentimento das classes populares em relação aos delinquentes e prisioneiros? Até aonde vai a reprovação? Como é a solidariedade? Nesse terreno, só se podem formular algumas observações avulsas, arriscar algumas hipóteses.

Em primeiro lugar é um truísmo lembrar que não existe unidade das classes populares, nem da classe operária, mas apenas das categorias que, quando estão em vias de ascensão social, geralmente têm tendência a valorizar o modelo cultural dominante. O moralismo do *campagnonnage,* dos operários do *Atelier* (1840), das sociedades de auxílio mútuo cujos estatutos excluem não só os que sofreram sentenças, mas também os que se embebedaram... esse moralismo é bem conhecido. O que significa? Quem ele abrange?

Também é possível que a fronteira tenha se deslocado com o tempo. Entre 1815 e 1840, parece ter existido uma relativa solidariedade entre as classes laboriosas e as classes perigosas, sociologicamente imbricadas.[91] E mais, o direito sindical não existe, os grevistas vão para a prisão. Em 1825, em Toulon, por ocasião de uma coalizão, dizem-nos que eles vão para lá rindo, e que as notícias circulam da prisão para a cidade. A literatura popular – folhetos de vendedores ambulantes primeiros romances de folhetim – celebra os que desafiam as leis: Cartouche, Mandrin, mas também aquele Anthelme Coliet, "morto no cárcere de Rochefort, em 9 de novembro de 1840, depois de ter praticado por muito tempo as trapaças mais extraordinárias e os roubos mais audaciosos",[92] para o grande escândalo de um Nisard, que exige outros heróis. A prisão, enfim, ainda é aureolada pelo prestígio religioso conferido por toda Paixão. Os sofrimentos do cativo santificam-no e colocam-no mais perto de Deus. Moreau-Christophe nota, a esse respeito, fatos muito singulares. Em Dauphiné, "as classes inferiores acreditam que nenhuma oração pode ser mais eficaz que a dos prisioneiros. Também em todas as circunstâncias críticas da vida, quando se tem um doloroso pressentimento a combater ou uma desgraça a conjurar, acorre-se à prisão". Há uma caixa de esmolas especial na qual se deposita a oferenda, toca-se o sino: "Logo os prisioneiros acorrem, e um deles entoa as orações de costume, com uma voz precipitada, em meio a zombarias muitas vezes indecentes."[93] Relato exemplar de uma tradição que se desfaz. O autor, pelo que lhe concerne, indigna-se com todo o seu puritanismo de reformador; ele desaprova esse espetáculo medieval. "O culpado deve expiar seu crime; essa expiação deve ser um sofrimento; esse sofrimento constitui a pena." Não se deveria socorrê-lo, muito menos rogar-lhe. As prisões penais devem se fechar: rigorosamente.

A partir de meados do século (1840-1850?), sob os golpes repetidos da repressão, mas também sob a imensa influência do sistema educacional elaborado há algumas décadas, cujos sólidos elos são a Escola e a grande imprensa,[94] as classes populares se moralizam e se afastam aos poucos do mundo das prisões, que perde o que poderia lhe restar de glória, para se afundar na sombria paisagem baça e anônima da pequena delinquência. E vergonhoso sair dela. A noção desdenhosa de "submundo" e de "irrecuperável" ocupa o lugar da simpatia romântica pelo prisioneiro desafiador ou infeliz. A divisão de tarefas se estende à delinquência. Há diferenciação entre classes laboriosas e classes perigosas. Conhece-se toda a desconfiança que o socialismo moderno vincula à ideia de "subproletariado".

A bem dizer, nenhuma das grandes revoluções do século XIX abriu as portas da prisão: nem 1789, nem a Comuna. É preciso reler Michelet: "Os prisioneiros de Saint-Lazare tinham escapado. Libertaram os de Force, que estavam detidos por dívidas. Os criminosos do Châtelet queriam aproveitar o momento, e já arrombavam as portas. O porteiro chamou um bando do povo que passava: ele entrou, abriu fogo contra os rebeldes e obrigou-os a voltar à ordem."[95] A República de 1848 introduz importantes reformas penais, mas pouco toca nas prisões. O decreto de 24 de março suspende o trabalho carcerário, "considerando que a especulação tomou conta do trabalho dos prisioneiros", "que ele avilta os preços do trabalho livre e honesto". É quase sempre sob esse ângulo da concorrência do trabalho que os congressos operários e sindicais abordam a questão das prisões entre 1876 e 1914. Quando eclodem revoltas nas principais centrais, em 1885, um jornal como *Le Cri du Peuple*, de Vallès, comenta-as com compreensão, mas com distanciamento, e quase sempre na p. 3. De modo geral, o movimento operário organizado não coloca entre suas questões fundamentais o problema penitenciário.

Única voz nesse semissilêncio é a dos libertários. Sobretudo Kropotkin,[96] ponte frágil entre um mundo operário que se enraíza e se organiza e os delinquentes, suspeitos de serem parasitas inassimiláveis. Mesmo essa voz se modera, às vésperas da guerra, com todas as exigências impostas por uma opção produtiva certamente inevitável. Na Revolução vitoriosa, imaginada por Pataud e Puget, os prisioneiros do direito comum serão intimados a se integrar pelo trabalho na nova sociedade, ou a se exilar, mas providos com um "leve pecúlio". Vale a pena citar o discurso que os delegados da confederação, espécie de comissários do povo, supostamente lhes dirigiriam: "... eles expuseram as condições da nova vida; explicaram-lhes que a revolução fora feita para eliminar os preguiçosos, os parasitas, os ladrões e os criminosos de todos os tipos e que, por conseguinte, daqui por diante, era necessário o trabalho de todos e que nenhuma pessoa habilitada deveria se subtrair a ele. Depois, dirigindo-se indistintamente aos guardas e aos prisioneiros, eles acrescentaram: 'Cabe a vocês decidir se se sentem capazes de se adaptar a esse meio, de se regenerar. Caso sim, vocês escolherão uma profissão ou um ofício, e serão aceitos em seu sindicato. Lá, só encontrarão camaradas; eles os tratarão como amigos e ignorarão – ou esquecerão – os homens que vocês foram... Caso essa vida de trabalho saudável, base do bem-estar, não os seduza, vocês são livres para recusar o contrato social que lhes propomos. Nesse caso, vocês serão banidos do território e conduzidos para o país que escolherem. Mas, a fim de que não fiquem desprevenidos na sua chegada, nós os supriremos com um pequeno pecúlio.'"[97]

Na sociedade industrial conquistadora, não há lugar para os marginais. Presos nas redes do crescimento, também os revolucionários assimilaram suas lições. No despontar do século XX, cercada de desprezo, a mais alta de todas as muralhas, a prisão acaba de se fechar sobre a solidão de um povo impopular.

Notas

1. Este artigo foi apresentado pela primeira vez sob forma de comunicação no Colóquio sobre "Délinquance et Exclusion Sociale", organizado em 3 de março de 1973 na École Normale Supérieure pelo grupo de pesquisadores de História moderna e contemporânea do C.N.R.S.
2. André-Jean Arnaud, *Essai d'analyse structurale du Code Civil français. La règle du jeu dans la paix bourgeoise,* prefácio de Michel Villey, posfácio de Georges Mounin, Paris, Durand-Auxias, 1973 (muito original).
3. J. Bentham, *Panoptique, Mémoire sur un nouveau príncipe pour construire des maïsons d'inspection, et nomménent des maisons de force, imprimé par ordre de l'Assemblée Nationalè,* Paris, 1791, Texto fundamental, fundador, que deveria ser reeditado. Edição brasileira na *Revista Brasileira de História,* nº 14 (março/agosto 1987), São Paulo, ANPUH/ Marco Zero.
4. Para se convencer, basta consultar, p. ex., J. Léauté, *Criminologie et science pénitentiaire,* Paris, PUF., 1972.
5. Além dos inúmeros livros ou brochuras gerados pelas acesas discussões do século sobre o sistema penitenciário, existe uma rica literatura oficial: *Compte Général de l'Administration de la Justice Criminelle,* estatísticas, relatórios, inquéritos... Entre estes, assinalemos o de 1819, estudado por Catherine Duprat, num trabalho editado em M. Perrot (org.) *L'impossible prison,* Seuil, 1980; edição brasileira *Revista Brasileira de História, op. cit.,* e o de 1873-1875: *Enquête parlamentaire sur le regime des établissements pénitenciaires,* 8 v., in 4º (B.N. 4º 8 94), verdadeira mina de informações. Os arquivos, pelo contrário, apre-

sentam lacunas que ainda não sei se poderão ser preenchidas. Isso em parte se deve à história caótica da administração penitenciária. Foi apenas em 1846 que se criou uma direção especial, inicialmente ligada ao Ministério do Interior, e depois, em 1911, ao Ministério da Justiça. O que dizer dos arquivos dos tribunais, gabinetes privados até recentemente, cujos depósitos muito irregulares explicam a frequente pobreza das séries U, encarregadas de recebê-los ao nível departamental! Seja como for, a série F 16, nos Arquivos Nacionais, contém documentos preciosos para o período 1791-1838; por eles pode-se seguir o nascimento do novo sistema penitenciário, principalmente a organização das grandes centrais, como Clairvaux; ver o inventário detalhado composto por Jules Viard, 5 v. xerografados, números 101 a 1.164, realizado em 1916. Parece que depois não houve nenhum depósito desde então: em todo caso, o suplemento de 1962 não assinala nenhum. O que aconteceu, então, com os arquivos das prisões depois de 1840? No que diz respeito a Paris, ninguém aparentemente sabe de nada. Seria preciso empreender novas tentativas. Em contrapartida, as séries departamentais Y, dedicadas aos estabelecimentos penitenciários, mostram-se muito mais abundantes: como a de Aube para *Clairvaux*, de Indre-et-Loire para *Mettray* etc.

6. Anônimo, *Un détenu: l'intérieur des prisons, reforme pénitentiaire, système célullaire, emprisonnement comun* etc., Paris, Labitte, 1846.

7. Henry Joly, *Le crime. Étude sociale*, Paris, Le Cerf 1888, p. 17.

8. Frégier, *Des classes dangereuses de la population dans les grandes villes...*, 1840, v. II, p. 480.

9. Barbe-Marbois, *Visite des prisons des départements du Calvados et de la Manche*, Paris, Imprimerie Royale, 1821, p. 33.

10. Moreau-Christophe, *De la réforme des prisons basée sur le príncipe de l'isolement individuel*, Paris, Huzard, 1837, p. 455.

11. Barbé-Marbois, *op. cit.*, p. 3.

12. *Idem*, p. 27. p. 36.

13. Demetz, *Lettre sur le système pénitentiaire*, Paris, Fourni, 1837, p. 36.

14. Cf. Frégier, *Des classes dangereuses*, v. II, p. 513: carta do diretor da prisão de Lausanne.

15. Lucas, *De la réforme des prisons ou de la théorie de l'emprisonnement*, Paris, 1836, v. 1, p. 369 (um grande clássico).

16. Bérenger, *Des moyens propres à généraliser en France le système pénitentiaire...*, Paris, Imprimerie Royale, 1836, p. 45. Numerosos documentos sobre as Levas de prisioneiros agrilhoados em F16 466 a 498.

17. Vingtrinier, *Des prisons...*, 1840, p. 218: "Quando é notório que um indivíduo agravou seu crime para ser enviado aos trabalhos forçados, pune-se a ele colocando-o numa prisão central."

18. *Compete de l'Administration de la Justice Criminelle*, 1880, p. LI. Nos anos 1867-1880, 7% dos incêndios ocorridos deviam-se a detentos que queriam ser deportados para uma colônia penal.

19. Cf. Yves Castan, *Crimes et criminalité en France aux XVIIe et XVIII* *siècles. Cahiers des Annales*, n° 33, Colin, 1971, p. 130. Nesse burgo, "bem que há uma prisão, mas o detento destrói sistematicamente as paredes à vista e conhecimento de todos. Assim, ele leva mais de um dia para se evadir sem que ninguém o ajude nem perturbe, mas diante de numerosos espectadores que comentam o assunto. As autoridades locais se mantêm estritamente neutras diante dessa luta de um prisioneiro contra sua prisão".

20. Estatística dos indiciados em casos de evasão: 1826-1830: 275; 1851-1855: 279; 1871-1880: 101.

21. Cf. Jacquinot-Pampelune, *Sur la maison centrale de détention de Melun*, 1819, p. 18.

22. *De la réforme des prisons en France*, 1838, p. 310.

23. Cf. B. Gille, *Les sources statistiques de l'histoire de France*, 1964, p. 170. Encontram-se as primeiras tabelas estatísticas nos Arq. Nac. F16 525, e no volume de 1850 do *Compte*, resumos para 1803-1825.

24. *Compte* de 1825, p. X.

25. *Compte* de 1830, p. 84.

26. Paris, Bachelier, 1835, 2 v., O Livro 111 (t. II, pp. 97-242), intitulado "Développement des qualités morales et inteliectuelles de l'homme", é essencialmente um comentário sobre o *Compte* francês e as estatísticas belgas correspondentes.

27. *Le crime. Étude sociale*, 1888; *La France criminelle*, 1889.

28. *Compte* de 1832, p. XIV: desde 1829, o número dos delitos florestais quase duplicou, "em consequência da carestia dos alimentos, e sobretudo da crise comercial que, fechando oficinas e manufaturas, levou populações naturalmente pacíficas e laboriosas a buscar na devastação das florestas os recursos de que elas não encontravam mais em suas ocupações comuns". Sobre esses problemas, cf. M. Agulhon, *La République au Village*, Paris, Plon, 1970.

29. Trata-se nessas estatísticas de cifras médias anuais. Os incêndios ditos criminosos atingem seu máximo em 1851-1865: 244 casos, aumento que o *Compte* atribui à multiplicação das companhias de seguros (19% estão ligados à vontade de receber o seguro). Entre os motivos, fica em segundo lugar a vingança operária; em terceiro, a vontade dos prisioneiros de serem deportados para uma colônia penal. Seria possível se fazer um estudo comparável ao de A. Abbiateci, "Les incendiaires devant le Parlement de Paris au XVIIIe siècle", em *Crimes et Criminalité en France, XVIIe-XVIIIe siècles*, Paris, 1971.

30. Vingtrinier, *Des prisons et des prisonniers*, 1840, p. 96.

31. *Compte* de 1880, p. XLV. Cf. também *Compte* de 1850, p. XCVII, denunciando "a tendência geral dos espíritos para o abrandamento das penas".

32. *Correspondance*, v. 1, Paris, Gallimard, p. 98 (a Ernest Chevalier, 15 de março de 1842): "O que há de mais grotesco é a magistratura que protege os bons costumes e os atentados às ideias ortodoxas. A justiça humana, aliás, é para mim o que há de mais ridículo no mundo..." Um juízo rápido, sem dúvida, daí o interesse das pesquisas empreendidas por M. Darmon sobre os *Magistrats dans la première moitié du XIXe siècle*.

33. Bertillon, *La dépopulation de la France*, 1911, fala "em aborto criminoso", que denuncia vivamente.

34. *Le Temps*, 21 de janeiro de 1889, citado por H. Joly, *La France criminelle*, p. 145.

35. À qual deve-se acrescentar, diz Maurice Agulhon em usa intervenção, a obsessão da violência.

36. Segundo Balzac, os criados domésticos são "ladrões remunerados" que deveriam ser sujeitados à carteira de trabalho, como os operários. Ele fala do "número assustador de operários de 20 anos que casam com cozinheiras de 40 e 50 anos enriquecidas com o roubo". Ele incrimina a propaganda socialista: "funestos resultados das doutrinas antissociais difundidas nas classes inferiores pelos escritores menores" *(La Cousine Bette,* Paris, Gallimard, La Pléiade, t. VI, p. 274).

37. A respeito, H. Joly, *Le Crime,* 1888, p. 260: "Os grandes magazines de Paris são, como se sabe, os locais por excelência do roubo feminino. Aí se organiza... uma vigilância e uma segurança muito inteligentes e muito humanas." As mulheres, primeiras vítimas da sociedade de consumo?

38. Cf. os exemplos dados por H. Joly, *op. cit.*

39. O *Compte* de 1850 apresenta uma distribuição dos roubos processados conforme a importância das somas tiradas: o máximo se situa entre 30 e 50 francos.

40. H. Joly, *Le Crime,* p. 157. Compare-se essa situação com a do roubo em Paris no século XVIII, descrita por P. Petrovitch, *op. cit.,* pp. 209 e ss. "Portanto, em 87% o crime é o roubo." Paris antecipa, em suma, e desde aquela época dá o perfil do que se tornará a criminalidade no século XIX. Ver o livro de Annette Farge, *Le vol alimentaire à Paris au XVIIIe siècle,* Paris, Plon, 1974, ainda não publicado na época de redação deste artigo.

41. Cf. p. ex. Doutor Vingtrinier, *Des enfants dans les prisons et devant la Justice,* Rouen, 1855.

42. Guerry *Essai sur la statistique morale de la France,* p. 44.

43. Em 1876-1880, as porcentagens de absolvição são as seguintes: crimes contra a pessoa, 25%; crimes contra a propriedade, 15%, segundo o *Compte* de 1880, p. XXXIX.

44. Louis Chevalier, *Classes laborieuses et classes dangereuses,* Paris, 1958.

45. Cf. P. Petrovitch, *op. cit.,* pp. 257 e ss.; E. Le Roy Ladurie, "La décroisance du crime au XVIIIe siècle", em *Contrepoint,* inverno de 1973, n° 9.

46. Jacquinot-Pampelune, *Sur la maison centrale de détention de Melun,* 1819, p. 11. Uma testemunha atual diz que a homossexualidade é

"ao mesmo tempo interdita pela regra e infamada pela subcultura carcerária": Simone Buffard, *Le froid pénitentiaire*, Seuil, 1973, p. 44.

47. Ver p. ex. Dupin, *Des forces productive et commerciales de la France*, 1827.

48. Guerry, *op. cit*, p. 42.

49. Cf. também Quételet, "Recherches sur le penchant au crimes aux différents âges", em *Mémoires de l'Académie de Bruxelles*, 1831.

50. Doutor H. Lauvergne, *Les Fórçats considérés sous le rapport physiologique, moral et intellectuel, observes au Bagne de Toulon*, Paris, 1841, pp. 255 e 260.

51. Agatha Christie, *Les vacances d'Hercule Poirot*, p. 97.

52. Encontram-se muitos textos explícitos a respeito, a começar por Réstif de la Bretonne, *Les Gynographes, ou Idées de deux honnêtes femmes sur un projet de réglement proposé à toute l'Europe, por mettre les Femmes à leur place, et opérer le bonheur des deux sexes*, La Haye, 1777. "A vontade plena, inteira, sem outro motivo além da visão interior, é quinhão exclusivo dos homens. Mas isso não é uma falha em nosso sexo, pelo contrário, é um dos seus atributos o de ser passivo no físico e no moral. Segue-se daí que se uma mulher virtuosa tem sempre menos mérito do que um homem, uma mulher criminosa também é menos culpada."

53. *Compte* de 1834, p. 8.

54. Guerry, *op. cit.*, p. 22.

55. Charles Lucas, *De la réforme des prisons ou de la théorie de l'emprisonnement*, 1838, v. III, p. 397.

56. Lucas, *op. cit.*, p. 396.

57. H. Joly, *Le crime*, pp. 265 e ss.

58. S. Buffard, *Le froid pénitentiaire*, 1973, pp. 143 e 46.

59. Léon Faucher, *De la réforme des prisons*, Paris, 1838; Ferrus, *Des prisonniers, de l'emprisonnement et des prisons*, Paris, 1850: a obra mais significativa é, sem dúvida, a de L. F. Huerni de Pommeuse, *Des colonies agrícoles et de leurs avantages pour assurer des secours à l'honnête indigence, extirper la mendicité, réprimer les malfeiteurs et donner une existence rassurante aux forçats libérés, tout en accroissant la prospérité de l'agriculture, la sécurité publique, la richesse de l'État*, Paris, Huzard, 1832.

60. Lucas, *op. cit.*, v. II, p. 38.

61. Citado por Lucas, v. II, p. 163.

62. Lucas, *op. cit.*, v. II, p. 176.

63. P. LIX. Desde 1826-1830, o número dos indiciados por vagabundagem tinha quadruplicado, e por mendicância, octuplicado.

64. Ver por exemplo Lucas, *op. cit.*, pp. 50, 82.

65. Citado por H. Joly, *Le crime*, p. 37.

66. *Compte* de 1880, p. LXXXIX. Este Cômputo consagra longos desenvolvimentos ao problema da reincidência, "flagelo social", e prepara o caminho para a lei Waldeck-Rousseau.

67. A Inglaterra e principalmente os Estados Unidos são as principais referências, e em geral atribui-se a eles o primeiro lugar na influência puritana. É nos Estados Unidos que os reformadores vão buscar seus exemplos, e toda a controvérsia penitenciária se desenrola em torno de Chery-Hill e Auburn. No entanto, a tradição conventual católica não é negligenciável. É preciso levar em conta os textos de Mabillon, as experiências italianas feitas sob o papado de Clemente XI e sobretudo o famoso Presídio de Gand, do qual encontra-se uma descrição completa no livro do Visconde Jean Vilan XIV, *Mémoire sur les moyens de corriger les malfaiteurs et fainéants a leur propre avantage et les rendre utiles à l'État*, Gand, 1775: separação noturna, silêncio, classificação, trabalho já são as características dessa prisão-manufatura.

68. Louis-Pierre Baltard, *Architectnographie des prisons...*, Paris, 1829 (40 pranchas).

69. Demetz, *Lettre sur le système pénitentiaire*, 1838, p. 3

70. Eis algumas: 1836, circular de Gasparin declarando que só os projetos celulares das prisões seriam considerados; circular tornando o silêncio obrigatório; 1836, La Petite Roquette, prisão para detentos jovens, converte-se em prisão celular; 1838, os Conselhos Gerais se pronunciam em massa a favor do sistema celular total: 1839, circular Montalivet sobre o silêncio absoluto etc. Mas daí à aplicação havia uma distância que só foi atravessada meio século depois, como mostra a dissertação de mestrado da Sra. Boudier sobre *Architecture des prisons au XIXe siècle*.

71. Doutor Vingtrinier, *Des Prisons...*, 1840, p. 19.

72. Ernest de Blosseville, *Histoire de la colonisation pénale et des établissements de l'Angleterre en Australie*, Evreux, 1859. Clássico no gênero. "O que deve predominar sobre todos os sonhos caritativos é a defesa, é a preservação da sociedade", p. XXIX.

73. *Compte* de 1860, p. LLVII.

74. *Comple* recapitulativo de 1880, p. LXXXIX.

75. *Idem*, p. XCIII.

76. Bérenger, *Des moyens propres à généraliser en France le système pénitentiaire...*, Paris, 1836, p. 42.

77. Lucas, *op. cit.*, v. I, p. 89.

78. Lucas, v. I, p. 107.

79. Demetz, *Lettre sur le système pénitentiaire*, 1838, p. 36. O mesmo autor imagina, à saída do liberto, uma cerimônia de batismo para o nome retomado.

80. Lucas, *op. cit.*, v. III, p. 145.

81. *Ibidem*.

82. Fregier, *Des classes dangereuses...*, 1840, v. II, p. 359.

83. Lucas, *op. cit.*, v. II, p. 157.

84. Encontram-se exemplos de regulamentos de oficina no inquérito de 1819 sobre as prisões da França em Jacquinot-Pampelune, *Sur la maison centrale de détention de Melun*, 1819; em Fresnel, *Considérations qui démontrent la nécessité de fonder des maisons de refuge...*, 1819, pp. 82-103 etc.

85. Lucas, *op. cit.*, v. II, p. 242.

86. Lucas, *op. cit.*, v. III, p. 256.

87. Barbé-Marbois, *Visite des prisons des départements du Calvados et de la Manche*, Paris, 1821, p. 18.

88. Villerme, "Des prisons telles qu'elles sont et telles qu'elles devraient être par rapport à l'hygiene, à la morale et à l'économie, Paris, 1820: "Mémoire sur la mortalité dans les prisons", em *Annales d'Hygiene publique...*, 1829.

89. Frégier, *Des classes dangereuses*, v. II, p. 448.

90. *Idem*, p. 480.

91. É todo o tema do livro de Louis Chevalier, *Classes laborieuses et classes dangereuses à Paris pendant la première moitié du XIXᵉ siècle*, Plon, 1958. Cf. p. ex. p. 113: "O crime deixa de estar colado estreitamente às classes perigosas, para se estender, mudando de significado, a largas massas da população, à maior parte das classes laboriosas."

92. Ch. Nisard, *Histoire des livres populaires*, Paris, 1853, v. II, p. 523.

93. Moreau-Christophe, *De la réforme des prisons de France*, 1838, p. 318. A prisão de Grenoble assim recolheria de 6 mil a 7 mil francos por ano.

94. *Le Petit Journal*, criado em 1863, instaura um tipo de folhetim moralizante no qual os delinquentes, geralmente oriundos das "baixas classes", os judeus trapaceiros, são punidos. Esses folhetins têm grande sucesso popular.

95. *Histoire de la Révolution Française*, livro 1, capítulo VI.

96. Pierre Kropotkin, *Les prisons*, 2ª ed., Paris, 1890, 59 p. (publicações da *Révolte*): *Politique Aujoud'hui*, maio de 1972, num número especial sobre as prisões, reeditou fragmentos daquilo que originalmente tinha sido uma conferência de imprensa (20 de dezembro de 1887).

97. Pataud de Pouget, *Comment nous ferons la Révolution*, 1911, p. 187.

10
1848
REVOLUÇÃO E PRISÕES

Existem muitas maneiras de analisar uma revolução e, à primeira vista, esta poderá parecer estranha. Por que escolher o mundo fechado, separado e marginal da prisão – a torre longínqua do *Panoptique* de Bentham – para observar a turbulência dos conflitos sociais, o campo aberto e desfraldado dos confrontos políticos? Além das simples razões de oportunidade essas ocasiões que, tanto no mundo universitário como em outras partes, tantas vezes fazem o ladrão – neste caso, o compromisso assumido em apresentar a comunicação para a Sociedade de história da revolução de 1848[1] –, tentei responder historicamente, e sobre um ponto preciso, à grande reflexão contemporânea sobre as minorias, a repressão, o poder. Para além das modas, essa reflexão seguramente é um meio de compreender o funcionamento da sociedade normativa, classificatória, disciplinar, que é a nossa. Como não evocar aqui o livro de Michel Foucault[2] e fazer votos de que, superando a reprovação acrimoniosa e esmiuçadora do detalhe, abra-se um largo debate sobre esta obra fundamental entre os historiadores?

Para esta pesquisa "micro-histórica" a entregar para o dossiê, me coloquei três séries de questões:

1. O mundo carcerário – os detentos das prisões (aqui não se encontrará nada sobre as galés de forçados de que falam aliás André Zysberg e Jacques Valette) – foi afetado pela revolução?

Conheceu-a? Reagiu, e como? Houve revoltas, reivindicações, ou simplesmente uma efervescência, ou mesmo uma indisciplina maior?

2. Como reagiu o povo livre sobre este ponto? Ele manifesta, ou não, uma solidariedade em relação aos prisioneiros? A questão das prisões é um problema popular em 1848? De modo mais geral, a situação revolucionária acarreta uma recrudescência da delinquência – dos "ilegalismos" – e da transgressão social? Qual é, em suma, a natureza, a espessura das fronteiras de respeitabilidade, nessa revolução eminentemente "respeitável"?

3. Qual foi, enfim, a atitude da República e particularmente do Governo revolucionário provisório diante desse problema das prisões, que não se deve esquecer que é um dos grandes debates do século? Atitude e reação a curto prazo diante da urgência do imediato carcerário? A mais longo prazo, há tentativas de reforma, ou mesmo um projeto penitenciário de natureza diferente e, neste ponto, ruptura ou continuidade com o regime anterior? Repõe-se em causa o Código Penal e a noção de delito? Essa revolução coloca a questão do exercício da justiça e dos fundamentos do direito?

Entre esses três níveis – os detentos, o povo livre, o governo –, existe respeito à comunicação ou, pelo contrário, incomunicabilidade? Em suma até onde vai o abalo dos princípios, das estruturas sociais, das sensibilidades, provocado por essa revolução?

Uma informação difícil

A informação, sempre difícil no que tange às classes populares, é ainda pior em relação ao mundo carcerário ou à delinquência, por definição obscuros e dissimulados, e sempre descritos pelo olhar legal. Como apreciar a evolução da delinquência em Paris de fevereiro a maio, sob a prefeitura tão contestada de Caussidière? Em sensível aumento, a se crer no testemunho, evidentemente partidário, de Canler, nomeado chefe da segurança em março de 1849? Em regressão, segundo Caussidière e as estatísticas que de fato acusam um recuo? Mas, no caso, as cifras não traduzem apenas uma menor repressão? É toda a ambiguidade das estatísticas criminais que medem não fatos brutos, mas uma relação social, ambiguidade que torna tão delicado, na questão, o emprego de métodos quantitativos (o que se mede precisamente?) e, em todo caso, a adesão a uma criminologia positiva.

Como conhecer as reações dos detentos diante da supressão do trabalho nas prisões? A maioria dos administradores e magistrados, adeptos do trabalho principalmente por razões disciplinares, fala em queixas dos detentos reduzidos à ociosidade, e ao mesmo tempo num aumento da insubordinação. Como saber?

Como saber, por exemplo, o que se passou na prisão de Embrun em 3 de julho de 1848? *L'Union dauphinoise* de 8 de julho, num artigo reproduzido em diversos jornais, inclusive a *Gazette des Tribunaux*, de 15 de julho, fala numa revolta reprimida com grande violência, visto se tratar de quatro mortos e oitenta feridos. "Cansados da ociosidade à qual os condena a supressão do trabalho, os condenados fizeram ouvir queixas, gritaram. Aos poucos, os ânimos se esquentaram e, para conter a revolta, a guarda nacional veio em auxílio aos guardas do presídio. Na luta que se seguiu (...), quatro revoltosos foram mortos, cerca de oitenta foram feridos; um deles, que se fazia notar pela sua violência e seus gritos, teve o braço cortado com uma foice, pois os habitantes, tendo acorrido para prestar auxílio, haviam pegado as primeiras armas que lhes caíram nas mãos." *La Vedette des Alpes* de 13 de julho desmente num comunicado anônimo, que se revelará provir do diretor da central: "Nenhuma revolta ocorreu no presídio central de Embrun, todos os fatos mencionados nesse artigo são falsos. Os trezentos condenados, neste momento sem trabalho, convencidos de que a menor tentativa seria vigorosamente reprimida, estão sob controle, resignados, e não têm a menor intenção de se entregar a cenas de desordem."[3] Quem mente? E por quê? Espaço extralegal sujeito ao arbítrio do poder, a prisão é por excelência o domínio da manipulação. Pelo seu caráter secreto e reservado, ela constitui o primeiro elo das instituições concentracionárias. É por isso que sua gênese atualmente nos assedia.[4]

O MUNDO DAS PRISÕES E A REVOLUÇÃO DE 1848

A situação das prisões em 1848

A rede carcerária foi progressivamente instaurada a partir da Revolução, e sobretudo a partir do Império que, pelo decreto de 1808, instituiu os presídios centrais. A regulamentação da monarquia de julho foi considerável. O *Código das prisões* compilado por Moreau--Christophe fornece para este período 145 textos (leis, resoluções, circulares...), e não é de forma alguma exaustivo. Notemos de passagem que seu número é de 45 para os quatro anos da 2ª República, ainda mais ativa.

Em 1848, existem vinte centrais encerrando 18 mil condenados à reclusão (mais de um ano), entre as quais cinco (Clairvaux, Eysses, Fontevrault, Melun, Nîmes) contam, cada uma, com mais de 1 mil; 367 casas de detenção departamentais, sendo sete em Paris, para os indiciados e condenados a menos de um ano (22 mil pessoas); 3 cárceres de trabalhos forçados (Brest, Toulon, Rochefort), com 7 mil forçados; reformatórios e uma dúzia de colônias – como Mettray, estabelecida em 1836 – para jovens detentos (cerca de 3 mil). Isso representa diariamente quase 50 mil reclusos. Mas evidentemente por lá passa um número muito maior, estimado em 180 mil por ano.

O panoptismo de Bentham, aliás largamente modificado pelas experiências inglesas e americanas, impõe-se gradualmente ao nível dos princípios arquitetônicos: um projeto centrado deve permitir uma melhor vigilância. A circular Duchatel de 1841, primeiro projeto comentado de arquitetura penitenciária na França, adota-o plenamente: "A vigilância será perfeita se, de uma sala central, o diretor ou o chefe encarregado, sem mudar de lugar, vê, sem ser visto, não só a entrada de todas as celas, e mesmo o interior da maioria (...), mas ainda os vigilantes encarregados da guarda dos prisioneiros em todos os andares." Empresa impossível que nenhuma construção realizou de fato. Nem mesmo a Petite Roquette (1827-1836) de Lebas, nem a central de Beaulieu em Caen, obra de Harou-Romain, belos exemplos de arquiteturas centradas. De resto, a maioria das prisões são instaladas em antigos conventos (Clairvaux, Fontervrault...). De 1815 a 1836, foram construídas apenas 15 novas prisões, a maior parte de planta retangular. Depois de 1836, e sobretudo 1841, a campanha se torna mais ativa e, sob a influência de Blouet, Harou-Romain, Horeau, prevalecem as disposições a partir de um raio.

A circular Duchatel prescreve igualmente a adoção do sistema celular segundo o modelo de Filadélfia. As novas prisões de Bordeaux, Torus e principalmente Mazas (1841-1849), construída por Gilbert e Lecointe, preenchem essas disposições. Procede-se à reforma de algumas prisões antigas. Mas no total, em 1848, o regime celular está longe de ter se realizado, à exceção da Petite Roquette. Celas comuns ou dormitórios lotados à noite, trabalho em comum de dia continuam a ser a prática mais difundida. A classificação por sexo e idade permanece o princípio fundamental. Mas ainda subsistem muitas misturas insólitas, inclusive a presença de alienados, os quais os médicos, respaldados na lei de 1838, disputam à administração penitenciária.

O regime carcerário varia em função das categorias. O melhor, sem dúvida, cabe aos devedores; eles ocupam, em Paris, a prisão de

Clichy. O dos prisioneiros políticos é definido gradualmente, através de todo um conjunto de circulares sob a monarquia de julho, em particular a 7 de agosto de 1834. O delito político é definido como delito de opinião, excluindo-se todas as ações por interesses pessoais, como – define-se – saques de dinheiro ou objetos de mobília por ocasião de distúrbios políticos. "A suposição seria igualmente contra os que tivessem participado de um movimento político, se tivessem sofrido anteriormente condenações por roubo ou por qualquer outra ação desonrosa." A esfera do político é definida de modo estritamente institucional, e os delinquentes de direito comum estão de antemão excluídos dela. A política é assunto de gente honesta; ela recusa a violência brutal da fome. Os políticos têm direito a um bloco especial em Sainte-Pélagie, "ponto de encontro da elite da sociedade parisiense"; em 1833, o Mont-Saint-Michel fica designado para os detentos e deportados políticos; em 1835, acrescenta-se Doullens. Um melhor regime alimentar, a não obrigatoriedade do trabalho, uma liberdade de comunicação e expressão muito maior conferem aos presos políticos uma situação privilegiada correspondente ao seu estatuto social.

Para os prisioneiros de direito comum – os pobres –, o regime é muito normativo; inúmeros regulamentos, gerais e específicos, fixam a ração alimentar, a roupa, o pernoite, o emprego do tempo... Por volta dos anos 1835-1840, o recuo das concepções filantrópicas e a vitória de uma prisão mais estritamente punitiva traduzem-se num nítido endurecimento, cuja expressão se encontra na circular Montalivet de 10 de maio de 1839, sobre "o novo regime disciplinar dos presídios centrais". Ela impõe o silêncio absoluto, proíbe o fumo, o vinho e bebidas alcoólicas, restringe consideravelmente o uso da cantina e a posse de dinheiro. E principalmente *erige o trabalho em pena*: "A vida de um condenado não deve nunca deixar de ser grave e estar submetida a uma disciplina severa e, conforme a necessidade, rigorosa: o trabalho deve ser sua única distração." Um trabalho que, de agora em diante, visa mais a punir do que a reeducar: "Portanto, é preciso que no futuro o trabalho pese aos condenados como castigo, como sujeição; e para tanto, a administração deve exigir que cada um deles trabalhe constantemente, sem interrupção e o tanto quanto lhe permitam suas forças." "Para pôr fim a um dos escândalos mais deploráveis que se tem a reprovar ao regime de nossos presídios centrais" – uma excessiva ociosidade –, fixar-se-ão tarefas mínimas. Desde sua chegada, à central, os prisioneiros são "taxados", isto é, classificados em categorias de trabalhadores capazes de alcançar determinado nível de produção. Em oposição à visão dos filantropos, que defendiam a aprendizagem de um ofício completo, garantia de reintegração social, adota-se uma orientação para operações repetitivas com uma divisão do trabalho muito acentuada, "até a derrisão", declara um inquiridor da Sociedade de economia de caridade, que cita a seguinte anedota significativa. Um rapaz chega de Poissy a Mettray e se apresenta como operário especializado de cadeiras. "Maravilhoso, responde o diretor; você fará cadeiras para nós; temos falta." E como se apressassem em fazê-lo trabalhar, ele disse: "Ah, senhor, nunca me ensinaram a fazer mais que o segundo pé." Em Poissy, "alguns fazedores de porta-lápis serravam os encaixes da direita e a seguir passavam-nos para outros detentos, que faziam os entalhes da esquerda".[5] Sob muitos aspectos, a oficina da prisão é o protótipo da organização industrial moderna.

Também o é sob o ângulo da disciplina. Enquanto, em princípio, o liberalismo limita o uso dos regulamentos para as fábricas, a prisão o exige. Textos de uma delirante minúcia (encontram-se alguns na série F16 dos Arquivos nacionais) estabelecem as tarefas, as horas, as pausas, quase que por minutos, os gestos e as palavras, as multas e castigos que punem as infrações: polícia dentro da polícia, disciplina dentro da disciplina. A vigilância é garantida inicialmente por ex-militares que, um pouco em todas as partes, forneceram contramestres para as fábricas, e depois, a partir dos anos 1836-1840, por irmãos da doutrina cristã, tidos como mais adequados pelo seu rigor educacional. Os detentos são confiados aos religiosos, não sem problemas, como mostra uma circular de 18 de junho de 1847, alertando contra a falta de higiene e o abuso do misticismo, a cujos danos atribui-se um aumento na mortalidade feminina.

O salário dos detentos está dividido em três partes: uma para o empresário, a segunda para o Estado, que assim recupera os gastos de manutenção, e a terceira ao pecúlio dos detentos. Mas mil motivos concorrem para a redução desse soldo já magro, por exemplo o prolongamento indefinido de um período de aprendizagem, isento de remuneração. Os principais serviços são a fiação e a tecelagem, a confecção de bonés, a fabricação de calçados, o trabalho pouco qualificado em madeira, e excepcionalmente (em Melun) o setor gráfico. Com exceção de Poissy e Melun, por conta do Estado, a maioria das centrais são confiadas à iniciativa privada. O empresário, fornecendo as matérias-primas, os instrumentos de trabalho e a alimentação dos detentos, obtém um duplo lucro, que por vezes resulta num verdadeiro *truck system* gerador de superexploração e subnutrição. O caso de Clairvaux dá um exemplo em seu próprio excesso, mostrando o resultado final do sistema.

Clairvaux, prisão assassina

O escândalo de Clairvaux acaba por estourar. O dossiê reunido na ocasião do processo instaurado contra os empresários Ardit, Petit e de Singly oferece um espetáculo sinistro.[6] A alimentação é infecta: legumes secos ou podres, carne estragada fornecida por um açougueiro que abate clandestinamente animais doentes atacados de epizootia, e introduz a carne na prisão de noite, pão "detestável... gorduroso e amargo, frequentemente fétido e colorido", que "os detentos só comiam com uma extrema repugnância e apenas para escapar às angústias da fome". Ardores do estômago e úlceras são os menores dos males. Famintos, eles se atiram sobre qualquer coisa. Na oficina dos tecelões de algodão grosso, "foi preciso misturar às féculas da goma destinada à engomação do fio substâncias acres para impedir que os operários a comessem". Roupa de baixo coberta de vermes, vestes em farrapos fazem com que – pudor ou piedade – "as irmãs e os padres desviassem os olhos quando encontravam detentos. Doentes foram obrigados a ficar na cama por falta de roupa suficiente para se levantar... Os detentos não tinham sapatos nem meias. Suas pernas inchavam e rachavam pelo frio e umidade. Muitos morreram em consequência desses sofrimentos". Na enfermaria, igualmente faltam remédios e alimentos: "Muitas vezes os convalescentes ficavam por vários dias privados de alimentos. Só recebiam sua ração quando outro doente era privado dela." Quando os investigadores finalmente entram na central, encontram "espectros"[7] alucinantes: "O aspecto dos detentos cuja tez lívida, os traços descarnados, o ar melancólico e desesperado atestavam suficientemente seus sofrimentos, os farrapos que mal os cobriam, os vermes que os devoravam, as úlceras que recobriam seus pés e tornavam seu andar arrastado" bastavam como sintoma do seu tratamento. O exame dos registros mostra uma mortalidade assustadora: 141 por mil em 1844, 259 em 1845, 241 em 1846, 209 por mil só no primeiro semestre de 1847; 709 baixas em 30 meses! Como se está longe da brandura das penas nessa empresa de liquidação física.

Todos os poderes concorrem para esse genocídio. A cumplicidade está por todos os lugares. Entre os empresários, o gerente, assalariado e interessado nos lucros, o diretor da prisão, Leblanc, e depois, a partir de agosto de 1846, Marquet-Vasselot, o moralista, que ainda assim acabará por escrever ao prefeito em abril de 1847 para solicitar sua intervenção. Entre a empresa e o Ministério do Interior, por intermédio de um dos seus membros, Ardit, cujo irmão é chefe do departamento de prisões nesse ministério. Entre a empresa e o médico do hospital de Clairvaux, Leber, que recebe 500 francos por ano para se ocupar da prisão, e que limita ao mínimo a estada dos detentos no hospital, para permitir que os empresários recebam o bônus por dia de trabalho pago pelos empreiteiros. "Detentos assim privados de assistência morreram nos próprios corredores do hospital, e todos acharam que essa morte fora o resultado da dureza deliberada do médico." O procurador da Justiça, aliás, observa que será difícil conseguir uma condenação para ele: "Ele se refugiará por trás do direito de avaliação discricionária, privilégio da arte que exerce, e essa defesa tem grandes possibilidades de êxito."[8]

Quem denunciou primeiramente essa situação? Qual é o papel da oposição? Em junho de 1847, *le Propagateur de l'Aube* indigna-se vivamente e é seguido por *le National* (14 de junho de 1847). Qual é o papel da magistratura? O procurador da Justiça parece ter conduzido o inquérito com firmeza, entrando em conflito com a Prefeitura e o Ministério do Interior. Clairvaux é um dos escândalos desse regime apodrecido. O fato de as crônicas dos jornais não terem lhe dado a mesma atenção que ao caso Choiseul-Praslin ilustra o caráter seletivo da informação e da memória oficial, de que a história depende com excessiva frequência... Um estranho silêncio cúmplice envolve o universo carcerário, afastado tão logo é percebido.

Tensões e revoltas nas prisões

A central amedronta. Principalmente a partir de 1839, os relatórios mostram uma tensão crescente. Muitos condenados empenham-se em agravar seus processos (rebeliões, incêndios) para serem enviados às galés, onde pelo menos "podem conversar". A tal ponto que, quando "é notório que um indivíduo agravou seu crime para ser enviado para os trabalhos forçados, pune-se a ele colocando-o num presídio central".[9] Mito do "ar livre", oposto à reclusão, de uma certa comunidade preferida à solidão? Talvez! O que importa é que funciona como representação coletiva. Ele se encontra em certas formas de resistência à industrialização, à fábrica, no entanto chamada de "galé".

Por vezes eclodem revoltas coletivas, dissimuladas, mal conhecidas. Jacques Matter contou 37 delas em Paris, de 1815 a 1848. Bicêtre (de presos de direito comum) é seu epicentro antes de 1830. A seguir, Sainte-Pélagie e os presos políticos. As mais importantes – em setembro de 1834 e principalmente em abril de 1832 – têm uma nítida conotação política, ligada aos acontecimentos da capital.[10]

Qual é o grau de encerramento da instituição carcerária? O meio delinquente ainda não é, talvez, tão especificado quanto será posteriormente. Para uma grande parcela do povo, sabe-se, a prisão é um horizonte normal. Além disso, é difícil calcular o índice de reincidência, estimado em 1/3 por volta de 1846-1847. O reticulado de que fala Michel Foucault ainda é muito frouxo: assim, não existe registro criminal, e mesmo um esboço só existe em Paris. É relativamente fácil para os rebeldes escapar à polícia mudando de nome (daí a importância e a função dos cognomes). Essa questão dos sinais de referência, aliás, preocupa as autoridades. O presidente do Tribunal Penal de Nantes sugere "tomar à sua entrada os sinais físicos das pessoas nuas... pois frequentemente existem marcas que os próprios acusados não conhecem e assim não podem tentar apagar".[11] Encaminha-se para um controle mais estrito das identidades ao qual as técnicas modernas darão aquela eficácia que possibilita a brandura.

Os prisioneiros em 1848

Quaisquer que sejam as dificuldades de análise de um discurso sempre filtrado ou disfarçado, existe um acordo geral em constatar um aumento da agitação, pelo menos nos presídios centrais (aqui entra em jogo a lei de concentração), indo da rebelião larvar à revolta aberta, da recusa cotidiana da disciplina ao amotinamento.

O impulso libertador de fevereiro-março de 1848. Ligadas à própria revolução, essas revoltas dos primeiros dias, essas tentativas de saída manifestam uma certa permeabilidade da prisão, pelo menos em Paris. Ponto conflitante de encontro, elas põem em jogo os prisioneiros, a opinião pública, o Estado. Revelam as atitudes recíprocas.

Desde a noite de 24 de fevereiro, "as portas da prisão de Saint-Lazare foram abertas pelo povo", e as mulheres saíram, "com exceção das doentes e algumas que não quiseram. Reteve-se porém a mulher Delaunay, condenada à morte pelo crime da rua des Moinex". Portanto, há solidariedade popular pelas prostitutas e reprovação ao crime. A maioria dessas mulheres tentou desaparecer, fundir-se na multidão. As diversas anedotas, relatadas pela *Gazette des Tribunaux*, permitem supor tentativas de ruptura individual com o meio familiar e, sem dúvida, com uma vida anterior infeliz. Uma, na sua saída, deixa "uma bela menina de 8 anos" na casa de uma lavadeira, e nunca mais volta.[12] Outra, colchoeira de profissão, desaparece com sua filha de 7 anos, abandonando o marido, alfaiate, que aliás será preso por vagabundagem.[13] Certo número delas tentou se unir e organizou em Boulogne-Seine uma oficina de lavadeiras, onde também encontram-se alguns evadidos da penitenciária militar de Saint-Germain. Tentativa para viver de outra maneira? A experiência é interrompida pela polícia, a oficina é fechada em final de abril, as mulheres são reintegradas a Saint-Lazare, para aí cumprir o resto de suas sentenças. Aliás, é este, aos poucos, o destino da maioria, mulheres detidas ou forçadas a se apresentar voluntariamente. Em nome da moral e do perigo venéreo, as autoridades incessantemente contêm o fluxo das mulheres de "má vida" que se espalhou pela cidade.

Em 26 de fevereiro, ocorrem sublevações na Conciergerie, na Force e na Grande Roquette, onde os presos de direito comum exigem sua libertação. Nos três casos, a intervenção da guarda nacional e dos politécnicos restaura a ordem. Na Conciergerie, um aluno da Politécnica visitou as enxovias e "assegurou-se de que nada justificava a tentativa de rebelião que os prisioneiros tinham iniciado".[14]

No dia 28, corre o boato de que os detentos de Poissy se evadiram. Desmentido formal: não há nada, apenas uma grande agitação. No dia 29, tumulto na penitenciária militar de Saint-Germain-en-Laye; a população ajuda na evasão de 500 soldados. "Não houve, aliás, nenhuma desordem e, coisa notável, um número considerável desses detentos veio a Paris e apresentou-se para pedir a reincorporação ao exército."[15] Um número maior aproveita a liberdade reencontrada, e a seguir a autoridade militar se empenhará em recuperá-los, propondo anistia com datas-limite.

No interior, as reações são evidentemente mais lentas, como para o restante da população, e também mais raras. Um dos casos mais interessantes é o da central de Rennes, que paradoxalmente constitui um dos únicos acontecimentos violentos da revolução nessa cidade. Em 1º de março, no refeitório, os prisioneiros cantam a *Marselhesa* por incentivo de um certo Jean-Marie Dieulot, nascido em Paris, sete vezes condenado. Em nome da regra do silêncio, os carcereiros protestam, querem fechar Dieulot. Briga generalizada a tigeladas e paneladas. Os presos evacuam o refeitório e tentam se espalhar por toda a prisão; diversos feridos. A guarda nacional intervém e, a pedido do diretor, vem o exército e restabelece a ordem.

Fato bastante excepcional, pois o sistema penitenciário geralmente funciona em compartimento fechado, com sua "audiência" própria, o caso é levado a tribunal em 18 de maio. Diante de uma sala lotada, oito acusados, entre os quais cinco bretões, todos anteriormente condenados, um deles à morte, mas com pena comutada, afirmam durante todo um longo dia o seu direito de cidadãos: "Alguns acusados quiseram se fazer de indignados, sustentar que, como todos os cidadãos, tinham o direito de cantar a *Marselhesa*", relata o presidente do tribunal, e acrescenta: "Deixei que se explicassem livremente, depois, a seguir, tomei a palavra e, menos para eles do que para o numeroso público que existia entre cidadãos livres e honestos e homens desonrados pela justiça do nosso país... Os acusados

1848 – Revolução e prisões | 311

logo abaixaram a cabeça, reconheceram seu erro e manifestaram seu arrependimento."[16] Era lembrar, uma vez mais, que a política é coisa de gente honesta bem-educada. Decididamente, a definição de "lúmpen" pesa fortemente nesse século respeitável.

As revoltas posteriores. Estas, uma dezena entre maio e agosto de 1848, apresentam características variadas. Menos diretamente vinculadas aos acontecimentos políticos, estão ligadas ao clima da primavera e verão de 1848, à esperança de uma transformação na condição carcerária, e também ao afrouxamento da disciplina, sem dúvida concomitante à supressão do trabalho pelo decreto de 24 de março. Em todo caso, elas traduzem a permanência e mesmo a acentuação de um espírito coletivo de revolta, ou pelo menos de insubordinação.

Os incidentes mais notáveis ocorrem nas Madelonnettes em Paris, em Riom e em Clairvaux. Na dúvida, deixaremos o caso de Embrun. Poissy também foi palco de uma rebelião, em 24 de maio, contra a insuficiência da alimentação.[17] Finalmente, as prisões militares do Sudeste são palco de movimentos que, como veremos, recebem maior solidariedade da população do que em outros lugares.

Em 5 de abril, nas Madelonnettes, 300 presos, entre indiciados e condenados, dominam os carcereiros, arrombam as separações dos pátios, tentam *sair*. A intervenção imediata e enérgica das guardas nacionais, "formalmente decididas a fazer uso de suas armas",[18] os contém. Nada se diz sobre a atitude dos habitantes desse bairro muito popular (Temple, Marché-Saint-Martin).

A revolta de Riom (noite de 25 para 26 de abril) refere-se à disciplina interna da prisão. Ela mostra a indecisão do poder e, nas malhas da rede, a tentativa de se formar um grupo. Um início de liberalização em março, seguido por um brusco retorno em abril, acarreta o motim, excepcionalmente convertido em ação reivindicativa. O diretor encarregado no início da República suspende o trabalho – "ele tinha imprudentemente feito a leitura do decreto de 24 de março a todos os

312 | OS EXCLUÍDOS DA HISTÓRIA

detentos"[19] –, alivia as proibições, principalmente no que se refere ao silêncio e ao consumo de fumo. Zelo considerado excessivo? Tanto é que o afastam. Seu sucessor se declara aterrado com a perigosa ociosidade desses 900 detentos, organiza "leituras morais" pouco apreciadas e finalmente decide reabrir a oficina. Depara-se então com uma resistência que esclarece as relações dos prisioneiros com o famoso trabalho redentor. A recusa ao trabalho de um jovem de 18 anos, posto em cela disciplinar, assim diz-se – impedido de amar (a acusação e a repressão da homossexualidade estão presentes em todos os aspectos deste caso) –, acarreta a fúria dos seus camaradas, e depois de toda a oficina em solidariedade. Os carcereiros são atacados, as enxovias abertas, os pátios ocupados, na tarde de 25 de abril. Vitoriosos, os presos reivindicam: a anulação da circular de 1839, a saber, liberdade de palavra e consumo de fumo, mas também livre circulação na prisão, pátios e corredores abertos. Exigem enfim, para retomar o trabalho, uma nova tarifa salarial, como operários. A reação não se faz esperar. A guarda nacional, "vinda ao primeiro sinal dessa sedição", faz os presos voltarem para os dormitórios, retira dentre eles uns trinta indivíduos, considerados líderes. Depois do interrogatório, conduzido a toque de caixa pelo procurador da Justiça e o inspetor enviados para o local, dois são citados para o tribunal correcional, e os outros condenados à masmorra. O carcereiro-chefe, que acatara as vontades dos insurretos, é suspenso. De madrugada, a ordem está restabelecida.

O procurador da Justiça, em seu relatório, incrimina a demagogia do ex-diretor, os danos do decreto de 24 de março, mas também os abusos da empresa. "Enquanto o trabalho dos detentos for considerado menos como parte da pena do que objeto de lucro e especulação, existirão abusos e o diretor honesto estará em antagonismo com o empresário e os empreiteiros." Ele preconiza obras públicas por conta do Estado, um trabalho puramente penal, chave de uma sólida retomada.

Quanto ao motim de Clairvaux (noite de 16 de agosto), certamente é antes o resultado final da crise anterior do que uma consequência dos acontecimentos de 1848. A abertura do processo contra os empresários, em julho, fez estourar a situação escandalosa da central. Isso a tal ponto que o ministro do Interior envia ao local Charles Lucas, célebre criminologista e inspetor-geral das prisões. Ele chega em 8 de agosto. Ora, durante sua permanência, na noite de 13 de agosto, a maioria dos presos sentem violentas dores abdominais, que a seguir serão atribuídas a oxido de cobre (azinhavre) caído nos alimentos. Um estranho pânico então apodera-se dos detentos: não estão tentando envená-los, eliminá-los? Quem sabe se não é a missão de Charles Lucas? Esse processo, essa súbita solicitude do poder, toda essa repercussão em torno deles surpreendem-nos, inquietam-nos até esse louco terror. Significa que a esperança republicana, aqui, praticamente não tem sentido. O diretor, o próprio Lucas intervém. De nada adianta. Em 16 de agosto, às nove horas da noite, os homens, conduzidos por dois prisioneiros, Bouton e Trompette, amotinam-se, quebram as janelas das oficinas dos jovens detentos, tentam entrar no bloco das mulheres, que as religiosas evacuam a toda pressa; destroem o material, apoderam-se das chaves, proferem ameaças.

Lucas, descrito como muito ativo, consegue que os chefes dos motins sejam apanhados, apela ao exército, que emprega a força para encerrar os rebeldes nos dormitórios e finalmente dominá-los. A guarda nacional se ofereceu espontaneamente. Segundo *le Propagateur de l'Aube,* era grande a comoção na região, e intenso o medo de ver os condenados saírem dos seus muros. O alarme se propagava de comuna em comuna: "Tocava-se o sinal de emergência, dava-se o toque de reunir." Lucas teve de "despachar guardas para impedir uma tomada em armas de toda a região",[20] escreve o mesmo jornal que antes denunciara o escândalo de Clairvaux. A se crer nele, seria total o antagonismo entre o presídio e a região.

314 | OS EXCLUÍDOS DA HISTÓRIA

Diversas em suas origens, essas revoltas têm formas semelhantes, evidentemente ditadas pela própria topografia do espaço carcerário. Os carcereiros são o primeiro alvo. Pontos quentes: os locais de reunião, refeitórios e oficinas; momento preferido: à noite, talvez a sombra propícia. Os arrombamentos, a tomada das chaves afirmam uma dupla vontade: descerrar o espaço, mas também o grupo, abrir, se não sair. Fatos clássicos aos quais acrescentam-se algumas formas mais novas: programa de reivindicações em Riom, de tipo operário ou político (Rennes).

Pode-se concluir que há um eco da revolução de Fevereiro no mundo carcerário, sem dúvida limitado, mas nítido. O impulso para o exterior é visível nas primeiras revoltas, principalmente em Paris. Espera-se sair. Em seguida, e em outros lugares, trata-se antes de revoltas internas, recolocadas sobre tal ou qual ponto das condições materiais e ainda mais disciplinas da prisão. Contágio do espírito de revolta, preocupação em se fazer ouvido, impaciência diante de uma possível mudança: é verdade que a esperança traz insubmissão. Afora esses episódios maiores, falou-se também de diversos atos individuais de insubordinação cotidiana, principalmente depois da supressão do trabalho, cujo restabelecimento é exigido unanimemente pelas autoridades, em nome da disciplina e, da parte dos condenados, dessa ausência de arrependimento insuportável para os juízes. Eis, na prisão de Poitiers, um certo Gatineau, condenado à morte por homicídio, que recusa qualquer remorso. "Na prisão, ele tinha dito, durante a insurreição de Paris, que se deviam quebrar as camas, forçar a passagem e que ele conduzia seus colegas de prisão às casas de Poitiers onde havia dinheiro; que se devia tocar fogo aos quatro cantos da cidade", atitude que reforça a convicção do advogado sobre sua culpabilidade.[21]

Certamente é difícil avaliar o impacto da conjuntura política e sua apreensão. Certos acontecimentos parecem ter sido percebidos com atraso ou em sentido contrário. A notícia chega à prisão como boatos ou rumor. A se crer no presidente do tribunal penal de Poitiers, princi-

1848 – Revolução e prisões | 315

palmente o mês de junho de 1848 teria excitado os detentos. "Há algum tempo a linguagem das prisões assumiu um colorido que é o reflexo dos acontecimentos de junho. Tivemos que admoestar energicamente vários prisioneiros, por ocasião de um dos nossos interrogatórios. Parece a todos que as portas da prisão vão se quebrar imediatamente e que não deve tardar sua vez de devolver à sociedade o mal que ela lhes fez. Eles têm a convicção profunda de que a pena de morte está abolida e que nada é mais fácil do que obter uma comutação da pena e mesmo um perdão integral, por qualquer condenação que seja."

Assim, apesar de todos os encerramentos, a prisão não é um mundo fechado e subtraído. A revolta dos homens livres estimula a dos encarcerados. E sobre o inverso?

CLASSES POPULARES, PRISIONEIROS E DELINQUÊNCIA EM 1848

As dificuldades que sentem os prisioneiros em se comunicar com o exterior colocam o problema da sua ligação com as classes populares de que provêm. Toda a estratégia das classes dominantes, tal como a analisa Michel Foucault, funda-se numa divisão do espaço social, numa divisão entre classes populares e ilegais fabricadas e geradas, na constituição do fora da lei. O reconhecimento da lei, e portanto dos foras da lei enquanto tais, pelas classes populares faz parte de um vasto processo de integração controlada. Certamente, é difícil demonstrá-lo; o conceito de classes populares é amplo e vago; impor-se-iam distinções a que não estamos em condições de proceder.

Classes populares e prisioneiros

Parece que as classes populares estabelecem distinções entre as categorias de prisioneiros e oferecem-lhes um apoio diferencial, índice talvez de uma relativa aceitação ou interiorização das normas sociais. A cumplicidade com as prostitutas, a simpatia muitas vezes ativa em relação a militares insubordinados, a solidariedade com os operários detidos que, a partir de março, transforma as prisões em ponto de manifestação, contrastam com o silêncio que responde aos presos de direito comum.

O povo insurrecto desde o dia 24 de fevereiro abre as portas de Saint-Lazare. Em Marselha, em 15 de setembro, ele manifesta sua simpatia pelas prostitutas do *Hôtel Dieu (hospital)* em luta contra o médico. Para puni-las pela sua insubordinação, este tinha ordenado um dia de jejum! As oitenta mulheres da enfermaria reprimida fazem barricadas com suas camas aos acordes da *Marselhesa;* intimadas a se render pelos militares chamados, elas se recusam: "antes morrer", dizem, "do que capitular". Quebram o material, amontoam-no, começam a pôr fogo nele. Quando os soldados, vencendo esse frágil cerco, fazem sair as rebeldes entre duas fileiras da tropa, a multidão recebe-as como resistentes infelizes.[22] Ao se felicitar pela crescente solidariedade entre o povo parisiense e sua polícia, Frégier deplora "a ilegalidade da proteção que ele está geralmente disposto a conceder aos que tomam partido, às mulheres públicas e aos mendigos",[23] sublinhando com acerto as razões sociais de tal solidariedade. A importância numérica das insubmissas, da prostituição ocasional e temporária explica esses laços difusos entre as prostitutas e o povo que muitas vezes elas alimentaram. As operárias de Reims, na mesma época, não falam do "quinto quarto de jornada" a que lhes obriga a insuficiência dos salários, depois de saírem das oficinas? Nada mais perigoso para o poder do que essas zonas de sombra indefinida. O "registro" das mulheres, a multiplicação dos dispensários de controle venéreo esforçam-se em dissipá-las.

O apoio aos militares encarcerados é ainda mais determinado. Em 29 de fevereiro, a penitenciária militar de Saint-Germain-en--Laye é aberta por manifestantes de fora. A seguir, cada vez que os militares se revoltam, tanto fora como dentro das prisões, eles encontram o apoio da população principalmente operária. Alguns exemplos. Em Lyon, em abril de 1848, um suboficial do 4º batalhão de artilharia é preso por insubordinação. A multidão vai à penitenciária, exige a libertação dele e de todos os prisioneiros. O diretor concorda em libertar os presos por falta disciplinar, mas não por roubo. Prisioneiros liberados e operários percorrem as ruas aos gritos de "Honra à glória, viva a liberdade".[24] Cena idêntica em Montluel, em maio: operários se amotinam para obter a libertação de um soldado preso injustamente e, diante da resistência das autoridades, forçam as portas da prisão, e depois percorrem a cidade, com o militar à frente, "aos cantos frenéticos da *Marselhesa*".[25] Em Dijon, em abril, uma dúzia de soldados prisioneiros levados de Lyon instigam os outros e tentam franquear os muros da prisão aos gritos de "liberdade". Jovens da cidade acorrem para encorajá-los, mas os sediciosos seriam condenados por delito comum, aos quais os outros não se unem. A tropa finalmente restabelece a ordem, não sem numerosos feridos e detenções.[26] O apoio popular culmina em Châlons-sur-Marne, em junho. Soldados recusam-se a fazer o exercício, "cansados das marchas executadas durante o dia". Eles são encarcerados na prisão da cidade, mas logo 200 a 300 pessoas amotinadas reclamam aos brados sua libertação. Por várias horas, operários e soldados se comunicam por cima das muralhas, até a intervenção enérgica, como se deve, da guarda nacional. Tudo isso parece indicar uma rebelião comum contra os abusos da disciplina do exército, um ressentimento contra a caserna, sem dúvida alimentada pelo peso do serviço militar, essa grande instituição de adestramento popular, cuja história tem que ser feita.[27]

Nessas condições de cumplicidade, as autoridades têm grande dificuldade em recuperar os militares saídos da prisão graças à insurreição, principalmente em Paris, e multiplicam-se as tentativas de regularização pela anistia. 24 de fevereiro: uma resolução do ministro da Guerra concede a anistia aos militares das duas prisões de Paris

(Cherche-Midi e Abbaye) detidos por delitos propriamente militares, mas recusa-a para os delinquentes comuns, que são intimados a voltar oportunamente. 7 de março: um decreto do Governo provisório oferece a anistia plena e integral a todos os militares detidos e libertados, sob a condição de que se apresentem até o dia 15 de abril perante o Estado-maior, sob pena de se tornarem desertores. 19 de abril: novo decreto reiterando a anistia para os suboficiais, cabos e soldados em deserção e também para os insubmissos. "Para gozarem da anistia, os desertores e insubmissos devem se apresentar, para o efeito de formular sua declaração de arrependimento perante uma das autoridades militares próximas ao lugar onde se encontram."[28] Esses repetidos apelos sugerem uma disposição muito pouco acentuada em responder a eles.

Finalmente – e o fato não é novo –, a cada vez que um dos seus é preso, os operários se dirigem à prisão, que assim se torna um símbolo da luta de classes, um centro de confronto. É o que ocorre em Rouen, em 26 e principalmente em 28 de março, quando uma procissão de mulheres e crianças, tambores à frente, vão de Déville e Maromme para a prisão de Bicêtre, para obter a liberação dos trabalhadores detidos nos recentes motins; em Lillebonne, no início de abril, em Saint-Dizier, em 15 de maio. Em Lyon, no dia 18, 300 pessoas se dirigem à prisão de Roanne onde estão encarcerados os operários presos nos distúrbios contra a fábrica Bonnet; tomam como refém o primeiro-substituto e trocam-no pelos sete detidos...[29]

Classes populares e instituição carcerária

Não parece que tenha havido em 1848 um questionamento da instituição carcerária por parte do movimento operário, que contesta essencial, mas energicamente, a existência de um trabalho concorrente, pois sub-remunerado. O protesto não é novo. Desde 1820 é formulado por certas juntas comerciais e corporações operárias como alfaiates, gráficos, cordoeiros. A crise de 1846-1847 e o desemprego alimentam uma animosidade que se expressa numa série de petições e artigos em *l'Atelier*. A Sociedade de economia de caridade empreende um inquérito que resulta no relatório, muito crítico, de Hennequin.[30]

Em 1848, a ação popular se manifesta de duas maneiras. Em Paris, por petições, diárias segundo Louis Blanc, e delegações enviadas à Comissão de Luxemburgo. Os enviados das oficinas de costura apresentam camisas feitas pelos soldados, pagas a 35 centavos a peça, remuneração de uma jornada de trabalho: "Como os senhores querem que uma mulher em condições semelhantes possa viver do trabalho de suas mãos?". A delegação dos serralheiros é recebida por Buchet, cuja resposta estabelece nitidamente a distinção entre os "operários honestos" e os prisioneiros. "Não duvido que, sob o novo governo, os prisioneiros serão tratados como prisioneiros e punidos como culpados."[31]

No interior, as manifestações contra o trabalho nas prisões e ainda mais nas comunidades religiosas, principalmente as do Bom Pastor para moças arrependidas, frequentemente são muito violentas, sobretudo na região de Lyon onde, desde a criação, em 1834, da manufatura Bonnet em Jujurieux, desenvolve-se o trabalho em seda nos internatos femininos mantidos por freiras. Não surpreende que as mulheres muitas vezes estivessem à frente desses amotinamentos. Os primeiros ocorrem em 27 de fevereiro, em Villefrariche, onde os operários forçam as portas da casa de detenção e do estabelecimento mantido pelos irmãos da Doutrina cristã, quebram e incendeiam os teares. É o início de um movimento de luddismo contra os teares mecânicos instalados na penitenciária para crianças de Oullins e em diversos conventos lioneses de mulheres, trapistas, da Santa Família... Em 28 de fevereiro, a penitenciária de Oullins é incendiada enquanto as crianças, cuidadosamente vigiadas, são evacuadas em ordem e fila.[32] No mesmo dia, jovens tecelões de Reims, aos gritos de "Vamos queimar os conventos", obrigam as religiosas do Bom

Pastor a se refugiarem no Hospital geral.[33] Os incidentes mais graves se passam em Saint-Étienne em 13 e 14 de abril. Uma procissão de mulheres dirige-se inicialmente à Prefeitura, para exigir, com a aplicação do decreto de 24 de março, a suspensão do trabalho nos conventos que empregam, a troco de quase nada, as órfãs e "jovens arrependidas". A seguir é a vez do estabelecimento de Reines, onde operam sete urdideiras, e o do Refúgio. Aos gritos de "enganaram-nos prometendo que os conventos não iam trabalhar mais", homens unem-se às mulheres, o conjunto aumenta, incendeia e pilha a Providência, a Santa Família, as casas das Senhoras da Instrução, da Visitação. A intervenção da guarda nacional resulta em três mortos (duas mulheres, uma criança) do lado dos amotinados.[34] Trata-se de anticlericalismo? Em geral destaca-se o respeito pelos locais e objetos de culto, mas também uma grande animosidade contra a Igreja exploradora, os conventos mecanizados, as freiras contramestras. Depois da Igreja dos dízimos, a das galés industriais!

Certamente, os trabalhadores protestam menos contra as prisões do que contra os conventos, menos contra os reclusos do que contra a concorrência que fazem. O protesto contra o trabalho nas prisões será um *leitmotiv* dos congressos operários da 3ª República. Mas a ideia de que o direito ao trabalho deve ser reservado ao operário livre e por conseguinte "honesto", e recusado ao culpado,[35] de que o prisioneiro no fundo tem um estatuto protegido e privilegiado, é um terreno minado onde se alimenta a oposição entre o interior e o exterior das prisões.

Classes populares e ilegalidades em 1848

Toda revolução é, em maior ou menor medida, um questionamento da lei, das regras estabelecidas do jogo. O grau desse questionamento é sem dúvida muito significativo, quanto à profundidade do abalo social. Como ele se dá em 1848? Qual é a amplitude da contestação, a natureza da ilegalidade? Graças a ela, há um reforço dos elos entre classes "laboriosas" e classes "perigosas"? Qual é a moral das classes populares, o código a que elas obedecem? Sobre essa enorme questão, à qual contribuem tanto os trabalhos de M. Agulhon, faremos apenas algumas observações, um pouco avulsas.

Eis por exemplo os movimentos coletivos contra os proprietários para conseguir a suspensão do pagamento. As clássicas mudanças "na surdina" multiplicam-se tornando-se menos furtivas. Além disso, de março a maio, a *Gazette des Tribunaux* relata inúmeros incidentes nos bairros populares, rue Mouffetard, Faubourg Saint-Martin, Charonne, Belleville, La Villette, Maisons-Alfort... Em sua maioria, assumem a forma de *charivaris* em que as mulheres, tradicionais animadoras dos motins por alimentos, sempre mobilizadas para a defesa do pão ou da moradia, e às vezes alguns trapeiros ocupam um papel de primeiro plano. Aos gritos de "recibos ou morte", essas ruidosas aglomerações sob as janelas do proprietário exigem recibos sem pagamento. Os homens, que suas mulheres chamam de "moleirões", os próprios operários parecem hesitar. As ameaças em sua maioria são verbais: "Se vocês não quiserem, sua casa será queimada, depois pilhada e demolida. Quanto a vocês, faremos com que comam feno e os enforcaremos."[36] "Os proprietários são todos patifes e canalhas... Os porteiros também são uns patifes. Tem que se matá-los e incendiar os senhores. Quero plantar uma árvore da liberdade numa casa e em seguida tocar fogo nela."[37] Mas um dia, um serrador de tábuas mata seu proprietário recalcitrante. Segundo a *Gazette*, os vizinhos o prendem e exigem que seja fuzilado ali mesmo. É preciso que intervenham as forças da ordem e presidentes de associações para convencê-los a deixar agir a justiça.[38] O uso da violência perturba as consciências, enquanto o medo atormenta os proprietários. É, dizem eles, "um encaminhamento para o comunismo". O Governo provisório lembra a todos os seus deveres. Uma circular de Armand Marrast, prefeito de Paris, concita os encarregados de circunscrição à firmeza: "Não saldar sua dívida no dia marcado às vezes pode vir a ser uma necessidade infeliz, justificada por circunstâncias extraordinárias; mas exigir quitação do que não foi pago é sempre um delito que não se pode justificar e que a lei deve perseguir... O interesse da República é o interesse do proprietário como do comerciante, do agricultor e do operário, pois não há mais classes na França, há apenas cidadãos que têm todos um direito igual à proteção do Governo e das leis."[39] De início relativamente indulgentes, os tribunais aplicam condenações cada vez mais pesadas, aliás muito variáveis conforme o estatuto social: mais leves para as donas de casa, severas para os marginais, como aquele trapeiro que recebe seis meses de prisão por ter redigido duas petições assinadas pelos locatários de um imóvel da rua Mouffetard.[40]

Mais ainda do que o direito à moradia, o povo afirma esse direito à rua que lhe é disputado pela polícia e pela higiene pública. Camelôs e mascates invadem as calçadas, para grande prejuízo dos comerciantes que protestam. Vendem imagens, armas mais ou menos simbólicas: facões, punhais, bengalas com dardos ou adagas, num comércio que as proibições da polícia e numerosas condenações correcionais não conseguem deter. A canção política ou obscena volta a florescer, e os vendedores ambulantes também, esses suspeitos contra os quais, um pouco por toda a França, empreender-se-ão perseguições judiciais. A paixão popular pelo jogo, refreada pela moral industrial da poupança, ganha livre curso. Em cada esquina organizam-se loterias particulares, proibidas por uma lei de 1836, e jogos de azar – dados, cartas, em particular o jogo das três cartas tão apreciado pelos operários; altercações opõem o público à polícia, quando esta pretende dispersá-los. Aglomerações, discussões, manifestações improvisadas prolongam-se noite adentro, apesar da pressão de Caussidière, que exorta os operários a renunciar a essas agitações noturnas e parciais e preferir "as imponentes manifestações feitas à luz do dia". "Reservemo-nos para a hora em que a República estiver em perigo.

Então será o momento de agir à luz das tochas como à claridade do sol."[41] Para muitos, as luzes da cidade significam um aumento da vigilância, e sem dúvida devem-se considerar mais que simbólicas as várias destruições dos postes de iluminação ocorridas nos primeiros tempos da República. Como sempre, o vandalismo, os estragos do "equipamento urbano", como diríamos, trazem mensagens.

Houve por isso aumento da delinquência e, em caso afirmativo, de qual delinquência? Segundo Canler, com a Revolução os roubos se multiplicaram, os bandos se reconstituíram, a insegurança reina. Mas como acreditar naquele que, nomeado chefe da Segurança em março de 1849, gaba-se de ser, de alguma forma, o Luís Napoleão Bonaparte da polícia?[42] As estatísticas oficiais acusam uma retração das contravenções e prisões ocorridas que não pode ser atribuída aos progressos da moral pública e tampouco ao abrandamento da repressão.[43] Mais uma vez, os números aqui não são nada definitivos.

Interessa-nos mais, de momento, o tom de certos delinquentes, que dão aos seus atos uma ressonância política, o ar de um desafio onde se manifesta a esperança de que alguma coisa vai mudar, na propriedade e no funcionamento da justiça. Em Reims, no final de fevereiro, são detidos dois penteadores de lã e uma diarista que incitam à pilhagem de uma padaria, afirmando que a propriedade privada vai ser abolida e não é mais preciso trabalhar, dizendo que "quando se tivesse fome, era ir às padarias e não se precisava mais de dinheiro". Desconcerto da magistratura: o tribunal correcional, onde são citados, recusa-se a julgá-los, declarando que é preciso um júri, já que não se passou das palavras.[44]

Quanto à justiça, espera-se mais agilidade e clemência. O ministro da Justiça recebe milhares de cartas de indiciados pedindo para serem finalmente julgados. Assim como acredita-se nas prisões que a pena de morte será abolida para todos, da mesma forma os delinquentes esperam maior indulgência por parte dos tribunais. Mostram-se pouco arrependidos, às vezes "arrogantes", e surpreendem-se ao se verem condenados. Daí pequenas agitações não no patíbulo, mas no tribunal, onde se lê a amargura da decepção: então nada mudou?[45]

Outros indícios ressaltam, além disso e pelo contrário, um grande moralismo popular, uma vontade de retirar qualquer suspeita de roubo sobre os movimentos revolucionários que por vezes tornam a justiça do povo mais impiedosa e rápida do que os tribunais burgueses. Os gatunos das Tulherias são castigados. Segundo a *Gazette des Tribunaux,* "alguns homens do povo levavam na ponta de suas armas letreiros assim concebidos: *Morte aos ladrões!* e sentinelas improvisadas revistavam todas as pessoas à saída dos aposentos reais".[46] Norbert Truquin relata a execução sumária, em 24 de fevereiro, de um jovem operário que cometera um furto.[47] Fatos miúdos, de difícil análise na medida em que a noção de "povo", aqui, é ambígua, insuficiente, talvez mistificadora, mas que, ligados a outros, ajudam a apreender a constituição de um sentido popular da propriedade e de uma reprovação ao roubo, geradores de indiferença e desprezo em relação aos delinquentes de direito comum.

A República e as prisões em 1848

Qual foi a atitude, quais foram o papel e a função do governo republicano diante do problema das prisões e, de modo mais geral, da delinquência? Inovação ou continuidade? Empirismo ou projeto penitenciário ligado a um projeto social?

As atitudes imediatas

As libertações. Elas são restritivas e reafirmam intensamente a distinção entre prisioneiros políticos e de direito comum. Os presos políticos são imediatamente liberados, e um decreto de 29 de fevereiro anula todas as condenações pronunciadas no último reinado para delitos políticos e atividade de imprensa. Uma resolução de 10 de março inclui os detidos por atividades relativas ao livre exercício do culto, pois "entre todas as liberdades a de consciência é a mais preciosa e sagrada". Um decreto de 9 de março, reiterado no dia 12, declara que "todos os detidos por dívidas civis ou comerciais serão imediata e provisoriamente postos em liberdade"; a prisão para devedores de Clichy, evacuada, é transformada em oficina nacional de alfaiates de ternos. Em 7 de março, o Governo provisório concede anistia plena e integral aos militares detidos nas duas prisões parisienses de Abbaye e Cherche-Midi, mas apenas por delitos militares. De fato, trata-se antes de uma regularização (os militares estão "soltos" desde 24 de fevereiro), e mesmo de uma recuperação, já que os liberados são convidados a se apresentarem perante o Estado-maior antes de 15 de abril, sob pena de serem considerados desertores. Finalmente, por volta de 20 de março, uma resolução ordena a libertação de vários operários carpinteiros detidos nas Madelonnettes e em Poissy, devido à greve de 1845, e declara: "Esta medida é aplicável a todos os operários detidos por greve ou aliança." Início de um reconhecimento do direito de greve?

A exclusão dos presos de direito comum. Aí se detém a obra de libertação, cujo único ato verdadeiramente espontâneo e voluntário se refere aos presos políticos, cuja definição se faz pela oposição reiterada aos presos de direito comum. Ao libertar os detidos políticos, "nossos irmãos", o Governo provisório pretende "ao mesmo tempo conservar nas prisões os detidos (...) por crimes e delitos contra a pessoa e a propriedade". Desde 24 de fevereiro, são dadas instruções rigorosas para um aumento da vigilância sobre estes. Leroy d'Etiolles recebe a missão de "velar pela sua subsistência e de aumentar, conforme for preciso, as forças necessárias para se opor a qualquer rebelião". O ministro do Interior encaminha uma circular a todos os diretores dos presídios centrais, determinando-lhes "tomar as medidas mais rápidas e mais severas para impedir qualquer tentativa de evasão, e para manter a ordem e a disciplina nessas grandes prisões".[48] Justificando sua curta (até o dia 18 de maio) gestão como comissário de polícia, Caussidière ressaltará esse ponto: "Os prisioneiros se equivocaram com os gritos de liberdade. A liberdade republicana respeita a justiça. Insurreições, tentativas de evasão ocorreram em diversas prisões; tão logo concebidas, foram reprimidas pelas mãos desse grupo improvisado que eu tinha à minha volta e fazia apenas o serviço do comissariado."[49] A reintegração dos presos de direito comum indevidamente evadidos é uma das tarefas dessa nova polícia urbana, que também deve "vigiar os suspeitos, deter os vagabundos, os mendigos, as prostitutas que violam os regulamentos de polícia, mas pensar antes em *prevenir do que em reprimir*".[50] Caussidière se abstém rigorosamente de acolher nessa polícia tão vilipendiada qualquer homem já condenado, e fez com que se procedesse solenemente, "no próprio pátio do comissariado de polícia", à prisão de uma "ovelha negra" sub-repticiamente admitida no seio dos seus *Montagnards*.[51] Controversa, original, certamente animada por uma vontade popular, a experiência Caussidière mereceria um longo exame, na medida em que é rica de reflexões, quando não de ensinamentos. Não é de esquecer, para avaliá-la, a dificuldade das circunstâncias, o processo permanente contra o Governo provisório por gerar a anarquia, mas também, e em nível mais profundo, a contradição talvez inevitável que a vontade de manutenção de uma ordem cotidiana coloca a qualquer governo revolucionário, ou simplesmente progressista.

Todo o discurso das autoridades tende a isolar os presos de direito comum e a opô-los não só aos políticos, mas também ao "verdadeiro" bom povo. Em Rouen, em 26 de março, durante a manifestação em frente à prisão de Bicêtre para a libertação de operários detidos por motins contra a estrada de ferro, Deschamps, enviado do Governo, opõe os "operários honestos" à "escória das prisões", o "verdadeiro povo" a "todos esses provocadores de problemas e desordens", que

convém "deixar sozinhos com sua vergonha", para "que a autoridade veja-os em seu isolamento e conheça os verdadeiros inimigos da
ordem e das leis".[52]

As modificações no regime das prisões

Desde o dia 1º de março, o ministro do interior encarrega Moreau-
-Christophe de uma missão de inspeção nas prisões de Paris e
pede-lhe um relatório.[53] Nos departamentos, certos funcionários
do Governo esforçam-se em reviver as comissões de vigilância, em
melhorar o regime alimentar. Em Rodez, em Perpignan, ordenam
distribuir comida duas vezes por dia, em vez de uma; mandam
controlar a qualidade de pão de que se queixam os detentos.[54] Fatos
miúdos, mas cuja natureza é capaz de suscitar alguma esperança.

Quanto à supressão do trabalho nas prisões (24 de março), é uma
medida circunstancial, concessão fácil à opinião popular, onde o interesse dos detentos conta pouco, e além do mais de curta duração.
A Comissão do Luxemburgo consagra sua sessão de 13 de março
a essa questão; Louis Blanc, Vidal, Considerant, Pecqueur – todos
os teóricos da questão social – tomam parte no debate. Louis Blanc
denuncia a "concorrência mortal" das oficinas carcerárias e opõe
a segurança dos prisioneiros aos encargos familiares do operário
livre. "Lá, os trabalhadores estão alojados, nutridos, mantidos;
a vida material, numa palavra, está assegurada a eles. Portanto,
podem trabalhar a um preço muito baixo. O operário de fora, que
tem sua família para alojar, alimentar, manter com o preço do seu
salário, é vencido nessa luta desigual." "Também é preciso decidir,
pelo menos provisoriamente", que aqueles que, "postos em condições excepcionais, não têm absolutamente nenhuma necessidade
de trabalhar para viver, cederão o trabalho àqueles para os quais
o trabalho é a própria vida".[55] Vidal, que recebeu os delegados das
costureiras, insiste nas consequências específicas para as mulheres.

Pecqueur e Considerant são mais reservados. O primeiro sugere uma tabela de salários idêntica para os operários livres e os reclusos. O segundo conclama à prudência: não se corre o risco de haver objeções semelhantes, mais tarde, contra o trabalho efetuado por associações do Estado?

O decreto de 24 de março denuncia "a especulação" que se apoderou do trabalho dos prisioneiros, "a concorrência catastrófica feita ao trabalho livre e honesto". Ele se refere mais vivamente aos "trabalhos de agulha ou costura organizados nas prisões ou em estabelecimentos ditos de caridade", que "aviltaram a tal ponto os preços da mão de obra que as mães, as mulheres e as filhas dos trabalhadores não conseguem mais, apesar de um labor excessivo e inúmeras privações, enfrentar as exigências de primeira necessidade". Ele suspende o trabalho nas prisões e nos quartéis. Os contratos feitos com os empresários serão rescindidos, com as devidas indenizações. Não dá nenhuma ordem em relação aos conventos (e daí, sem dúvida, a violência das reações populares, principalmente no Sudeste, o mais envolvido na indústria da seda), mas declara: "No futuro, os trabalhos executados, seja nas prisões, seja nos estabelecimentos de caridade ou nas comunidades religiosas, serão regulamentados de modo a não poder criar para a indústria livre nenhuma concorrência indesejável."[56]

Pode-se entrever a aplicação desse decreto através dos relatórios de BB 20 (atas de sessões dos tribunais penais). Parece que a suspensão do trabalho foi bastante generalizada, e em todo caso majoritária, aliás inserida numa diminuição já existente, ligada à crise, a que as oficinas carcerárias não escaparam. A aplicação do decreto às vezes chega a ser muito escrupulosa: em Cahors, "as mulheres não têm mais o direito de fiar ou tricotar"; ou muito solene, como em Riom, onde o diretor reuniu os detentos para a leitura do decreto. É difícil saber como os prisioneiros receberam tal medida. Em muitos casos, não devem ter lamentado a suspensão de um trabalho que lhes era de tão pouco proveito. A crer nas autoridades, "a maioria geme com sua preguiça forçada",[57] entedia-se e lamenta seu pequeno pecúlio.[58] Mas as autoridades insistem ainda mais sobre a promiscuidade, a imoralidade que aumentam com o ócio, deploram "atos numerosos de insubordinação e indisciplina".[59] É à supressão do trabalho que Sénard, ministro do Interior, atribuirá (em agosto) as grandes revoltas das centrais, "entre as quais algumas só puderam ser reprimidas com derramamento de sangue".[60] Em suma, é em nome da disciplina que o coro dos poderes (diretores das penitenciárias centrais e magistrados, mas também generais comandantes das penitenciárias militares) reclama o restabelecimento do trabalho, cuja finalidade aqui aparece muito claramente.

"O trabalho é um meio de disciplina." Desde 21 de abril, em uma circular Jules Favre também fala, em nome dos "interesses do Tesouro" e da "moralização dos homens atingidos pela lei", da necessidade de reorganizar o trabalho, cuja concorrência foi exagerada pela opinião pública. Mas a circular recomenda que se escolham setores menos concorrenciais na região onde se encontra o presídio em questão, e fixem-se tarifas de preços de acordo com a câmara de comércio local. Em junho, o inchamento dos efetivos carcerários precipita as coisas. Em 18 de agosto, um projeto de lei, assinado por Cavaignac e Sénard, propõe que se anule o de 24 de março e entregue-se a reorganização do trabalho aos prefeitos. Mas a Assembleia Nacional, que aqui mostra seu papel moderador, ameniza essa pressa, forma uma comissão de inquérito cujo relatório, assinado por Rouher, conclui sobre a "necessidade de restabelecer o trabalho nas prisões",[61] sob condição de que o produto seja consumido exclusivamente nos estabelecimentos do Estado. Circuito fechado: os prisioneiros vestirão os prisioneiros ou os soldados. É este o sentido da lei de 9 de janeiro de 1849. Eliminando finalmente os últimos escrúpulos, o decreto de 25 de fevereiro de 1852 anula aquela lei, por manter na ociosidade um número excessivo de detentos, e praticamente volta ao

regime anterior.[62] A experiência de liberalização das prisões, muito limitada, pouco durou. O interesse do caso e dos vários textos por ele gerados reside na demonstração do papel puramente disciplinar do trabalho carcerário: o trabalho, garantidor da ordem, chave do dispositivo de vigilância e agenciamento do grupo.

A reforma do sistema penitenciário[63]

Nesse domínio prevalece a continuidade: a República, sob a maioria dos aspectos, prossegue com os esforços dos filantropos e criminalistas da monarquia de julho. De resto, os mesmos homens ocupam os postos de comando: Moreau-Christophe, Charles Lucas, Ferrus ou Vingtrinier. A ruptura virá mais tarde: no início do Império, com o abandono do sistema celular e a opção pela deportação.

A "brandura das penas". Várias medidas de redução das penas corporais prosseguem com a transferência do físico para o moral, que caracteriza a evolução da penalidade moderna. E em primeiro lugar o decreto de 27 de fevereiro abolindo a pena de morte em matéria política, lido por Lamartine no balcão da Prefeitura, em meio a uma "explosão de aclamações espontâneas": "O Governo provisório, convencido de que a grandeza de alma é a suprema política (...), considerando que não existe princípio mais sublime do que a inviolabilidade da vida humana", substitui o cadafalso pela deportação para um lugar fortificado. Para a maioria, basta: suprimir a pena de morte em matéria política é suprimi-la por inteiro, e essa distinção aumenta um pouco mais o fosso que separa os presos políticos e os presos de direito comum. Mas para outros – uma minoria – é o início de um processo irreversível. Louis Blanc e os delegados operários da Comissão do Luxemburgo aclamam, em 11 de março, "a esperança de um dia ir, em praça pública, no brilho de uma festa nacional, destruir até os últimos vestígios do cadafalso".[64] Ao passo que Charles

Lucas declara à Academia das ciências morais e políticas que não se trata senão de uma prioridade, da qual decorrerá a abolição total da pena de morte, como "uma consequência lógica e inevitável".[65] A condição, porém, de mudar correspondentemente o sistema penitenciário, com a supressão das galés e seu "ar livre" e a organização sistemática da reclusão solidária, a fim de "substituir a privação da vida pela privação da liberdade". Assim abolir-se-iam os últimos traços do antigo sistema penal. No mesmo sentido, os castigos físicos são proibidos na Marinha (decreto de 12 de março) e, nas colônias, a pena do espancamento com varas. Uma circular de J. Dufaure (21 de outubro) lembra que as punições corporais nas prisões, como a argola fixa na parede, a *canga,* as algemas atrás das costas etc., que persistem apesar de repetidas instruções, estão formalmente proibidas. É permitido apenas o agrilhoamento.[66] Finalmente, a pena de exposição pública é abolida (decreto de 12 de abril), "considerando que o espetáculo [das exposições públicas] extingue o sentimento de piedade e familiariza com a visão do crime". O princípio da utilidade social das penas subjaz ao discurso liberal.

O tratamento da juventude delinquente. Toda uma série de textos mostra a importância crescente atribuída a esta questão, "elemento de ordem social". Sem dúvida, tanto mais que a efervescência revolucionária, na qual a juventude está tão presente, estimula a vagabundagem dos jovens e a gatunagem das crianças. Eis o caso de um bando de 18 crianças de 10 a 12 anos de idade, citadas perante o tribunal correcional por ter roubado doceiras e lojas de brinquedos, que na corte "desmancham-se em lágrimas e soltam gritos dilacerantes",[67] segundo a *Gazette des Tribunaux,* fonte tão rica no assunto. Em 4 de maio, uma circular de Ledru-Rollin acentua a importância do patrocínio aos jovens libertos, que se liga "à própria questão da organização do trabalho". Ela lembra às municipalidades a discrição que devem demonstrar em relação a eles, mas também a vigilância em segui-los e adverti-los; censura as famílias por resistirem à tutela administrativa, ajudando os jovens a se subtraírem à sua vigilância. Dufaure (23 de novembro) ordena que se utilizem os transportes coletivos para uma transferência rápida dos jovens delinquentes, que lhes poupem permanências prolongadas demais nas prisões comuns, com separação entre meninas e rapazes, estes últimos vigiados por policiais civis. Enfim, conhece-se toda a importância da lei de 5 de agosto de 1850 "sobre a educação e o patrocínio dos jovens detentos", que conclui a instauração de toda uma rede de estabelecimentos – blocos especiais das prisões, colônias penais essencialmente agrícolas, colônias correcionais mais severas para os insubordinados oriundos das anteriores ou para os condenados com penas superiores a dois anos, casas particulares para as meninas, "criadas sob uma disciplina severa e aplicadas aos trabalhos que convêm ao seu sexo".[68] Etapa decisiva na colonização desse continente selvagem que é a juventude, fantasma que assombra o século.

Da prisão à deportação. Num primeiro tempo, prevalecem os partidários da reclusão individual e celular. A circular Dufaure de 20 de agosto de 1849 confirma nitidamente a opinião da República. "Não aprovarei como meus predecessores os projetos e orçamentos para a construção de novas prisões departamentais, a menos que sejam concebidas segundo o sistema da separação contínua." Contudo, a colônia penal, desprezada em nome do mau exemplo inglês de Botany Bay, recebe nesses anos o reforço de duas correntes: uma corrente educativa que crê no valor redentor da agricultura, no papel da terra para as crianças, os desocupados, os ex-escravos recém-libertos;[69] uma corrente repressora que quer expurgar a França dos seus elementos indesejáveis, expressa, por exemplo, pelo dr. Vingtrinier numa comunicação à Academia de Rouen, *Sobre as colônias penais e a deportação,* realizada, note-se, em 16 de junho, antes das jornadas. A República, diz ele, deve ser tanto mais severa na medida em que dá mais liberdade: "Os que faltam à honra, à ordem, às leis, são inimigos, verdadeiros conspiradores, que querem colocar o país sob o jugo vergonhoso e tirânico dos seus vícios; indignos de ter uma pátria, é preciso lançá-los numa terra desabitada e longínqua." Para os reincidentes, esses homens "mortos para o mundo", o sistema celular de nada serve; "sua natureza é rebelde e contrária aos sentimentos do bem... São seres intermediários entre o sensato e o louco". Depois da ideia de uma "natureza feminina" (cf. Yvonne Knibiehler), eis, emitida também por um médico, a de uma "natureza criminosa", que Lombroso e Ferri levarão à apoteose do "criminoso nato". Para eles, só há a expulsão. As jornadas de junho encontrarão a solução pronta. Desde o dia 28, um decreto decide o *transporte* da massa de insurretos "para as possessões francesas do ultramar, que não sejam as do Mediterrâneo", insistindo, porém, no fato de que a *transportation* não é *déportation*. "É uma medida política, é uma medida especial."[70] Em matéria de direito comum, o triunfo da exclusão resultará na lei de 30 de maio de 1854, suprimindo as galés metropolitanas que se tornaram ineficazes, e instituindo o degredo e os trabalhos forçados em colônias penais transatlânticas.

Ruptura? Não é evidente. Depois de um intervalo sob o Segundo Império, o sistema celular retornará com mais força, desde o começo da 3ª República, para os "recuperáveis", com a relegação dos várias vezes reincidentes (Lei Waldeck-Rousseau de 1885). O recurso ao degredo ultramarino, em suma, não passa de uma extensão lógica do espaço penitenciário, sempre mais organizado, com suas áreas especializadas e complementares. Deve-se falar menos de ruptura, e talvez mais, com efeito, de desenvolvimento, de ordenamento, numa história contínua dos sistemas de poder, onde o espaço ocupa um papel tão destacado.

Não é nossa intenção evocar aqui a tentativa de reforma do sistema judiciário empreendida pelo Governo provisório, cioso em não interromper o curso da justiça, mesmo democratizando-a. Uma medida

334 | Os EXCLUÍDOS DA HISTÓRIA

imediata, a do júri, reduzindo a idade necessária para a condenação, bem-acolhida pelo público, foi muito mal recebida pelos magistrados, cujas recriminações, registradas nos relatórios das sessões dos tribunais penais (BB 20), são praticamente unânimes. De resto, a grande maioria da magistratura mostrava-se mais hostil do que reservada a qualquer modificação do funcionamento da justiça, aparecendo nessa metade do século como um corpo nitidamente conservador.

De tudo isso, o que concluir além de questões!

Em primeiro lugar, uma constatação simples. Em 1848, muito ou pouco, o universo carcerário se agiota. A prisão reage às notícias, aos acontecimentos do exterior, prova de que ela os conhece, de que ela os sente. Para os prisioneiros, essa revolução significa esperança de libertação: total com a abertura das portas (mas isso principalmente em Paris); de modo mais geral, relativa, com o afrouxamento cotidiano das disciplinas e obrigações. À sua maneira, os prisioneiros são "politizados", já que esperam alguma coisa com o advento de um regime novo. A prisão não é fechada, e o testemunho histórico aqui se une aos estudos contemporâneos (por exemplo, o de Sykes, *The Society of Captives* [A sociedade dos capturados], 1958). E aquela revolução foi profunda, ressoando até lá.

Coloca-se então todo o problema da natureza dos laços com o exterior, e aí tudo se complica e se obscurece. Certamente pode existir aí uma comunicação sem elos orgânicos. Mas certamente a existência de tais elos reforça particularmente a circulação das notícias e das pessoas. Daí a importância das atitudes do mundo exterior, e em particular das classes populares, de onde provém a multidão dos prisioneiros. O caráter seletivo das liberações, uma simpatia aparentemente diferencial, uma relativa indiferença pelo destino dos presos de direito comum parecem indicar uma certa hierarquia de comportamentos, senão de julgamentos, em conformidade aos valores dominantes. As classes populares (sabemos quão vago é esse conceito) estariam interiorizando as normas de respeitabilidade, a

1848 – REVOLUÇÃO E PRISÕES | 335

grande lição de moral trazida por todo o século, rompendo os laços com as classes perigosas, aceitando o "lúmpen"? Ou pelo contrário, diante dos altos muros das prisões centrais, assumem pragmaticamente o papel de quem nada tem a ver com isso? Aqui e ali, anedotas – esses episódios corriqueiros que muitas vezes são nosso único meio de abordagem das classes populares – evocam solidariedades persistentes.

No outono de 1848, em Grenoble, um condenado à morte deve ser guilhotinado, primeira execução capital desde a revolução de fevereiro. A execução é adiada por vários dias porque os amoladores da cidade recusam-se a afiar o cutelo.

Notas

1. Assembleia anual da Sociedade de História da Revolução de 1848, domingo, 28 de fevereiro de 1976.
2. *Vigiar e punir: nascimento da prisão,* Petrópolis, Vozes, 1977.
3. A crer na *Gazette des tribunaux,* eu teria centralizado essa revolta sem hesitações. Devo a dúvida às pesquisas da curadora-adjunta dos Arquivos departamentais dos Hautes-Alpes, Sra. Arlette Playoust, que, intrigada pela falta de traços deixados por esse motim nas séries Z e Y, efetuou verificações em *la Vedette des Alpes* de 13 e 20 de julho, cujos excertos transmitiu a mim. O número de 20 de julho traz uma carta do prefeito dos Hautes-Alpes, reproduzindo e confirmando a carta do diretor da prisão. As autoridades afirmam unanimemente que não se passou nada. Essa concordância não é suspeita?
4. Principais fontes utilizadas para esta pesquisa: Impressas: 1) o *Code des prisons* de Moreau-Christophe oferece os textos oficiais; 2) numerosos folhetos e documentos assinalados num esquadrinhamento da *Bibliographie de la France;* 3) a *Gazette des Tribunaux* é muito rica não só para os amotinamentos e evasões das prisões, mas também para o funcionamento da justiça e os distúrbios populares e a vida da rua

parisiense em 1848. Arquivos: 1) nos Arquivos nacionais, BB 18 traz em particular um importante dossiê (1466) sobre os distúrbios de Clairvaux: BB 30 333 sobre as desordens da central de Riom; BB 20 142 a 145, atas das sessões dos tribunais penais, para a vida cotidiana nas prisões, problemas ligados ao trabalho etc.; 2) Arquivos departamentais: algumas sondagens nas séries Y.

5. A. Hennequin, *Du travail dans les prisons,* 1848.

6. AN, BB 18 1466, dossiê com uma centena de peças contendo diversos relatórios administrativos (procurador da Justiça ao ministro da Justiça, 28 de outubro de 1847, encarregado das requisições ao Ministério da Justiça, 29 de janeiro de 1848, entre outros), das quais foram retiradas as informações e citações que se seguem.

7. *Le Propagateur de l'Aube,* junho de 1847: "Não são homens, são espectros."

8. AN, BB 18 1466, relatório do procurador da Justiça, 28 de outubro de 1847. O processo será aberto em Bar-sur-Aube em julho de 1848. As obras públicas substituirão a empresa.

9. Vingtrinier, *Des prisons et des prisonniers,* 1840, p. 218.

10. Jacques Matter, *Les Révoltes de prisonniers à Paris dans la première moitié du XIXe siècle,* Paris VII-Jussieu, 1975 (dissertação de mestrado).

11. AN, BB 20 145, relatório do 2° semestre de 1848.

12. *Gazette des Tribunaux,* 9 de março de 1848.

13. *Ibidem,* 19 de março.

14. *Ibidem,* 26 de fevereiro.

15. *Ibidem,* 29 de fevereiro de 1848.

16. AN, BB 20 145, ata de sessão, 2° trimestre de 1848, e *Gazette des Tribunaux,* 16 de maio.

17. AD, Seine-et-Dise, 34 Y 2.

18. *Gazette des Tribunaux,* 5 de abril de 1848.

19. AN, BB 30 333, relatório do procurador da Justiça Le Toumeux ao ministro da Justiça, 29 de abril de 1848, principal fonte sobre o caso.

20. *Gazette des Tribunaux,* 22 de agosto de 1848, segundo *le Propagateur de l'Aube* e também AN, BB 18 1466.

21. AN, BB 20 145, relatório do presidente do Tribunal Penal de Poitiers, 26 de agosto de 1848.

22. *Gazette des Tribunaux,* 21 de setembro de 1848. Tais revoltas não são excepcionais. Cf. p. ex. em 1905 a revolta das prostitutas registradas tratadas na casa de assistência de Nancy contra o interno de serviço. (AN, BB 18 2300). Cf., a esse respeito, A. Corbin, *Filles de Noce,* Paris, Aubier, 1978.

23. H.-A. Frégier (*Des classes dangereuses de la population dans les grandes villes et des mayens de les rendre meilleures,* Paris, 1840, vol. 2, p. 460. Vale a pena citar o conjunto do texto: "Seja como for", escreve o chefe de gabinete da prefeitura do Sena, "agrada-me constatar que em Paris o povo abandona aos poucos suas antigas antipatias contra os agentes da força pública; não só ele os apoia nos casos de flagrante delito, como ele mesmo detém os malfeitores que o clamor público lhe indica, e os conduz aos comissários de polícia (...). Prestando homenagem ao bom senso do povo, sobre a questão das prisões, observaremos que existe um pequeno número de casos particulares em que não só ele não auxilia os agentes da autoridade, mas declara-se contra eles. São os casos de rixa, aqueles em que as mulheres públicas são surpreendidas em contravenção e as prisões por mendicância." Progressos do legalismo, portanto, mas só até um certo ponto.

24. *Gazette des Tribunaux,* 4 de abril de 1848.

25. *Ibidem,* 9 de maio de 1848.

26. *Ibidem,* 19 de abril.

27. É um dos capítulos mais interessantes das *Mémoires* de J.-B. Dumay, editadas por P. Ponsot, 1976.

28. *Gazette des Tribunaux,* 22 de abril de 1848.

29. *Ibidem,* 21 de maio.

30. A. Hennequin, *Du travail dans les prisons,* 1848 (BN, 8° R, peça 6.812).

31. *Gazette des Tribunaux,* 11 de março de 1848.

32. *Ibidem,* 4 de junho, ata do processo penal, Lyon, 31 de maio.

33. *Ibidem,* 4 e 8 de junho.

34. *Ibidem,* 18 de abril.

35. "Está bem que infelizes extraviados tenham prejudicado a sociedade, sem que sejam forçados a roubar o serviço das pessoas honestas", diz

no congresso de Marselha (1889) o cordoeiro Lefebvre. Cf. *Compte rendu*, p. 697.

36. *Gazette des Tribunaux*, 28 de maio de 1848.
37. *Ibidem*, 5 de maio.
38. *Ibidem*, 28 de março de 1848.
39. *Ibidem*, 12 de abril.
40. *Ibidem*, 6 de maio.
41. *Ibidem*, 24 de março de 1848 (circular Caussidière de 23 de março).
42. *Mémoires de Canler, ancien chef du service de Süreté*, cap. 36, "La préfecture de police en 1848".
43. Contravenções de alçada de simples polícia (segundo o *Compte général de l'administration de la Justice criminelle*, 1850): 1846 e 1847: 236.000; 1848: 109.000; 1849: 173.905. Prisões efetuadas pela polícia de Paris (mesma fonte): 1847: 21.991; 1848: 16.873; 1849: 25.337.
44. *Gazette des Tribunaux*, 11 de março.
45. *Ibidem*, 13-14 de março de 1848.
46. *Ibidem*, 25 de fevereiro.
47. *Mémoires d'un prolétaire*, Éd. Tautin, p. 13.
48. *Gazette des Tribunaux*, 1º de março de 1848.
49. *Ibidem*, 3 de junho.
50. *Ibidem*, 26 de março. Grifo nosso.
51. *Ibidem*, 22 de abril. Fenômenos de tipo "catanguês", como a Sorbonne conheceu em maio de 1968, ocorreram em 1848 tanto na polícia popular de Caussidière como na guarda móvel.
52. *Gazette des Tribunaux*, 30 de março de 1848. Vale a pena citar o conjunto do texto: "Como operários honestos poderiam ter pensado em querer libertar pela violência prisioneiros que só podem ter sua liberdade demonstrando sua inocência e condenados que foram regularmente julgados pela justiça? Como poderiam ter se exposto, destruindo as portas de Bicêtre, que contém um número considerável de homens acusados de roubo, de assassinato, de todos os crimes odiosos, a lançar de novo à sociedade toda a escória das prisões? Que o *verdadeiro povo* não preste, com a sua presença, um apoio enganoso a tais ações criminosas. Que se retire e deixe sozinhos com sua ver-

gonha todos esses provocadores de problemas e desordens. Que a autoridade os veja então em seu isolamento e conheça os verdadeiros inimigos da ordem e das leis."

53. *Gazette des Tribunaux,* 1º de março. Não encontrei esse relatório.

54. Pequeno motim por causa disso em Poissy, 24 de maio de 1848 (AD, 34 Y 2).

55. *Gazette des Tribunaux,* 17 de março de 1848.

56. Texto do decreto em *Code des prisons,* p. 154.

57. AN, BB 20 143, relatório de 14 de agosto de 1848 (prisão de Dijon).

58. AN, BB 20 145, relatório de 20 de agosto sobre a prisão de Angoulême: "Nenhum detento deixou de se queixar amargamente contra essa medida, e de me suplicar para obter, se me fosse possível, a volta do que existia antes. Parece-lhes que sua pena duplica com o desengajamento do serviço: os dias lhes parecem sem fim, e o tédio que os assedia torna-se, segundo sua própria confissão, um germe envenenado de corrupção e atração para o mal. Por outro lado, eles lamentam a perda dos proventos, mesmo pequenos, dos seus labores, os quais, diminuindo suas privações durante o encarceramento, ofereciam-lhe à saída os meios de esperar e conseguir uma posição honesta e suficiente." Existem em BB 20 inúmeros textos semelhantes.

59. AN, BB 20 143, relatório de 14 de agosto sobre a prisão de Dijon.

60. Assembleia Nacional, *Projet de décret tendant à abroger le décret du 24 mars dernier, qui a suspendu le travail dans les prisons, précédé de l'exposé des motifs, présenté par le citoyen Sénard,* sessão de 28 de agosto: "Em lugar do trabalho, a ociosidade com todas as desordens que ela gera. Na maioria dos presídios centrais, revoltas, entre as quais algumas só puderam ser reprimidas com derramamento de sangue; a imoralidade mais vergonhosa, que nem mesmo se oculta mais: todos os laços estão rompidos, a desorganização é completa."

61. Assembleia Nacional, *Rapport fait (...) par le citoyen Rouher* (17 de outubro de 1848). Rouher fala do "desolador quadro de insubordinação, de cinismo, de ignóbil devassidão que atualmente apresenta o interior de cada presídio central". É preciso restabelecer o traba-

lho, pois "o trabalho é um meio de disciplina, de moralização, de recuperação. Ele destrói os hábitos de ociosidade, fonte normal dos crimes cometidos".

62. Não totalmente: a resolução de 1º de março de 1852 coloca condições ao regime de empresa e estabelece um controle do ministro do Interior sobre as tarifas salariais, pelo menos teoricamente.

63. Cf. os estudos de Pinatel, "La révolution de 1848 et le système pénal", *Revue de science criminelle et de droit comparé,* 1948; de Normandeau, "Politique et réforme pénitentiaire: le cas de la France (1789-1875)", *ibidem,* 1970.

64. Segundo Charles Lucas, "De la ratification à donner par l'Assemblée Nationale au décret d'abolition de la peine de mort en matière politique", lido na Academia de Ciências Morais e Políticas, sessões de 11 e 13 de março *Revue de législation,* março de 1848, p. 38.

65. *Ibidem,* p. 40. "Esse princípio da inviolabilidade da vida do homem, uma vez posto em matéria política, domina toda a questão da pena de morte e deve necessariamente generalizar sua abolição. A partir do momento em que é introduzido na ordem política, ressoa na ordem penal e grita por toda parte à sociedade: Não mais haverá homicídio."

66. *Code des prisons,* p. 159. É necessário que se faça a história dos castigos físicos tanto nas prisões como nos colégios, ao longo de todo o século. Deve-se bater nas crianças?, é uma pergunta recorrente. Vingtrinier (*Des prisons...,* op. cit.) lamenta a palmatória suprimida pela circular de 1839: "Não acredito que a pele de um cidadão francês de 10 anos quando se trata de um pequeno ladrão seja mais sagrada do que a pele de um pequeno Duquensne ou de um pequeno Duguay-Trouin."

67. *Gazette des Tribunaux,* 18 de março de 1848.

68. Texto no *Code des prisons,* p. 204. Para a evolução do sistema repressivo para os jovens, cf. Bancal, "L'oeuvre pénitentiaire de la Restauration et de la monarchied e Juillet", *Revue de science criminelle et de droit comparé,* 1941. Mas o problema da juventude delinquente deve ser retomado historicamente.

69. Para as crianças, esboçam-se todos os tipos de projetos entre 1848 e 1850: cf. Lamarque e Dugat, *Des colonies agricoles établies en France en*

faveur des jeunes détenus, enfants trouvés pauvres, orphelins et abandon-nés. Précis historique et statistique, Paris, 1850. Para os desocupados, cf. o projeto de Vidal e Pecqueur exposto perante a Comissão do Luxemburgo, verdadeiro projeto de falastérios fundado na família, unidade básica, e o respeito do "lar, santuário inviolável", *Gazette des Tribunaux,* 3 de maio; para os escravos libertos, cf. o decreto do Governo provisório (*Gazette des Tribunaux* de 4 de maio) instituindo colônias de obras públicas para evitar a vagabundagem e a mendi-cância, e criando por outro lado uma festa anual do trabalho para reabilitar o trabalho desonrado pela escravidão!

70. *Gazette des Tribunaux,* 29 de junho. E em 28 de junho: "O transporte não é uma pena como a deportação, mas uma medida de política e segurança geral." Sutil distinção entre o direito político e o direito comum...

11
NA FRANÇA DA *BELLE ÉPOQUE*, OS "APACHES", PRIMEIROS BANDOS DE JOVENS

Ao que parece, é a partir de 1902 que o nome de apaches passa a ser empregado para designar um bando de jovens cujos delitos faziam Belleville tremer – o de *Boné de Ouro,* cuja lenda foi registrada por Jacques Becker –, e depois, por extensão, os jovens vadios urbanos. A paternidade dessa transposição é controversa: para uns, invenção de jornalistas,[1] para outros, resposta de policial indignado ("mas são procedimentos de apaches", teria exclamado um obscuro escrivão, durante o interrogatório de uma jovem "terror"), para outros, ainda, o vocábulo seria escolha dos próprios jovens, acostumados a batizar seus grupos com nomes coletivos e simbólicos. Em todo caso, sejam ou não os inventores, os jovens se reconheceram nessa imagem índia,[2] reivindicaram-na para si e adotaram-na como símbolo de sua mobilidade crítica e seu espírito desordeiro. O nome que lhes atribuem por derrisão eles assumem com desafio e um certo orgulho. Sem dúvida, eis o essencial, que aliás coloca o problema das fontes e estereótipos da cultura popular. Eles reconheceram, dizem-nos, os heróis dos seus livros infantis: os de Mayne Reid, Gabriel Ferry, Gustave Aymard (a segunda edição dos *Peles-vermelhas de Paris* aparece em 1889). A "zona" (região miserável da periferia) é sua fronteira, e eles são os atores de um *western* urbano.

No sentido estrito, original, *apache* designa os "jovens malandros dos subúrbios". O apache está ligado à grande cidade, mais precisamente à Paris popular dos bairros de periferia. A sedução que exercem os apaches também é a da capital. Quando *Le Journal* ou *Le Matin,* em 1907, noticiam diariamente seus delitos, é numa coluna com a rubrica "Paris-Apache". O nome só se torna comum e generalizado depois de 1907. Ainda assim, guarda uma forte conotação parisiense: em Marselha, fala-se de *nervis,* em Lyon, de *kangourous*[3] mais efêmeros; em Saint-Étienne ou Dijon, o termo aparece apenas depois da guerra, para qualificar os jovens desocupados dos bares:[4] amostra interessante de sobrevivência de um fenômeno e de sua difusão tardia para o interior.

Ao mesmo tempo, a palavra recebe uma acepção ampla. "Sob esse vocábulo", lê-se em *le Gaulois* (13 de setembro de 1907), "reuniu-se o trapaceiro, o ladrão, o vadio, o arrombador, o tratante com punhal clandestino, *o homem que vive à margem da sociedade,*[5] disposto a qualquer coisa para não fazer um trabalho regular, o miserável que arromba uma porta ou esfaqueia um passante, às vezes por nada, por prazer". Segundo Bouyssou, juiz no tribunal do Sena, "sob o nome genérico de *apaches,* costuma-se designar há alguns anos todos os indivíduos perigosos, unidos pela reincidência, inimigos da sociedade, sem pátria nem família, desertores de todos os deveres, dispostos aos golpes mais audaciosos, a todos os atentados contra a pessoa ou a propriedade":[6] mais que delinquentes comuns, ladrões de protesto como os descritos por Darien, "anarquistas" sem eira nem beira. O apache, em suma, é "o novo sinônimo de bandido", que une à sua delinquência uma certa contestação da ordem social.

Quem eram os apaches?

Os apaches cristalizaram um medo latente: aquele que uma sociedade em envelhecimento e, no entanto, em plena transformação experimenta diante desses últimos rebeldes contra a disciplina industrial: os jovens que "não querem trabalhar". Por outro lado, eles suscitaram a admiração, a inveja de uma parcela da juventude das classes populares, que tenta se identificar com eles, quando menos pela postura, pelo modo de vestir. Heróis de crônicas de jornal, antes de chegarem ao romance, ao teatro ou ao cinema, devem muito à mídia, a uma grande imprensa em pleno desenvolvimento (os quatro "grandes" diários matutinos – *Le Petit Journal, Le Petit Parisien, Le Journal* e *Le Matin* – têm, cada um, uma tiragem de mais de 1 milhão de exemplares) que muitas vezes faz deles a sua "página 1". Eles estão no centro de uma moda, moderna pelo seu caráter de massa, de uma mitologia, verdadeiro fenômeno social que os ultrapassa e dissimula. São poucos os estudos sobre sua realidade. Tomamos de empréstimo parte do que se segue ao trabalho de Laurent Cousin,[7] que exigiria uma continuidade.

Quantos eram eles? Os jornais, por volta de 1907, falam de 20 a 30 mil, sendo que 2/3 teriam entre 15 e 20 anos de idade.[8] Mas a estrutura muito aberta dos bandos desafia qualquer enumeração, e as cifras têm apenas um valor muito relativo.

O apache "nasceu na calçada de Paris. Desde menino, é muito comum nos bairros da periferia ou dos arrabaldes", dizem nos cem "itinerários" idênticos.[9] Ele escapa da escola (por volta de 1900, entre 200 mil crianças em idade de escolarização em Paris, 45 mil não a frequentam) e de uma aprendizagem em plena decadência. Vagabundeia, vive de pequenos serviços ou pequenos furtos, zomba da polícia que, nos setores populares, passa a maior parte do seu tempo a perseguir os malandros. Formam-se pequenos bandos de bairros, com nomes gozadores (os *Mosquitos,* os *Pulos da Geleira,* os *Cavaleiros do Saco*...), bandos mistos nos quais as meninas são menos numerosas e tanto mais desejadas: garotos de 14 anos falam de suas "amigas" com orgulho, mesmo que às vezes vivam dos seus encantos. *La Gazette des Tribunaux* faz a apresentação desses jovens casais, insolentes e solidários: "um rapazinho de 14 anos chamado Couet é o rufião de uma moça de 20 anos, Charlotte Guerre",[10] "dois jovens

NA FRANÇA DA *BELLE ÉPOQUE*, OS "APACHES"... | 345

de 15 anos acusados de viver à custa de uma moça de sua idade".[11] Eles escrevem nos muros: "Morte aos meganhas. Abaixo os tiras",[12] se exercitam no roubo de bancas ou bolsas, admiram seus companheiros mais velhos e sonham virar verdadeiros apaches. Quando crescem, se realizam as provas – bater num burguês, derrubar um tira –, ingressam nos seus bandos.

Bandos de "companheiros"

Os apaches vivem em bandos, e o termo sempre é empregado entre eles: bandos de bairros, até de ruas, em sua maioria, que se chamam pelo nome do lugar – "o bando dos Quatro Caminhos de Aubervilliers", "os Rapazes de Charonne", "os Afanadores de Batignolles", "os Lobos da Butte" – pelo nome dos chefes – os Delignon, os Zelingen –, ou por distinções físicas – os "Casacas negras", "os Gravatas verdes"...

Esses bandos não são muito organizados. "Quase parecem ser apenas associações de amigos... Os apaches se conhecem por terem estado juntos na escola do bairro ou no reformatório, na prisão ou nos batalhões da África."[13] Rede de camaradagens, mais ousado ou "veterano" do xadrez: a prisão confere prestígio, a passagem por Fresnes constitui um título de nobreza.

Em torno de um "núcleo firme", aglutina-se uma camada de "flutuantes" que aderem ou largam o núcleo conforme as circunstâncias. Muitos jovens, com efeito, são marginais apenas temporários. O apachismo (o termo aparece desde abril de 1908 no Larousse Mensal, apresentado como sinônimo de "reunião de indivíduos sem moral") para eles é uma aventura juvenil, um rito de passagem antes de se assentar e aceitar as normas da vida adulta. "É a última busca do prazer antes de entrar na linha", escreve Laurent Cousin, que acentua o aspecto lúdico do comportamento dos apaches: recusa do trabalho – "quem trabalha é imbecil" –, gosto pela perambulação, pelo fumo, álcool, mulheres, os prazeres do consumo e sobretudo das roupas.

O apache gosta de estar bem-arrumado, sem ser burguês: boné de aba, baixo, redondo ou enfunado, jaqueta curta e acinturada, calça com boca larga, lenço de cores vivas, botinhas de bico fino e botões dourados. Esse filho do povo, que conheceu a rudeza do sapato com sola de madeira, "dá muita importância ao modo de se calçar".[14] Uma elegância desenvolta que muitas vezes faz com que seja considerado efeminado pelos trabalhadores dos subúrbios, e que o distingue tanto do operário endomingado quanto do "pato" respeitável e afetado. Ei-lo pronto para saltar dentro de um automóvel, sonho geralmente inacessível que está na origem de muitos assaltos à mão armada. Notemos de passagem que o surgimento do automóvel modifica as condições dos roubos com arrombamento, efetuados com maior frequência por rapazes motorizados: não se pode mais "agarrar" o ladrão, subitamente dotado de maiores velocidades. E isso a tal ponto que o prefeito de Montmorillon propõe, para combater o banditismo, "parar, num dia determinado, todos os motoristas de carros e revistar suas bagagens, depois de ter verificado sua identidade".[15] O universo do apache é o do carro, poderoso estimulante de novas formas de consumo.

O espaço apache

Instáveis, os apaches nada têm a ver com os andarilhos, últimos vagabundos das grandes estradas.[16] Seu reino é a cidade, e eles são habilíssimos em utilizar suas potencialidades. É, talvez, a primeira geração operária a se sentir parisiense a tal ponto. Vindos das alturas de Belleville, de Ménilmuche ou da Butte, gostam do centro: a Maub, Montparno, Mouffe, vêm andar pelo "Quartier" (Latin) e invadem os Halles, fazendo de Sébasto seu ancoradouro. Os apaches não se contentam mais com as barreiras de alfândega: tornam a se apoderar ruidosamente do coração da Cidade, de onde seus pais tinham sido expulsos, como hoje em dia, nos sábados à noite, fazem os *loubards* de nossas periferias sem festas. Para se esconder, há as fortificações, entre a cidade e a periferia, refúgio dos últimos operários que guardam sua segunda-feira (ainda 6 mil ou 7 mil no início do século), antro de todos os marginais da capital, zona obscura descoberta na época da gazeta às aulas, ideal para os encontros clandestinos, os acertos de conta. Quando a municipalidade, em nome da higiene e da segurança, decide em 1907 destruir esse cinturão negro, de início recorre à proteção da polícia, "decerto temendo a intrusão de apaches ciosos em defender o terreno habitual de suas proezas".[17]

Os apaches vivem em quartos mobiliados variáveis, nunca em casa, sempre fora, apreciadores de festas em feiras e bailes populares, lugar privilegiado para a dança, *Chaloupée*, polca, valsa ou mazurca, ao som do "piano de correia" (o triunfante acordeão), para o duelo e para o amor. Há nessa juventude popular do início do século como que uma explosão de sensualidade, um gosto muito vivo pelo prazer quase sem nenhum recalcamento. Boné de Ouro, em suas *Memórias*, descreveu a precocidade das meninas de Charonne ou Bastoche, dançarinas impressionantes e excitadas. O baile: grande forma de sociabilidade da juventude. Ao sair, explodem entre os "mecos" as disputas pela posse das moças, estranho torneio através do qual esses cavaleiros modernos declaram seu ardor às suas "putinhas", mas também, às vezes, conseguem seu monopólio.

A mulher apache

A questão das moças está no centro da violência apache. Escassas, as moças são muito solicitadas, mas não só por questão de dinheiro. Proxenetas os apaches certamente eram, mas nunca como profissionais. A mulher entre os apaches tem um estatuto complicado, comparável ao que ela tem na sociedade, e mais ainda, alternadamente Helena pela qual se luta e mulher da rua, clandestina, da qual se vive. Ela pertence a um homem, seu protetor e amante, que a defende, mas

348 | Os excluídos da História

também lhe bate: espancar a mulher é um sinal de virilidade. No entanto, ela não é mero objeto de comércio. Na formação dos casais, o amor ocupa uma grande parte. "Muito bem, mas então vocês não sabem o que é amar uma mulher", atira Manda aos seus juízes, e Boné de Ouro dirá que prefere o amor "trágico" do seu bando do que "essa coisinha boba feita com resignação pela dona da mercearia, pela padeira, pela mulher dos armarinhos do meu bairro" *(Memórias)*. Esses duros são sentimentais e até românticos, e fazem tatuagens com o nome de suas amantes. As mulheres apaches têm uma certa liberdade de escolha e circulação que destoa nessa cidade reticulada por um século de decência burguesa. Elas trocam de homem, se o atual não as satisfaz mais, vão e vêm pelos bairros e bares, espiãs alertas, hábeis mensageiras, sabem lutar e ocasionalmente manejar a navalha. "Sou uma moça de Saint-Ouen. Meu homem é da praça Clichy", escreve na prisão uma jovem de 15 anos. "De Fresnes à Torre, nós vamos conhecer as instalações. Le Ballon é uma honra, para as mulheres que têm coração."[18] Não se deve esquecer que a memorialista dos apaches é uma mulher; mas também que o casal rufião-prostituta, pivô da família apache, frequentemente funda-se no equilíbrio do terror gerado, tanto aí como em outras partes, pela desigualdade dos sexos, em que a mulher é a principal vítima.

Uma microssociedade

Os apaches constituem uma microssociedade com sua geografia, sua hierarquia, sua linguagem, seu código. Eles reivindicam abertamente o direito à diferença e retomam por conta própria a tradição dos sub-mundos. Eles "desfiam o *jarre*", a gíria, "essa língua dos malfeitores a que diariamente acrescentam novas expressões, às vezes ricamente pitorescas, e que todo dia modificam de modo a poder conversar despistando a *renifle* (a polícia)".[19] Eles se dão apelidos, como outrora os ladrões ou os *compagnons: o blaze,* ou nome heráldico, é a marca de batismo da admissão num bando. Gostam de tatuagens, como os criminosos empedernidos ou a fidalguia londrina, sinal de reconhecimento – cinco pontas tatuadas em estrela no dorso da mão, para os membros da Popine –, símbolos bucólicos ou sentimentais, inscrições provocantes ou fatalistas: "Morte aos meganhas", "Viva a anarquia", "Nascido sob uma má estrela", "A prisão será meu túmulo". Alguns gostam das barras de guilhotina, com a menção "última etapa".

Deve-se total lealdade ao bando, ao chefe, aos companheiros: contra os bandos rivais, quando invadem o seu território, contra as autoridades, a polícia, a lei e a prisão. Há um código de honra apache, que implica solidariedade, aversão extrema à delação, podendo chegar até à aceitação da morte, e que se traduz no tribunal por estranhas "autoacusações" destinadas a confundir as pistas. Infeliz de quem trai seus "pilares": ele pode ser julgado pelo tribunal do grupo e ser severamente espancado, e até liquidado. As vítimas dos apaches são, em primeiro lugar, eles mesmos. Pois esses "efeminados" exaltam, bem ao gosto da época, os valores masculinos: o combate com o revólver – o *rigolo* –, mas de preferência com a navalha, o *suriti* silencioso, a verdadeira arma do apache. Persiste nele um gosto pelo risco e pelo sangue.

O apache tem três ódios: o burguês, o tira, o trabalho. Ele desdenha a sociedade estabelecida, condena as autoridades e despreza os "trabalhadores honestos", os operários, "escravos amolecidos". Seus fantasmas: "fazer parte do horrível cortejo dos miseráveis e sem um tostão" (*Memórias* de Boné de Ouro); ir à oficina, pior, à fábrica. Por que desperdiçar sua juventude? Para viver e consumir, existem o roubo e as mulheres. Há, dizem-nos, inúmeras maneiras de roubar: nos bolsos, por fraude, dos veículos com mercadorias, da caixa registradora, por assalto, por embebedamento, à americana,[*]

---

[*] Quando numa dupla de escroques, um deles se faz passar por homem rico e ingênuo (*N. da E.*)

até o roubo dos fregueses na prostituição (praticado pelas moças) e o arrombamento. A imaginação dos apaches, herdeira de toda uma tradição urbana, é prodigiosa. Sabem utilizar extremamente bem os recursos de uma multidão, de uma cidade onde conhecem todos os cantos, sabem se aproveitar, como no jogo, dos ingênuos e simplórios. Embora sua violência seja usada principalmente em nível interno, eles não recuam perante a força, e entre suas vítimas tanto há fracos como abastados. Apachismo não é cavalaria andante.

Às vezes identificam-se os apaches com uma espécie de "mundo dos ladrões"; ocasionalmente, aproximam-se dele, podem alimentá-lo e alguns se tornarão escroques totais, mas só mais tarde. E não é isso o essencial, e até muito pelo contrário, sob vários aspectos. Longe de se esconderem, eles se apregoam, exibem-se, mostram-se de mil maneiras, apresentam-se com a voz e os gestos. São gozadores – caçoar dos passantes é um dos seus passatempos de desocupados –, ruidosos, vistosos, provocadores, procuram a publicidade, essa "manchete" dos jornais que dá uma notoriedade efêmera. "O apache mata por fanfarronice para se distinguir dos 'moleques', para figurar nos teatros de feira e ver seu nome impresso. Às vezes – e é a glória! – seu retrato é reproduzido para 'ilustrar' o relato de suas proezas."[20] Os apaches entram na sociedade do espetáculo com a voluptuosidade oferecida a uma juventude pobre, condenada à obscuridade do trabalho cotidiano, pelo sentimento de um desafio retumbante, de uma revanche insolente, ainda que sem futuro.

Pois esses jovens no fundo são pessimistas, e até desesperados. Não têm projeto e vivem na agitação do instante. Sabem que isso acabará mal e suspeitam do seu futuro. O que os aguarda: o reformatório (acaba-se de se fixar a maioridade nos 18 anos), a prisão, os Bat'd'Af e seus rigores, uma morte prematura. E. Kahn, a propósito de um bando com menos de dezoito anos, entre os quais sete tinham sido enviados aos trabalhos forçados por crime, observa que, ao cabo de três anos, seis tinham morrido.[21]

NA FRANÇA DA *BELLE ÉPOQUE*, OS "APACHES"... | 351

Apaches não são revolucionários. Eles imitam a sociedade estabelecida, reproduzem suas hierarquias e gostos. Esse desejo de imitação, de fato, é uma das fontes de sua agressividade. Mas não são apenas delinquentes juvenis, vadios comuns (se é que existem). Eles exprimem parte dos desejos, elementos também afetivos, dos sonhos e das recusas de uma juventude – a mais despossuída – em confronto com as normas de uma sociedade áspera que não lhes reconhece um lugar coletivo, e não lhes oferece outra saída além da obediência, paciência, monotonia dos dias cinzentos e submissos numa incessante repetição.

Os apaches, ideal de uma juventude rebelde?

O despontar do século XX vem marcado por uma crise geral das disciplinas tradicionais, cuja amplitude e cujos fundamentos ainda estão por ser mostrados. Por um lado, as formas autônomas de organização industrial, por tanto tempo persistentes e na verdade sempre recorrentes, retraem-se diante do rigor da fábrica. Não sem conflitos. Os tecelões de Cambrésis, Choletais, Lyonnais opõem resistências últimas à concentração da fábrica mecanizada. Em março de 1907, os curtidores de Gentilly unem-se contra um novo regulamento; até então, "eles começavam sua semana ou sua jornada como bem lhes parecia, traziam bebidas para a fábrica e jogavam cartas se isso lhes agradasse, sem sofrer a menor observação". Em abril do mesmo ano, os produtores de pregos de Revin (Ardennes) insurgem-se contra um regulamento que unifica rigorosamente os horários nas 18 fábricas da localidade e proíbe que os operários entrem e saiam, como estavam acostumados. "Cada um, quando julgava sua tarefa terminada e que merecia um descanso, passava de oficina em oficina e podia sair até o café ou ir ver outros assuntos."[22] Eles fazem greve por 133 dias para manter o controle das demissões e o direito de "ir se refrescar".

Por outro lado, nas fábricas onde os regulamentos atingiram o máximo de complicação e rigidez, com as prescrições de higiene e segurança acrescentando-se a todas as outras, os conflitos com os contramestres, a recusa das multas, das divisas moralizantes na parede das oficinas, das "palavras ferinas"..., são motivos de greves, com uma frequência cada vez maior. Yves Lequin observa o fato no Lyonnais, e Shorter-Tilly verifica-o estatisticamente para o conjunto da França.[23] Em 1899, a greve de Montceau-les-Mines e a do Creusot abalam o paternalismo de Chagot, o despotismo esclarecido de Schneider. A nomeação de delegados, o esboço de conselhos de fábricas aqui e ali, os projetos Millerand de democracia industrial respondem (na maioria das vezes desviando-o) ao desejo operário de contrapoder. Frente a uma disciplina na qual a máquina substitui com seu controle insidioso e regulado as formas antigas, mais móveis, do olhar humano, os trabalhadores tentam se precaver.

Nessa crise geral das disciplinas, a juventude ocupa um lugar de destaque, sem que seja possível traçar uma frente comum entre todas as escaramuças em que ela se manifesta: distúrbios nos liceus e universidades (1883-85) que resultam na elaboração de novas regras;[24] motins de reformatórios como os de 1886 em Belle-Ile, e Aniane, de 1887 em Mettray, que inauguram uma era de revoltas endêmicas nos estabelecimentos penitenciários da juventude; em Aniane, os anos 1894-1910 são por isso chamados de "os anos vermelhos", tendo como ponto marcante a noite de Natal de 1898.[25]

Essa geração opõe-se vivamente aos velhos usos da família patriarcal, negando-se, por exemplo, a entregar seu salário para os fundos comuns. Quando, aos 18 anos, cessa a obrigação da carteira de trabalho controlada pelo pai, carteira que em 1890 só continuou a existir para o adolescente, o jovem operário abandona o lar paterno e corre as estradas, passando de uma fábrica para outra, de um canteiro para outro, alimentando uma grande rotatividade, esse *turnover* que alguns consideram um substituto da aprendizagem.

Esta caiu em irremediável decadência, sob todas as suas formas. A diminuição da hereditariedade dos ofícios, muito nítida mesmo nas regiões ou nos setores mais tradicionais onde a Grande Depressão lhe aplicou um duro golpe – como no Lyonnais ou entre os vidraceiros de Carmaux[26] –, destruiu a transmissão do saber junto à mesa de trabalho do pai, essas manipulações e segredos que constituíam o seu valor. Nas oficinas, pressionadas pelas tabelas cada vez mais rígidas dos salários por peça, os *compagnons* geralmente mostram-se pouco dispostos a ensinar sua prática aos jovens. Os aprendizes servem de ajudantes, entregadores ou serventes. Xingam-nos e até os maltratam. O costume de bater, reprovado na educação burguesa, persiste no meio popular, ou para ele, como a maneira mais eficaz de punição. Em 1891, na Escola Diderot, um aluno morre com as pancadas que recebeu.[27] A pessoa do jovem operário se conserva como algo hostil, a ser domada. Mas ele não suporta mais; vai embora, e a medicina batizará de "fuga" essa recusa da adolescência, que começa a ser isolada como uma categoria etária.

O jovem operário é negado como indivíduo, visto apenas como futuro trabalhador, corpo produtor a ser dobrado aos ritmos da disciplina industrial. A juventude popular é negada como grupo. Ela não tem estrutura própria e reconhecida na sociedade, exceto nas associações de ginástica, prelúdio do serviço militar, e nas festas de recrutas, ridículos cortejos, pobres orgias, estritamente toleradas por adultos desdenhosos.[28] Os partidos, os sindicatos têm poucos grupos de jovens, ou quando os jovens ocupam posição muito subordinada. Antigamente, na sociedade dita tradicional, os jovens tinham suas formas específicas de existência e intervenção – entre as quais o charivari é uma das mais conhecidas,[29] correspondentes às suas funções: patrulhamento sexual, organização das festas.[30] De agora em diante, nada disso, pelo menos nas cidades. A nova industrialização distende o tecido urbano, rompe as etnias, os bairros, separa os sexos. E o modelo político da democracia burguesa rebaixou os jovens, assim como excluiu as mulheres. O direito de voto, direito supremo, marca o ingresso na idade adulta. Os jovens se tornam "menores", irresponsáveis (a lei de 12 de abril de 1906 aumenta a maioridade jurídica penal para 18 anos) e inconsequentes.

A criança, talvez, reine, mas o rapaz é negado. Amam-se as crianças, teme-se o rapaz. Até sua maioridade, ele só tem de obedecer e se calar.

Clãs de escolas primárias ou liceus, bandos de ruas ou de bairros são as formas espontâneas de agrupamento que a juventude oferece a si mesma numa sociedade que não lhe reconhece existência coletiva. Os sociólogos mostraram que elas funcionam segundo a modalidade da delinquência. Mas a área fechada do liceu burguês integra e delimita o delito, e o inocenta. Os clãs de companheiros se tornarão as panelinhas do poder. Os apaches só têm seu reino na rua e no tumulto. O fascínio que exercem sobre a juventude popular (e também um pouco sobre a outra) deve-se à força com que enfrentam a ordem estabelecida. Eles são os herdeiros dos salteadores de estradas, outrora celebrados pela literatura dos mascates, domesticada pelos folhetins da grande imprensa. Foras da lei que se vangloriam disso, marginais orgulhosos de sê-lo. P. Kahn escreve sobre os meninos "citados perante a justiça", descrevendo sua insolência frente ao tribunal: "Sua maior ambição é a de ser um apache. Eles se deleitam com o relato de suas façanhas e sua mais alta ambição é se parecer com os apache, que são para eles os Cavaleiros da cidade moderna. São os Cavaleiros sem medo."[31]

"Os apaches devem ser açoitados?"

E é isso que inquieta as autoridades que examinam as estatísticas judiciais e alarmam-se com o aumento das curvas: em 1830-1835 há menos de 10 mil delinquentes de 16 a 21 anos, chegando a 37 mil (é verdade que é um pico) em 1893. Entre 1893 e 1914, o índice de delinquência é quase sempre superior a 10% da mesma faixa etária. Em Paris, os jovens com menos de 21 anos representam 26% dos detidos (contra 19% para o conjunto da França). No entanto, a curto prazo, não há um aumento, mas sim uma estabilização e até um decréscimo entre 1904 e 1910, em pleno período apache, já que o número de prisões de menores de 16 a 21 anos, efetuadas no Sena, cai de 9.500 em 1902 para menos de 7 mil em 1910.

Estes índices permitem que uma parcela da opinião pública fale em "crise da repressão", denuncie a capitulação das autoridades judiciais e policiais, a frouxidão dos magistrados, a cumplicidade excessivamente frequente do público. Assim, *Le Gaulois* (13 de setembro de 1907) incrimina "essa espécie de sentimentalismo que grassa há alguns anos em relação aos submundos da sociedade. Englobam-se na mesma ternura social os trabalhadores infelizes e as pessoas vagabundas (...). Olhem o que se passa quando se prende um delinquente. Se o guarda atua na frente do terraço de um café de rua, vocês ouvirão as pessoas a murmurar contra o rigor da polícia. Se é num bairro populoso, os operários põem-se redondamente contra a polícia, sem nem saber do que se trata". Persiste nessa sociedade um frêmito pelo ilegalismo.

Critica-se sobretudo a inadequação dos modos de repressão, as prisões confortáveis demais, a auréola que elas conferem, a falência de um sistema penal que nem sequer amedronta e não consegue criar o vazio e a vergonha em torno dos delinquentes. Não será preciso voltar a castigos físicos? Em 1910, com a iniciativa de L. Dunoyer de Segonzac, oficial de marinha aposentado, 23 membros (entre 32) do júri do Tribunal Criminal do Sena, "impressionados com a idade muito jovem dos acusados reconhecidos como culpados, em casos submetidos às suas deliberações (...), exprimem o desejo de que inscrevem-se castigos corporais em nossas leis para punir os atentados cometidos com violência contra a pessoa e a propriedade".[32] De Segonzac comenta para *Le Matin* (7 de novembro de 1910): "...O único meio de nos desembaraçarmos dos apaches e de *reenviá-los para sempre para a mesa de trabalho, tendo adquirido sensatez,* é o de espancá-los generosamente." Econômico e purificador, tal haverá de ser o chicote! Vários júris de tribunais criminais unem--se a essa petição (Rhône, Bouches-du-Rhône), assim como diversas associações. *Le Petit Journal,* mas principalmente *Le Matin,* apóstolo da luta antiapache há vários anos,[33] policiais, políticos, magistrados, médicos como o doutor Lejeune, orquestram essa campanha contra "a brandura das penas"?

Em seu folheto *Faut-il fouetter las Apaches?* (Os apaches devem ser açoitados?, 1910), o doutor Lejeune desenvolve uma magnífica dialética. Ele argumenta sobre o caráter rude desses jovens sensíveis em primeiro lugar ao "medo dos golpes" que "fazem vibrar a corda ou os nervos sensíveis dos criminosos e constituem para eles a expiação mais temida". Ele insiste sobre a individualização da pena, já que se pode dosar a quantidade de golpes, e sobre seu caráter exemplar, pois sem voltar à praça pública é preciso dar ao castigo o brilho do espetáculo: "É uma penalidade por assim dizer teatral (...). O gesto do executor, o assobio do instrumento de flagelo, o som surdo da carne atingida, tudo isso constitui um conjunto que aterroriza o malfeitor." Enfim, ele destaca o caráter humilhante da flagelação para jovens particularmente "vaidosos": "Nada é menos bonito do que alguém a sofrer a flagelação. Despido ou quase, o apache expõe sua anatomia de fraco e degenerado; ele se mostra tal como é, um ser inferior que só a nossa excessiva humanidade tolera no seio das grandes cidades. Os cabelos, habitualmente tão bem brilhantinados, emaranham-se sob os esforços do fustigado, o rosto normalmente glabro, impudente e trocista se contorce em caretas de criança espancada, o ser cínico e zombeteiro se humilha, suplica covardemente que lhe perdoem (...). O flagelado instintivamente volta a ser um escravo, um vencido, e nada melhor do que imprimir essa sensação na carne e no entendimento dos apaches que acham que tudo lhes é permitido." O flagelado é desonrado aos olhos dos seus, que não o querem mais como chefe, o que destrói e mina o bando: "O bando do qual ele era condutor influente recusa-se a admiti-lo novamente, as moças que contribuíam para a sua existência não querem mais frequentar um homem açoitado, e o apache perde diariamente essa auréola do crime que constituía sua força e o tornava tão temível." E para concluir: "Que se fechem os ouvidos aos sofismas deletérios, que se encontre a energia necessária para recorrer às virtudes seculares da flagelação penal, e o apache desaparecerá."[34]

O inefável *Matin* chegará a denunciar o desuso da guilhotina: "Ela dorme um sono profundo, letárgico, a Viúva (...). Ela espera o noivo escolhido prometido para os seus ardores... Mulher de Lázaro, desperta! É o grito de todos os júris da França, o ulular da coruja popular exasperada com os crimes recentes."[35]

Assumindo posição oposta, uma outra parcela da opinião – muitos magistrados, os radicais no poder que desempenharam um papel tão grande no advento da democracia industrial e da sociedade de seguro-social – opta pelo desenvolvimento da prevenção, de uma política da infância e, ao mesmo tempo, pelo estabelecimento de uma rede cada vez mais ramificada de forças policiais. Assim em 1907, Clémenceau, presidente do Conselho, apresenta um projeto de lei para a reorganização da polícia de Marselha sob o controle do Estado. O debate entre as duas grandes formas clássicas da penalidade – a pena espetacular e exemplar, a aplicação do controle pela reticulação, pela vigilância e persuasão –, debate incessantemente recorrente, aqui encontra uma nova oportunidade de se expressar. Mas é a penalidade moderna que vence, e de modo espetacular no início do século XX. Esses anos presenciam a instauração de um verdadeiro Código de Infância, com sua justiça própria (1912: criação dos tribunais para menores, onde a criança fica sozinha com o seu juiz, sem seus impertinentes companheiros, e assistida pelo psicólogo judicial que aí faz sua aparição). O "trabalho social", a instituição de um "complexo tutelar" centrado na família, passam, às vésperas da guerra, por importantes desenvolvimentos.[36]

No entanto, a juventude escapa a esses cuidados. Para ela, não se prevê realmente nada, afora o serviço militar e, para os recalcitrantes, os batalhões disciplinares.[37] Lei de defesa nacional, a lei de três anos não teria também vantagens sociais? Muitos veem no exército a forma de captar "qualidades guerreiras mal-empregadas"[38] e de domar os rebeldes impenitentes, enviados para as primeiras linhas quando vier a guerra. A Guerra: Viúva suprema.

Assim acabaram os apaches.

Notas

1. Segundo Latzarus (Revue de Paris, junho de 1912, p. 527), trata-se de Victor Morris, redator em Le Matin, e depois no Petit Parisien, em 1902.

2. Mas não sem reservas, a se crer no processo de Manda: "Jamais nos chamamos assim entre nós!", diz Boné de Ouro. O presidente: "E como vocês se chamavam? – De companheiros." Segundo Armand Lanoux, Casque d'Or ou la Sauvage de Paris, Les Oeuvres Libres, 1952, p. 88. O mesmo em Henri Varrennes, Un an de justice (1901-1902): "Não a chamavam de Boné de Ouro? – Nunca. Foram os jornalistas que inventaram isso. – Você conhecia os apaches? – Apaches? Nunca houve em Belleville."

3. A.N. BB 18 2363/2, recorte de imprensa de La Petite République, 27 de setembro de 1908, entrevista do secretário-geral da Polícia: "Os apaches são raros em Lyon." No entanto, ele cita o exemplo de um bando chamado de Cangurus, especializado em atentados contra os namorados do Bois-Noir, à margem do Ródano: "Homens e mulheres eram despojados de suas roupas, amarrados a árvores, e alternadamente serviam aos divertimentos violentos e às vezes cruentos do bando inteiro." "Des apaches d'une espèce étrange."

4. Informações comunicadas por M. Lorcin, historiador, Lyon.
5. Grifo meu.
6. Testut, *Les Vagabonds mineurs,* tese de direito, 1908.
7. Laurente Cousin, *Les Apaches, Délinquance Juvénile à Paris au début du XXe siècle,* dissertação de mestrado de história, Paris VII-Jussieu, 1976 (sob a orientação de M. Perrot), datilografado.
8. *Le Matin,* 28 de setembro, 4 de outubro de 1907.
9. Latzarus, "Les malfaiteurs parisiens", *Revue de Paris,* 1º de junho de 1912. Insiste sobre a diversidade das fontes de recrutamento, sobre a necessidade de consumo, sobre o aspecto moral: "A novidade não está no método de crime, mas na coragem, na fidelidade à fé jurada, no desprezo à vida, nas qualidades guerreiras mal-empregadas."
10. *Gazette des Tribunaux,* 4 de junho de 1911.
11. *Idem,* 30 de setembro de 1912.
12. P. Kahn, *La psychologie de l'enfant traduit en justice,* Paris, 1912; *Lectures pour tous,* "Les conscrits du crime", julho de 1908 (com belíssimas fotos de apaches).
13. Latzarus, *Revue de Paris,* 1912, p. 542. Cf. também BB 18 2363. Procurador da Justiça de Aix: "Esses malfeitores não têm entre eles nenhum regulamento, nenhum ajuste, nenhum acordo... Os elos morais que os unem rompem-se facilmente, pois basta um simples desacordo entre os indivíduos para suscitar brigas entre eles..."
14. *Le Matin,* 23 de setembro de 1907.
15. A.N. BB 18 2363, Carta do prefeito ao ministro da Justiça, 22 de fevereiro de 1908.
16. Ver M. Perrot, "La mort des vagabonds à la Belle Époque", *L'Histoire,* julho de 1978.
17. *Le Matin,* 24 de agosto de 1907: *Lectures pour Tous,* abril de 1908, "En leur domaine des Fortifs", pp. 595-600; descrição interessante com várias fotos. "As fortificações de Paris vão desaparecer. Apressemo-nos em descrever a população heteróclita que, o tempo todo, aí estabeleceu residência e que delas fez, ainda hoje, um país estrangeiro com costumes inconcebíveis!" Assombrosa história deste espaço específico de marginalidade.

18. P. Kahn, *op. cit.*, p. 19, apresenta várias poesias de jovens detentos como tipo de literatura apache, como "a Valsa dos Andarilhos", poema de um grupo com menos de 18 anos. "Andavam cinco companheiros ..."

19. E. Villiod, detetive, *Les plaies sociales. Comment on nous vole, comment on nous tue*, Paris, 1912, p. 347; cita numerosos vocábulos.

20. *L'Éclair*, 22 de março de 1908, artigo de Émile Cheysson, membro do Instituto etc., "Faut-il *les* fouetter en France?"

21. P. Khan, *op. cit.*, p. 20.

22. Tierry Baudouin, *Grèves ouvrières et luttes urbaines*, tese de doutorado, Vincennes, 1978, pp. 48 e ss.

23. Yves Lequin, *Les ouvriers de la région lyonnaise 1848-1914*, v. 1, *La formation de la classe ouvrière régionale*, v. II, *Les intérets de classe et la république*, Presses Universitaires de Lyon, 1977; cf. em esp. v. II, pp. 150 e ss. E. Shorter e C. Tilly, *Strikes in France (1830-1968)*, Cambridge University Press, 1974, pp. 66-7.

24. Cf. Théodore Zeldin, *Histoire des passions françaises (1848-1945)*, v. II, *Orgueil et Intelligence*, trad. francesa, *Recherches*, 1978, pp. 293 e ss.; R. A. Guerrand, "Lycéens révoltés, étudiants révolutionnaires au XIXe siècle", 1969.

25. Indicações sobre essas revoltas nas dissertações de mestrado inéditas de J. Gillet, *La Petite Roquette*, 1975, N. Michel e A. M. Piette, *Mettray, colonie pénitentiaire pour jeunes délinquants*, 1974, e Ch. Bravin, *Révoltés dans les prisons, 1886*, 1975, todas em Paris VIII-Jussieu.

26. Yves Lequin, *op. cit.*, v. I, pp. 249 e ss., e Joan Scott, "Les verriers de Carmaux", *Mouvement social*, julho-setembro de 1971.

27. Yves Legoux, *Du compagnon au technicien. L'École Diderot, 1873-1973*, Paris, 1975.

28. Sobre as festas de recrutas no século XIX, ver Van Gennep, *Manuel de folklore français*, v. I; *Les Ouvriers des deux-mondes, monographie du Débardeur de Marly*, 1858, v. 2, p. 477: os recrutas cantam "canções sujas e obscenas. É pretexto para bebedeiras". No início do século XX, as festas de recrutas às vezes dão lugar a tumultos, tende-se a considerá--las importunas, a restringir o espaço de suas manifestações.

29. Ver a esse respeito os trabalhos clássicos de Natalie Davis, E. P. Thompson e o colóquio sobre o charivari organizado pela sociedade de etnologia francesa no Museu das Artes e Tradições Populares, abril de 1977, atas a sair.

30. Ver a intervenção de Philippe Aries sobre o tema, *Le Fait féminin,* Fayard, 1978, p. 383.

31. P. Kahn, *op. cit.*, p. 16.

32. A.N. BB 18 2363, 31 de outubro de 1910.

33. E com que veemência: um exemplo entre cem, 20 de setembro de 1907: "O que é preciso fazer contra os apaches?" "Chegou o momento de reagir e eliminar energicamente toda essa canalha e toda essa podridão, que avilta e desonra Paris... Façamos contra os bandidos a união dos corajosos, dos que não têm medo. Eles querem nossa pele? Invertamos os papéis por uma vez. Exijamos polidamente, mas claramente, que nos outorguem primeiramente a sua. Depois disso, senhores filantropos e humanitários, a palavra será sua."

34. Paris, *Librairie du Temple,* 1910, 116 p. (B.N. 8° R 23565).

35. *Le Matin,* 22 de agosto de 1907.

36. Ver os trabalhos de J. Donzelot, *A polícia das famílias,* Graal, 1980, e J. Verdès-Leroux, *Le Travail social,* Minuit, 1978.

37. Apaches e Bat'd'Af frequentemente estão associados na literatura. O doutor Pagnier, *Le Vagabond, déchet social,* 1910, vê no regimento o único meio de recuperar os jovens vagabundos rurais de 18 a 20 anos. Os jovens urbanos parecem-lhe quase definitivamente perdidos.

38. Latzarus, cf. nota 9 deste artigo.

Este livro foi composto na tipologia Dante MT Std, em corpo 12/16, e impresso em papel off-white no Sistema Digital Instant Duplex da Divisão Gráfica da Distribuidora Record.